Katja Nowacki (Hg.)

Die Neuaufnahme in der stationären Heimerziehung

W0002172

Laden Sie dieses Buch kostenlos auf Ihr Smartphone, Tablet und/oder Ihren PC und profitieren Sie von zahlreichen Vorteilen:

- **kostenlos:** Der Online-Zugriff ist bereits im Preis dieses Buchs enthalten
- **verlinkt:** Die Inhaltsverzeichnisse sind direkt verlinkt, und Sie können selbst Lesezeichen hinzufügen
- **durchsuchbar:** Recherchemöglichkeiten wie in einer Datenbank
- **annotierbar:** Fügen Sie an beliebigen Textstellen eigene Annotationen hinzu
- **sozial:** Teilen Sie markierte Texte oder Annotationen bequem per E-Mail oder Facebook

Aktivierungscode: nohe-2018
Passwort: 4588-8691

Download App Store/Google play:
- **App Store/Google play** öffnen
- Im Feld **Suchen Lambertus** eingeben
- **Laden** und **starten** Sie die **Lambertus** App
- **Account/Login** oben rechts anklicken um das E-Book zu öffnen
- Bei **Produkte aktivieren** den **Aktivierungscode** und das **Passwort** eingeben und mit **Aktivieren** bestätigen
- Mit dem Button **Bibliothek** oben links gelangen Sie zu den Büchern

PC-Version:
- Gehen Sie auf **www.lambertus.de/appinside**
- **Account/Login** oben rechts anklicken, um das E-Book in der App freizuschalten
- **Aktivierungscode** und **Passwort** eingeben und mit **Aktivieren** bestätigen
- Wenn Sie Zusatzfunktionen wie persönliche Notizen und Lesezeichen nutzen möchten, können Sie sich unten mit einer persönlichen E-Mail-Adresse dafür registrieren
- Mit dem Button **Bibliothek** oben links gelangen Sie zu den Büchern

Bei Fragen wenden Sie sich gerne an uns:
Lambertus-Verlag GmbH – Tel. 0761/36825-24 oder
E-Mail an info@lambertus.de

Katja Nowacki (Hg.)

Die Neuaufnahme in der stationären Heimerziehung

Bibliografische Information der Deutschen Nationalbibliothek

Die Deutsche Nationalbibliothek verzeichnet diese Publikation
in der Deutschen Nationalbibliografie; detaillierte bibliografische
Daten sind im Internet über http://dnb.d-nb.de abrufbar.

Alle Rechte vorbehalten
© 2014, Lambertus-Verlag, Freiburg im Breisgau
www.lambertus.de
Umschlaggestaltung: Nathalie Kupfermann, Bollschweil
Druck: Franz X. Stückle, Druck und Verlag, Ettenheim
ISBN: 978-3-7841-2675-3
ISBN ebook: 978-3-7841-2676-0

Inhalt

Einleitung 7
Katja Nowacki

1 Stationäre Jugendhilfe:
Erkenntnisse und Probleme zum Aufnahmeprozess.................. 15
Richard Günder

2 Aufnahme als Schlüsselprozess aus Sicht eines
freien Trägers der Jugendhilfe 35
Hermann Muss

3 Partizipation der Mitarbeiter_innen und Jugendlichen
in der stationären Jugendshilfe im Schlüsselprozess
„Aufnahme".. 83
Björn Rosigkeit, Klaus Daniel

4 Evaluationsstudie: Ergebnisse zum Aufnahmeprozess
aus Sicht von Kindern und Jugendlichen in der stationären
Jugendhilfe 107
Katja Nowacki, Silke Remiorz

5 Evaluationsstudie: Ergebnisse zum Aufnahmeprozess aus
Sicht von Mitarbeiter_innen der stationären Jugendhilfe 133
Silke Remiorz, Katja Nowacki

6 Leon: Fallvignette zum Aufnahmeprozess in die
stationäre Erziehungshilfe aus Sicht eines öffentlichen
Trägers der Jugendhilfe... 159
Nathalie Kompernaß

7 Handlungsempfehlungen für den Aufnahmeprozess in
eine stationäre Einrichtung der Jugendhilfe 183
Katja Nowacki

Anhang: Interviewleitfragen 205

Die Autor_innen 211

Einleitung

Katja Nowacki

In Deutschland finden noch immer über 50 Prozent der stationären Unterbringungen im Rahmen der Hilfen zur Erziehung nach § 27 SGB VIII in Heimeinrichtungen (stationäre Jugendhilfe) statt. Gerade ältere Kinder und Jugendliche werden häufiger in Heimerziehung nach § 34 Sozialgesetzbuch VIII (SGB VIII) als in einer Vollzeitpflege in einer anderen Familien nach § 33 SGB VIII untergebracht, wenn eine dem Wohl des Kindes oder Jugendlichen entsprechende Erziehung nicht gewährleistet ist (§ 27 Abs. 1) (Statistisches Bundesamt, 2012).

Die Aufnahme in eine Gruppe der stationären Erziehungshilfe (Heimgruppe) erfolgt für die Kinder und Jugendlichen häufig nach Erfahrungen von mangelnder Erziehungskompetenz ihrer Eltern und damit verbundener unzureichender Versorgung und Förderung sowie in Fällen akuter Kindeswohlgefährdung (Statistisches Bundesamt, 2012). Für ein Kind oder einen Jugendlichen bedeutet dies eine große Veränderung der Lebenssituation und ist häufig verbunden mit Ängsten und Unsicherheiten (siehe dazu auch das Kapitel „Handlungsempfehlungen"). Gerade der Beginn einer Aufnahme in die stationäre Heimerziehung ist ein wesentlicher Schlüsselprozess für das Gelingen der Maßnahme (Günder, 2011). Kinder und Jugendliche, die sich sowohl mit ihren Schwierigkeiten als auch mit ihren Stärken als Person angenommen fühlen, können sich besser an die neue Lebenssituation gewöhnen und den Hilfeprozess zu ihrem eigenen machen. Dort, wo die Integration in die neue Gruppe nicht gelingt, kann es schnell zu einem Abbruch der Maßnahme kommen. Bekannt ist, dass häufige Abbrüche und Wechsel für fremduntergebrachte Kinder und Jugendliche ein erhebliches Risiko in ihrer Entwicklung sind (Leve et al., 2012).

Einleitung

Was aber muss getan werden, um eine erfolgreiche Aufnahme in eine Heimgruppe zu ermöglichen und damit das Gelingen einer stationären Maßnahme der Hilfe zur Erziehung zu fördern? Diesen Fragen geht der vorliegende Sammelband aus unterschiedlichen Perspektiven nach.

Im ersten Schritt werden die verschiedenen Personengruppen, die an der Aufnahme beteiligt sein können, benannt und ihre etwaige Beteiligung an den jeweiligen Aufnahmeprozessen analysiert. In der folgenden Abbildung 1 werden die am häufigsten Beteiligten aufgelistet:

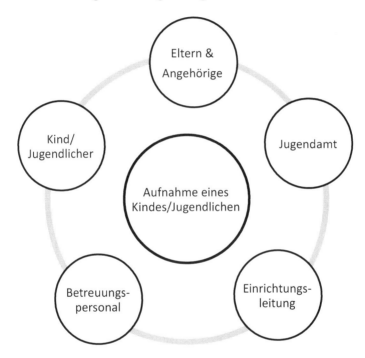

Abb. 1: Darstellung der beteiligten Personengruppen am Prozess der Aufnahme eines Kindes oder Jugendlichen in eine stationäre Heimeinrichtung

Alle in Abbildung 1 genannten Personengruppen sind wichtige Beteiligte, deren Perspektiven im Prozess der Aufnahme berücksichtigt werden sollten. Die Kinder beziehungsweise Jugendlichen werden dabei an erster Stelle gesehen, da sie durch ihre Aufnahme in eine Gruppe der stationären Erziehungshilfe am stärksten eine Veränderung ihrer bisherigen Lebenssituation erleben. Sie verlassen die ihnen bekannte Umgebung, möglicherweise nach Erfahrungen von Vernachlässigung, Misshandlung oder Missbrauch und/ oder nach starken Streitsituationen sowie verbalen und möglicherweise körperlichen Auseinandersetzungen. Bisherige soziale Bezüge, unabhängig von deren Qualität, sind nicht mehr in der Intensität vorhanden wie bisher oder gehen ganz verloren. Dies geschieht möglicherweise bereits in einem sehr jungen Alter und kann zu Reaktionen führen, die Bowlby bereits 1980 beschrieben hat. Da also die Veränderung ihrer Lebenssituation für die Kinder und Jugendlichen besonders groß ist, wird in dem vorliegenden Buch primär ihre Perspektive berücksichtigt und gefragt, welche Ängste und Hoffnungen sie bei der Aufnahme hatten und was sie als besonders hilfreich oder schwierig erlebt haben (siehe dazu das Kapitel „Aufnahmeprozess aus Sicht von Kindern und Jugendlichen").

Darüber hinaus sind die Eltern eine wichtige Gruppe, die bei der Aufnahme eines Kindes oder Jugendlichen berücksichtigt werden sollte. In § 27 Abs. 1 SGB VIII sind die Personensorgeberechtigten als die vornehmlichen Empfänger einer Maßnahme der Hilfe zur Erziehung genannt, bei denen es sich in der Regel um die leiblichen Eltern handelt. Nach Schneider (2002) ist die fehlende Mitarbeit der Eltern neben akuten Krisen ein häufiger Grund für den Abbruch einer Maßnahme stationärer Erziehungshilfe. Eltern müssen also bei der Aufnahme mit einbezogen werden. Dies wurde insbesondere im Kapitel „Handlungsempfehlungen" berücksichtigt. Auch weitere Angehörige oder Freunde sowie Vertrauenspersonen können im Aufnahmeprozess für das Kind/den Jugendlichen eine wichtige Rolle spielen. In den Interviews, die mit Kindern und Jugendlichen aus Heimeinrichtungen durchgeführt wurden (siehe dazu das Kapitel „Aufnahmeprozess aus Sicht von Kindern und Jugendlichen"), wurde deutlich, dass gerade die Einbeziehung von Freunden, zum Beispiel am Aufnahmetag, die Eingliederung in die Einrichtung sehr erleichtert hat. So berichtet beispielsweise eine Jugendliche wie gut sie es fand, dass sie am ersten Tag mit ihrer Freundin Dekoration für ihr Zimmer kaufen durfte.

Der Antrag auf Hilfen zur Erziehung wird durch die Personensorgeberechtigten bei den fallzuständigen Mitarbeiter_innen des öffentlichen Trägers der Jugendhilfe gestellt. Diese werden in ihrer koordinierenden Funktion versuchen, mit allen Beteiligten eine geeignete Hilfemaßnahme zu entwickeln, und möglicherweise eine Unterbringung im Rahmen der stationären Hilfe zur Erziehung einleiten. Im vorliegenden Buch wird eine Fallvignette aus Sicht einer Vertreterin der öffentlichen Jugendhilfe dargestellt, in der deutlich wird, wie lange ein solcher Prozess dauern kann, um zum Beispiel in der Zusammenarbeit mit den freien Trägern der Jugendhilfe Jugendliche zu stärken und auch die Eltern mit zu beteiligen und damit den Erfolg einer stationären Unterbringung zu ermöglichen (siehe dazu das Kapitel „Fallvignette"). In vielen Fällen kommt es aber auch in Notsituationen (Inobhutnahmen) zu der Herausnahme eines Kindes/Jugendlichen aus seiner

Herkunftsfamilie. Auch hier müssen die Mitarbeiter_innen des öffentlichen Trägers der Jugendhilfe eine koordinatorische Funktion ausüben. Für einige Jugendliche, insbesondere wenn sie häufige Wechsel in ihren Unterbringungen erlebt haben, können fallzuständige Mitarbeiter_innen des öffentlichen Jugendhilfeträgers auch eine Konstanz darstellen und teilweise als wichtige Bezugspersonen wahrgenommen werden (Nowacki, 2007).

Die Einrichtungsleitung ist häufig die erste Anlaufstelle bei Anfragen für die Unterbringung eines Kindes/Jugendlichen. Sie hat oft eine Schlüsselfunktion in der Verteilung von Plätzen und dem Ausarbeiten von konkreten Angeboten für das jeweilige Kind/den Jugendlichen. In diesem Buch werden aus Sicht eines freien Trägers die Aufgaben bei der Aufnahme eines Kindes dargestellt (siehe dazu das Kapitel „Aufnahme als Schlüsselprozess").

Insbesondere die Mitarbeiter_innen des Trägers der stationären Hilfe zur Erziehung sind wichtige neue Bezugspersonen für die Kinder und Jugendlichen. Sie müssen die pädagogischen Konzepte umsetzen und auch den Kontakt zu den Familienangehörigen koordinieren. Deshalb ist ihre Sicht auf die Umsetzung des Aufnahmeprozesses zentral, weshalb sie ausführlich zu diesem Thema befragt worden sind (siehe dazu die Kapitel „Aufnahmeprozess aus Sicht der Mitarbeiter_innen" und „Handlungsanweisungen").

Im Kapitel 1 von Richard Günder wird deutlich, dass zum einen in Deutschland eine Vielzahl verschiedener stationärer Angebote für Kinder und Jugendliche zur Verfügung steht, deren Versorgung und persönliche Ansprache häufig durch überforderte Eltern nicht geleistet werden kann. Günder stellt heraus, dass im Umgang mit schwierigen und verhaltensauffälligen Kindern und Jugendlichen ihre negativen Vorerfahrungen und Verhaltensweisen so weit wie möglich zuerst akzeptiert werden sollten und sie als Menschen im Vordergrund stehen sollten. Dadurch hätten sie eine Chance, sich angenommen zu fühlen und Veränderungen zuzulassen. Ihnen sollte positiv begegnet werden, um eine tragfähige Grundlage für die pädagogische Arbeit zu schaffen. Das Kapitel 2 von Hermann Muss greift die Perspektive des freien Trägers auf. Hier wird herausgestellt, wie wichtig eine flexibel organisierte Erziehungshilfe ist, um den Prozess des Labelings der Kinder und Jugendlichen bei der Aufnahme zu verhindern. Sie und ihre Familien sollten nicht von vornherein auf einen Problembereich festgelegt werden, sondern ihre Bedürfnisse ausschlaggebend für die Ausgestaltung der Hilfen sein. Hier wird exemplarisch die Entwicklung eines freien Trägers der Jugendhilfe aus einer klassischen Großeinrichtung stationärer Erziehungshilfen hin zu einem dezentral flexibel ausgerichteten Träger der Jugendhilfe dargestellt, der sich explizit an den Bedürfnissen der Kinder und Jugendlichen orientieren will. Die Schwierigkeiten, die sich aufgrund der finanziellen Rahmenbedingungen ergeben, werden diskutiert. Im Kapitel 3 von Björn Rosigkeit und Klaus Daniel wird die Beteiligung der Kinder und Jugendlichen beleuchtet und herausgestellt, dass Partizipation bedeutet, dass sie selber Akteur_innen in ihrem eigenen Hilfeprozess sind und damit Selbstwirksamkeit erleben. Sie nehmen Hilfe besser an, wenn sie diese durch aktive Teilnahme als notwendig und unterstützend wahrnehmen. Es bedarf grundsätzlich zum einen der organisatorischen Voraussetzungen von Partizipation, wie zum Beispiel die Wahl von Gruppensprecher_innen, und zum anderen einer inneren Haltung der Pädagog_innen und deren Vorgesetzten in den jeweiligen Einrichtungen, die eine Beteiligung aller als notwendig erachtet. In den Kapiteln 4 und 5 werden zentrale Untersuchungsergebnisse der Befragung von Kindern, Jugendlichen sowie Mitarbeiter_innen zweier Einrichtungen der Jugendhilfe dargestellt. Hierbei muss berücksichtigt werden, dass der Stichprobenumfang mit 46 Kindern und Jugendlichen und 48 Mitarbeiter_innen natürlich nicht sehr umfassend war, aber die Alters- und Geschlechterverteilung im Wesentlichen den typischen Merkmalen in der stationären Erziehungshilfe entspricht (Statistisches Bundesamt, 2012). Zum anderen muss bedacht werden, dass die Befragung im Ruhrgebiet (NRW) durchgeführt wurde, also regionale Besonderheiten in den Ergebnissen zu finden sein könnten. Allerdings gelten Angebote der Hilfen zur Erziehung nach dem SGB VIII für die gesamte Bundesrepublik Deutschland und damit sind zumindest die Grundlagen der Hilfestrukturen vergleichbar. Darüber hinaus ist davon auszugehen, dass die pädagogischen und psychologischen Prozesse bei der Aufnahme eines Kindes oder Jugendlichen in eine Jugendhilfeeinrichtung gleich sind. Ein Kind, das nach schwierigen Erfahrungen in seiner Herkunftsfamilie in eine neue Lebenssituation kommt, benötigt Hilfe und Unterstützung, um diese meistern zu können. Anhand von vielen kommentierten Zitaten werden die Ängste und Hoffnungen der Kinder und Jugendlichen im Aufnahmeprozess deutlich. Das Kapitel 6 von Nathalie Kompernaß schildert ausführlich ein Fallbeispiel, in dem in enger Zusammenarbeit zwischen den Vertreter_innen der öffentlichen und freien Träger der Jugendhilfe eine stationäre Maßnahme der Hilfe zur Erziehung durch eine langsame Anbahnung und durch die Stärkung des Jugendlichen vorbereitet wurde. Hier wird auch die Verantwortung der öffentlichen Jugendhilfe für den Prozess deutlich, ebenso die Schwierigkeiten der Abwägung von Stärkung, Partizipation einerseits und Verhinderung von Kindeswohlgefährdung andererseits. Abschließend werden im Kapitel 7 Empfehlungen für den Aufnahmeprozess in der stationären Erziehungshilfe aus den theoretischen, praktischen und empirischen Erkenntnissen abgeleitet.

Dieser Herausgeberband entstand in der Folge zweier Evaluationsaufträge von zwei Trägereinrichtungen der freien Jugendhilfe aus dem Ruhrgebiet mit der Absicht, insbesondere die Kinder und Jugendlichen, aber auch die Mitarbeiter_innen zu ihrer Zufriedenheit mit dem Aufnahmeprozess zu befragen

Einleitung

und Anregungen für den Prozess zu erlangen. Um die verschiedenen Facetten des Prozesses aus unterschiedlichen Perspektiven zu beleuchten, wurden sowohl theoretische Überlegungen als auch Ergebnisse der Befragung zusammengefasst.

Literatur/Webliografie

Bowlby, J. (1980). Loss: Sadness & Depression. Attachment and Loss (vol. 3). London

Günder, R. (2011). Praxis und Methoden der Heimerziehung. Entwicklungen, Veränderungen und Perspektiven der stationären Erziehungshilfe. Freiburg i. Br.

Leve, L.D., Harold, G.T., Chamberlain, P., Landsverk, J.A., Fisher, P.A. & Vostanis, P. (2012). Practitioner Review: Children in foster care – vulnerabilities and evidence-based interventions that promote resilience processes. The Journal of Child Psychology and Psychiatry, 53: 12, 1197–1211

Nowacki, K. (2007). Aufwachsen in Pflegefamilie oder Heim. Bindungsrepräsentation, psychische Befindlichkeit und Selbstbild bei jungen Erwachsenen. Hamburg

Schneider, K. (2002). Abbrüche: Begleitumstände und Hintergründe. In: Bundesministerium für Familie, Senioren, Frauen und Jugend. Effekte erzieherischer Hilfen und ihrer Hintergründe (S. 399–441). Stuttgart http://www.bmfsfj.de/RedaktionBMFSFJ/Broschuerenstelle/Pdf-Anlagen/PRM-23978-SR-Band-219,property=pdf,bereich=,rwb=true.pdf (Abruf am 03.09.13)

Statistisches Bundesamt (2012). Statistiken der Kinder- und Jugendhilfe. Erzieherische Hilfen, Eingliederungshilfen für seelisch behinderte junge Menschen, Hilfe für junge Volljährige – Heimerziehung, sonstige betreute Wohnform. Wiesbaden https://www.destatis.de/DE/Publikationen/Thematisch/Soziales/KinderJugendhilfe/HeimerziehungBetreuteWohnform5225113117004.pdf?__blob=publicationFile (Abruf am 04.09.13)

1 Stationäre Jugendhilfe: Erkenntnisse und Probleme zum Aufnahmeprozess

Richard Günder

Die Heimaufnahme als entscheidendes Lebensereignis

Bis zur Mitte der 1960er-Jahre vollzog sich in der Bundesrepublik ein bemerkenswerter ökonomischer Wachstums- und Modernisierungsprozess und auch in der Welt tat sich so einiges. An manchen Bereichen aber ging dieser Wandel offensichtlich spurlos vorüber. Dazu zählt auch die Heimerziehung, deren Bild aus den 50er-, 60er- und 70er-Jahren durch nachträglich aufgedeckte Missbrauchsskandale, rücksichtslose Ausnutzung der Arbeitskraft und „schwarze Pädagogik" in seelenlosen Großanstalten geprägt wird.

Gegen Ende der 1960er-Jahre führte der Pädagoge Hermann Wenzel eine Untersuchung über Fürsorgeerziehungsheime durch, er schildert den Aufnahmevorgang eines Jugendlichen in ein Landesjugendheim folgendermaßen: Nachdem das Jugendamt den Jungen gebracht hatte, kam dieser zunächst in das Büro des Heimleiters zur Aufnahme seiner Personalien. Danach wurde er von einer Fachkraft der Aufnahmegruppe abgeholt.

> *„Die Kleidungsstücke des Jugendlichen werden in der Kleidungskammer verschlossen, nachdem sie in einer Kleiderkarte vermerkt worden sind. Der Junge erhält heimeigene Kleidung und Schuhe (Sandalen), die er gleich nach der Aufnahme in die Gruppe anziehen muß. Nachdem der Neuling das Bett, das ihm in einem der Schlafsäle zugewiesen wurde, bezogen hat, darf er sich zu den anderen Jungen in den Tagesraum begeben"*
> *(Wenzel, 1970, S. 89).*

Der gesamte Vorgang vermittelt den Eindruck, dass die jungen Menschen mit der Aufnahme ins Heim ihre Persönlichkeit an der Pforte abgeben mussten. Jedwede Individualität scheint zur vollkommenen Nebensache geworden zu sein. So etwas ist heute nicht mehr vorstellbar und liegt sehr weit zurück. Oft werden die damaligen Zustände in der Heimerziehung mit den Zeitumständen und mit den vorherrschenden Vorstellungen über Erziehung zu erklären versucht. Es ist dennoch erstaunlich, dass die damaligen leitenden Fachkräfte keine Veränderungen veranlassten. Diese unpädagogischen Haltungen werden noch unverständlicher, wenn man bedenkt, dass schon im Jahr 1947 von einer britischen Delegation die Praxis der deutschen Fürsorgeheime scharf kritisiert wurde (Wenzel, 1970).

In der damaligen Praxis der Heimaufnahme und der Heimerziehung insgesamt dokumentierten sich überaus deutlich die vorhandenen Machtverhältnisse zuungunsten der jungen Menschen. Heutzutage finden solche entwürdigenden Aufnahmevorgänge schon längst nicht mehr statt. Es gilt dennoch zu untersuchen, was an der gegenwärtigen Praxis noch verändert und verbessert werden kann. Denn Heimerziehung kann insgesamt als „kritisches Lebensereignis" bewertet werden, bei der Heimaufnahme wird es „sich lohnen, hieraus ein Handlungskonzept für den Lebensfeldwechsel Heim zu gewinnen" (Lambers, 1998, S. 308). Die ersten Tage im Heim können die Qualität und damit den Erfolg des Heimaufenthaltes entscheidend beeinflussen.

Vielfalt und Struktur der heutigen stationären Jugendhilfe in Deutschland

Wer heute dem Begriff „Heimerziehung" begegnet, hat oftmals immer noch das Bild einer anstaltsmäßigen, vielleicht auch zwangsmäßigen Unterbringung von vielen Kindern und Jugendlichen in einem großen Haus vor Augen. Vorstellungen von großen Schlafsälen, einer lieblosen Atmosphäre, viel zu wenig und nicht selten unfähigem Erziehungspersonal, harten Strafen und dem Fehlen individueller Entwicklungsmöglichkeiten sind weit verbreitet. Dieses Bild ist jedoch nicht nur verzerrt, es ist inzwischen völlig überholt und trifft auf die moderne Heimerziehung nicht mehr zu.

Die in den 1970er- und 1980er-Jahren initiierten und realisierten Reformen der Heimerziehung haben innerhalb des Praxisfeldes zu erheblichen quantitativen, qualitativen und strukturellen Veränderungen geführt und zu einer starken Differenzierung der institutionellen Rahmenbedingungen beigetragen. Größere Heime verloren infolge der Dezentralisierung mehr und mehr ihren Anstaltscharakter: Institutionalisierte Überversorgungssituationen wurden abgebaut, indem beispielsweise Großküchen, Speisesäle und zentrale Wäschereien aufgelöst und deren Funktionen in die Gruppen verlagert wurden. Alltägliche Verrichtungen waren nun den jungen Menschen nicht länger vorenthalten, sondern in pädagogische Prozesse integriert. Im Zuge der Reformen kam es auch zu Auslagerungen von Heimgruppen in andere Häuser und Stadtteile – zur Gründung von Außenwohngruppen und selbstständigen Wohngemeinschaften. Etwas später kamen Vorläufer des Betreuten Wohnens auf. Heute reicht das differenzierte und spezialisierte Feld der stationären Erziehungshilfe bis hin zu Erziehungsstellen – einer besonderen Form der „Heim"-Unterbringung innerhalb einer „professionellen Pflegefamilie".

a. Außenwohngruppen und Wohngruppen

Die ersten Außenwohngruppen entstanden zu Beginn der 1970er-Jahre. Sie waren eine Antwort auf die Kritik an der Heimerziehung, die unselbstständige junge Menschen produziere (Kiehn, 1990, S. 31 ff.). Im Zuge der allgemeinen Dezentralisierung wurden Gruppen aus dem Heim in andere Gebäude, beispielsweise in Einfamilienhäuser oder in größere Etagenwohnungen, ausgelagert. Damit konnte erreicht werden, dass das negative Bild des Heimes mit den entsprechenden Etikettierungen erheblich reduziert wurde oder auch ganz verschwand, denn Außenwohngruppen sind unauffällig in das normale Wohnumfeld integriert. Durchschnittlich fünf bis acht junge Menschen bilden eine solche Gruppe. Sie werden von pädagogischen Mitarbeiter_innen betreut, die ähnlich wie im Heim im Schichtdienst arbeiten, oder von einer Erziehungsperson beziehungsweise einem Paar, welches innerhalb der Außenwohngruppe lebt, und von zusätzlichen „zugehenden" Erzieher_innen. Ursprünglich profitierten vor allem Jugendliche von Außenwohngruppen, die schon längere Zeit im Heim lebten und sich nun zunehmend verselbstständigen sollten. Demgemäß stellt die Selbstversorgung ein wichtiges Prinzip in Außenwohngruppen dar. Im Laufe der Zeit wurden allerdings zunehmend Kinder in Außenwohngruppen aufgenommen, auch solche, die bislang nicht in einem Heim gelebt hatten. Es handelte sich dabei vorwiegend um Kinder, die voraussichtlich bis zu ihrer Selbstständigkeit auf öffentliche Erziehung angewiesen waren. Die Serviceleistungen eines Heimes können von der Außenwohngruppe in Anspruch genommen werden, so beispielsweise die therapeutischen Dienstleistungen, aber auch Aushilfen in Urlaubs- oder in Krankheitsfällen.

Demgegenüber sind andere Wohngruppen oder Wohngemeinschaften vollkommen selbstständige Institutionen der stationären Jugendhilfe, die in den vergangenen Jahren zunehmend entstanden sind. Um etwaige Nachteile zu kompensieren, weil beispielsweise keine Serviceleistungen einer großen Einrichtung in Anspruch genommen werden können, haben sich Wohngruppen oftmals zu einem Verbund zusammengeschlossen.

1 Stationäre Jugendhilfe: Erkenntnisse und Probleme zum Aufnahmeprozess

Der Trend, junge Menschen in kleineren Institutionen der stationären Erziehungshilfe unterzubringen, hält nach wie vor an. Von allen im Jahr 2011 begonnenen Hilfen in der stationären Jugendhilfe führten 35 Prozent in eingruppige Einrichtungen, wie zum Beispiel in Kleinstheime oder Wohngemeinschaften (Statistisches Bundesamt 2012).

b. Betreutes Wohnen

Das Betreute Wohnen umfasst die früheren Jugendhilfeformen Sozialpädagogisch betreutes Wohnen und Mobile Betreuung. Das Betreute Wohnen kann als Betreuungsangebot für die folgenden Jugendlichen und jungen Volljährigen verwirklicht werden:

(1) Für Jugendliche und junge Volljährige, die bislang in einem Heim oder in einer Wohngruppe der Jugendhilfe lebten und dort bereits ein hohes Maß an Selbstständigkeit und Eigenverantwortlichkeit unter Beweis stellen konnten. Diese jungen Menschen können sich nun in einer eigenen Wohnung, in der sie alleine oder mit anderen zusammen leben, weiter verselbstständigen. Sie werden bei diesem Prozess vor allem in Fragen der Ausbildung und Lebensführung durch sozialpädagogische Fachkräfte beraten und unterstützt.

(2) Für besonders auffällige Jugendliche und junge Volljährige, die in der Heimerziehung nicht zurechtkommen, weil sie nicht in der Gruppengemeinschaft leben wollen oder können und weil sie diese Form der Unterbringung total ablehnen. Für diese jungen Menschen in zumeist sehr schwierigen Lebenssituationen bietet das Betreute Wohnen eine Alternative zur viel diskutierten geschlossenen Unterbringung, die pädagogisch fragwürdig und in der Regel ineffizient ist. Das Betreute Wohnen stellt außerdem eine Alternative zur völligen pädagogischen Resignation und Hilflosigkeit dar, bei der man den jungen Menschen einfach der Straße und dem Schicksal überlassen würde.

c. Erziehungsstellen

„Erziehungsstellen erweitern den sozialen Kosmos der Erziehenden um ein Kind, das auch die Schnittstelle zu einer anderen Familie darstellt – sie sind dessen soziale Familie" (Sternberger, 2002, S. 206). Erziehungsstellen nehmen einen Platz zwischen Heimerziehung und Pflegefamilie ein. In Erziehungsstellen können in der Regel ein bis zwei (bisweilen auch drei) Kinder oder Jugendliche aufgenommen werden. Es handelt sich dabei um solche, die spezielle pädagogische Bedürfnisse und Entwicklungsdefizite aufweisen, welchen im Rahmen der üblichen Heimerziehung nicht ausreichend differenziert begegnet werden kann. Andererseits oder zugleich können es auch Kinder oder Jugendliche sein, die so sehr gruppenbedrängend und

-erschwerend sind, dass sie zu einer zu großen Belastung für die Heimgruppe werden und dadurch in eine Außenseiter- und Negativposition geraten würden. Erziehungsstellen sind in unterschiedlichen Organisationsformen vorhanden. In einigen Erziehungsstellen sind für diese Arbeit langfristig freigestellte pädagogische Mitarbeiter_innen eines Heimes tätig, deren Gehalt – in Abhängigkeit von der Kinderzahl – vom Heimträger weiterbezahlt wird. In anderen Erziehungsstellen wird beispielsweise auf der Grundlage von Kooperations- oder Honorarverträgen gearbeitet.

Erziehungsstellen unterscheiden sich von der Pflegefamilie durch die in ihnen geforderte spezifische Professionalität. Die jungen Menschen in Erziehungsstellen weisen in der Regel besonders gravierende Defizite, Entwicklungsrückstände, traumatische Erfahrungen und Verhaltensstörungen vor dem Hintergrund schwierigster Verhältnisse in ihren Herkunftsfamilien auf. Sie sind auf eine „grundlegende psychische und soziale Stabilisierung" angewiesen, die ihnen Erziehungsstellen langfristig bieten können (Moch & Hamberger, 2003, S. 106).

d. Weitere Differenzierungen

Die Differenzierung der Heimerziehung hat in den letzten Jahren kontinuierlich zugenommen. Um den Problemlagen und Fragestellungen bei besonders schwierigen Kindern und Jugendlichen begegnen zu können, wurden vermehrt intensivpädagogische Wohngruppen gegründet. Mit einer hohen Personaldichte und einer speziellen pädagogischen und/oder therapeutischen Ausrichtung stellen sie häufig eine Alternative für junge Menschen dar, die Regelgruppen sprengen würden. Sie sind ebenfalls eine Alternative zur geschlossenen Heimerziehung.

Darüber hinaus sind Einrichtungen speziell für Mädchen oder für Jungen vorhanden, um geschlechtsspezifischen Problemlagen besser gerecht zu werden. Die Heimerziehung bietet Gruppen an für essgestörte junge Menschen, für jugendliche Straftäter, für junge alleinerziehende Mütter usw.

e. Fazit

Wir können heute nicht mehr von „der Heimerziehung" ausgehen. Das pädagogische Arbeitsfeld der stationären Erziehungshilfe ist sehr differenziert und teilweise spezialisiert. Den Kindern, Jugendlichen und ihren Familien steht professionelles Fachpersonal zur Verfügung. Lebensweltorientierung und Partizipation der Betroffenen sind Leitideen der modernen Heimerziehung.

Die Situation der jungen Menschen, die in der stationären Erziehungshilfe aufgenommen werden, und die ihrer Familien

Was sind das eigentlich für Kinder und Jugendliche, die gegenwärtig in einem Heim aufgenommen werden? Welche Probleme haben sie und aus welchen familiären Konstellationen kommen sie? Die jährlichen Erhebungen des Bundesamtes für Statistik können hierzu einen ziemlich präzisen Aufschluss geben:

Im Laufe des Jahres 2011 wurden insgesamt 35.495 junge Menschen erstmals oder wieder in einer Einrichtung der stationären Erziehung aufgenommen. Wie schon in der Vergangenheit war es wieder so, dass die Anzahl der Jungen überwog. Ihr Anteil betrug 54 Prozent. Am häufigsten wurden mit 63 Prozent Kinder beziehungsweise Jugendliche im Alter von 12 bis 18 Jahren aufgenommen, der Anteil der älteren (15 bis 18 Jahre) überwog mit 38 Prozent. Zunehmend kann beobachtet werden, dass Kinder mit ausländischen Wurzeln in Heime aufgenommen werden. Im Jahr 2011 lag der Anteil der Kinder und Jugendlichen mit ausländischer Herkunft mindestens eines Elternteils bei 30 Prozent. Die Familien der neu aufgenommenen jungen Menschen waren zu 60 Prozent auf staatliche Transferleistungen angewiesen, insbesondere bezogen sie Arbeitslosengeld (ALG) II.

Wie war die Situation in den Herkunftsfamilien? Fast die Hälfte (47 Prozent) der Kinder und Jugendlichen lebte vor der Heimaufnahme bei einem alleinerziehenden Elternteil, in 25 Prozent der Fälle war eine neue Partnerin/ein neuer Partner hinzugekommen. Bei 546 Betroffenen (1,5 Prozent) waren die Eltern verstorben.

In einer Pflegefamilie lebten zuvor 5 Prozent der jungen Menschen, in anderen Heimen der Jugendhilfe hielten sich vor der neuen Heimaufnahme 16 Prozent auf.

Die Statistik gibt auch Auskunft darüber, welche Problemlagen vorlagen, die eine Hilfe zur Erziehung in einem Heim oder in einer anderen betreuten Wohnform notwendig machten:

Hauptgründe:

eingeschränkte Erziehungskompetenz der Eltern/Sorgeberechtigten	17 Prozent
Gefährdung des Kindeswohls	16 Prozent
Unversorgtheit des jungen Menschen	16 Prozent
Auffälligkeiten im sozialen Verhalten/dissoziales Verhalten	14 Prozent
unzureichende Förderung/Betreuung/ Versorgung des jungen Menschen	10 Prozent
Belastungen des jungen Menschen durch familiäre Konflikte	9 Prozent
Entwicklungsauffälligkeiten/ seelische Probleme des jungen Menschen	7 Prozent
Belastungen des jungen Menschen durch Problemlagen der Eltern	7 Prozent
schulische/berufliche Probleme des jungen Menschen	4 Prozent

Angeregt wurde der Heimaufenthalt in 39 Prozent der Fälle durch Soziale Dienste (z. B. Jugendamt), in 29 Prozent durch die Eltern beziehungsweise Sorgeberechtigten. 21 Prozent der jungen Menschen meldeten sich selbst bei entsprechenden Institutionen und baten um Hilfe. Bei 16 Prozent der 2011 aufgenommenen jungen Menschen lag ein teilweiser oder vollständiger Entzug der elterlichen Sorge vor. (Alle Zahlen nach Angaben des Statistischen Bundesamtes 2012 oder danach errechnet und gerundet.)

Das Fallbeispiel „Dirk"

Bei dem 15-jährigen Dirk handelt es sich um eine fiktive Person, die typische Merkmale der im Jahr 2011 in die Institutionen der stationären Erziehungshilfe aufgenommenen Jugendlichen in sich vereint. Er wohnte zuvor im Haushalt seiner alleinerziehenden Mutter zusammen mit seiner jüngeren Schwester. Die Familie war schon seit mehreren Jahren auf ALG II angewiesen. Die sehr schlicht ausgestattete Wohnung befindet sich am Rande eines Gewerbegebiets. Dirks Vater hat die Familie schon vor zwölf Jahren verlassen, er unterhält keinerlei Kontakt zu seinem Sohn, die Schwester stammt von einem anderen früheren Partner der Mutter. Dirk wurde in der Vergangenheit mehrfach nachts von der Polizei aufgegriffen und in Obhut genommen. Da die Erziehungskompetenz der Mutter sehr gering zu sein schien, hatte das Jugendamt für die Familie zunächst eine Sozialpädagogische Familienhilfe installiert. Diese ambulante Erziehungshilfe hat jedoch Dirks Verhalten und die Erziehungskompetenz der Mutter nicht nachhaltig positiv beeinflussen können. In verschiedenen Hilfeplangesprächen haben die Mutter und die Fachkräfte vom Jugendamt sich nun darauf verständigt, dass Dirk in die Außenwohngruppe mit sieben weiteren Jugendlichen eines Kinderheims einziehen soll. Die Gruppe ist mit einem Bus gut von der Wohnung der Mutter aus zu erreichen. Dirk kann weiter in „seine" Schule gehen, wo er einen sehr guten Freund hat. Dirk war bei den Gesprächen des Jugendamtes dabei, er hat sich jedoch kaum aktiv beteiligt und wartet nun einfach ab, was auf ihn zukommt. Einige Tage vor der geplanten Aufnahme beginnt er jedoch sich Sorgen zu machen. Dieser fiktive Fall zeigt, dass Dirk nicht angemessen an der Entscheidung über seine Zukunft beteiligt wurde, und seine Sorgen vor der Heimaufnahme erscheinen als nicht unbegründet.

Wie sollte die Partizipation sein und wie haben Betroffene den ersten Tag im Heim in Erinnerung?

„Heimerziehung und die sozialpädagogische Betreuung in sonstigen Wohnformen haben die zentrale Aufgabe, positive Lebensorte für Kinder und Jugendliche zu bilden, wenn diese vorübergehend oder auf Dauer nicht in ihrer Familie leben können" (Günder, 2011, S. 19).

Heimerziehung soll als Hilfe verstanden und die individuelle Entwicklung der jungen Menschen bestmöglich gefördert werden. Aber bemerken die Betroffenen schon am Tag ihrer Aufnahme etwas von diesen positiven Zielsetzungen? Immerhin ist in den Hilfen zur Erziehung die Partizipation von Kindern und Jugendlichen gesetzlich normiert. So wird beispielsweise in § 8 SGB VIII geregelt, dass Kinder und Jugendliche an allen sie betreffenden Entscheidungen der öffentlichen Jugendhilfe zu beteiligen sind. Gemäß ihrem Entwicklungsstand sind ihre Vorstellungen, Meinungen, Ängste und Wünsche ernst zu nehmen. Es soll nicht über sie entschieden werden, sondern in partnerschaftlicher Abwägung sollen gemeinsam akzeptable Lösungen und Perspektiven entwickelt werden.

Nach § 36 SGB VIII sind die Personensorgeberechtigten und (!) das Kind oder der Jugendliche vor der Entscheidung über die Inanspruchnahme einer Hilfe zu beraten, wobei auf mögliche Folgen für die Entwicklung des Kindes oder Jugendlichen hinzuweisen ist.

Jugendhilfe kann im eigentlichen Sinne nur dann lebenswelt- und ressourcenorientiert sein, wenn die aktive Beteiligung – die Partizipation – der betroffenen jungen Menschen nicht nur gefordert, sondern innerhalb der Praxis systematisch und kontinuierlich realisiert wird.

„In der Praxis ist bis heute allerdings eine kontinuierliche und methodisch differenzierte Beteiligung der Kinder und Jugendlichen selten anzutreffen" (Bundesministerium für Familie, Senioren, Frauen und Jugend, 2002, S. 197).

Dies illustriert auch der fiktive Fall Dirk. Das für die gute Praxis so wichtige Ideal einer aktiven Beteiligung im Aufnahmeprozess wird nur zu oft nicht erreicht. Insofern beschreibt auch das folgende Zitat eher die reale Alltagspraxis:

„Für die Kinder- und Jugendhilfe gelten Mitwirkung und Aushandlung als zentrale Maximen. Kinder- und Jugendhilfe hat einen (Einmischungs-) Auftrag, offensiv darauf Einfluss zu nehmen, dass die Beteiligung und die soziale Teilhabe von Kindern und Jugendlichen in allen sie betreffenden Bereichen ermöglicht werden" (Rätz-Heinisch, Schröer & Wolff, 2009, S. 251).

Die formal abgesicherten Beteiligungsmöglichkeiten und Beteiligungsrechte von jungen Menschen, die in den Institutionen der stationären Erziehungshilfe leben, sind eher gering. Zu sehr scheint hier noch „ein pädagogisches Verständnis mit einer fürsorgerischen Grundhaltung vorzuherrschen" (Bundesministerium für Familie, Senioren, Frauen und Jugend, 2002, S. 202). Eine solche auch heute noch anzutreffende Haltung schließt die Orientierung ein, nach der die Fachkräfte schon wüssten, was für die Kinder und Jugendlichen das Beste sei.

In Interviews mit Jugendlichen (N = 25), die in Heimen oder in Wohngruppen lebten, wurden diese nach ihrer subjektiven Erinnerung von Standardsituationen und ihren diesbezüglichen Empfindungen befragt (Günder, 2007, S. 90 ff.). Die Interviews wurden nach qualitativen Gesichtspunkten ausgewertet. Zu den Standardsituationen gehörte auch der Tag der Heimaufnahme. Positive Rückerinnerungen an den ersten Tag im Heim lagen nur bei zwei Jugendlichen vor. Ein Jugendlicher fand es toll, dass er ein Einzelzimmer bekam, ein anderer, der sich von seiner Familie besonders intensiv abgelehnt fühlte, empfand es als sehr wohltuend, wie die Erzieher_innen sich um ihn kümmerten. Alle anderen Erinnerungen an den ersten Tag im Heim sind als negativ oder sogar sehr negativ zu beurteilen. Viele fühlten sich wegen der Trennung von ihren Familien sehr unwohl, manche weinten heimlich.

1 Stationäre Jugendhilfe: Erkenntnisse und Probleme zum Aufnahmeprozess

Manche litten unter den anderen Kindern im Heim. Sie wären in dieser ungewohnten Situation lieber alleine gewesen. In zwei Fällen wurden ihnen von Zimmerkamerad_innen massive Vorwürfe gemacht, weil diese nun das Zimmer mit jemandem teilen mussten. Andere wiederum hatten Angst, nun alleine zu sein, sie fühlten sich einsam und verlassen. Ungefähr ein Drittel meinte, dass sich die Erzieher_innen in dieser Anfangssituation überhaupt nicht um sie gekümmert hätten. Typische Äußerungen waren: „Die ersten Tage im Kinderheim waren die schlimmste Zeit in meinem Leben", „das war für mich der Horror", „die Erzieher gehen nicht auf einen zu und fragen, wie ist dieser Mensch".

Es fällt auf, dass die Rückerinnerung an die Heimaufnahme überwiegend mit negativen Eindrücken und Gefühlen in Verbindung steht. Neben Trennungsschmerzen werden vor allem Vereinsamungsängste und das Gefühl, nicht angenommen zu sein, erinnert. Demgegenüber schienen besondere Beziehungsangebote von Seiten der Erzieher_innen gerade in den ersten Tagen entweder nicht vorhanden gewesen zu sein oder sie wurden von den Kindern und Jugendlichen nicht wahrgenommen. Anscheinend fehlt in vielen Einrichtungen ein Konzept des pädagogischen Umgangs mit neu aufgenommenen jungen Menschen. Außerdem wird die Notwendigkeit einer intensiven Beziehungsarbeit sehr deutlich, die schon mit Beginn der Heimerziehung erfolgen müsste. Diese wurde aber in vielen Fällen von Seiten der Betroffenen offensichtlich als nicht oder kaum vorhanden eingestuft.

In der aktuellen Fachliteratur werden das Aufnahmeverfahren und die ersten Tage im Heim eher randständig behandelt. Wenden wir uns daher der älteren Literatur zu und untersuchen wir, ob entsprechende Antworten bei „Klassikern" der Pädagogik zu finden sind.

Die „ersten Tage" in den Konzepten bedeutender Pädagogen

Johann Hinrich Wichern

Der Theologe Johann Hinrich Wichern (1808–1881) wurde in Hamburg mit der Gründung und Leitung eines Rettungshauses für verwahrloste und schwer erziehbare Kinder beauftragt.

Mit der Errichtung des „Rauhen Hauses" reagierte Wichern auf die unvorstellbare Verarmung großer Bevölkerungsteile und auf den sozialen Zerfall der Gesellschaft. Dem einzelnen jungen Menschen, welcher zu ihm geführt wurde, begegnet Wichern – von seinem christlichen Lebensprinzip geleitet – mit Liebe und Vergebung.

In Wicherns Rettungshauserziehung wurde die Heimaufnahme zum Wende- und neuen Ausgangspunkt für viele Kinder und Jugendliche. Die verelendeten Kinder wurden mit Kleidung versehen, die Mädchen des Heimes sorgfältig genäht hatten, und sie nahmen in der neuen „Familie" ein besonders schönes erstes Mahl ein. Dieser ritualisierte Vorgang war ein Aufnehmen in die Gruppe im echten Sinne des Wortes.

Die jungen Menschen, die ins „Rauhe Haus" kamen, gehörten zu den Ärmsten der Armen, lebten in tiefster Not. Die meisten waren kriminell gewesen, um sich überhaupt am Leben zu halten. Für die Kinder und Jugendlichen war es nur ein Zufall, ob sie in eine Strafanstalt eingesperrt oder ins „Rauhe Haus" eingewiesen wurden. Die sich vom Strafvollzug fundamental unterscheidende Methode zeigte sich schon im Moment der Aufnahme, denn die jungen Menschen, die eigentlich Strafe und Vergeltung erwarteten, erlebten die Annahme ihrer Person in unerwarteter Weise:

„Mein Kind, dir ist alles vergeben! Sieh um dich her, in was für ein Haus du aufgenommen bist! Hier ist keine Mauer, kein Graben, kein Riegel; nur mit einer schweren Kette binden wir dich hier, du magst wollen oder nicht; du magst sie zerreißen, wenn du kannst; diese heißt Liebe und ihr Maß ist Geduld" (Wichern, 1958, S. 119).

Christliches Grundverständnis und christliche Prägung der Heimerziehung führten mit den Grundwerten der Liebe und Barmherzigkeit zu einem weiteren christlich motivierten Prinzip: der Vergebung des Vorausgegangenen. Diese Vergebung stellt den Menschen in seiner momentanen Situation in den Mittelpunkt und wird zum Ausgangspunkt pädagogischen Handelns, somit zum pädagogischen Prinzip. Vergangene Taten und Schuld geraten vollends in den Hintergrund; was zählt, ist die von der aktuellen Ausgangslage ausgehende zukunftsgerichtete pädagogische Perspektive.

August Aichhorn

August Aichhorn (1878–1949) war ein österreichischer Pädagoge und Psychoanalytiker, der mittels der psychoanalytisch orientierten Erziehung in Erziehungsheimen für „verwahrloste Jugendliche" nachweisen konnte, dass diese sehr viel bessere Erfolge brachte als die Zwangserziehung in damaligen Besserungsanstalten.

Nach der Aufnahme standen zunächst nicht die Probleme der Kinder und Jugendlichen im Blickpunkt. Durch die anfängliche Nichtbeachtung der besonderen Schwierigkeiten und Probleme eines Kindes oder Jugendlichen, durch die zwar freundliche, aber nicht aufdringliche Haltung dem jungen Menschen gegenüber stand dessen schlimmes Schicksal nicht im

1 Stationäre Jugendhilfe: Erkenntnisse und Probleme zum Aufnahmeprozess

Mittelpunkt der pädagogischen und persönlichen Beziehung (Aichhorn, 1977, S. 117 f.). Es wurden so Entwicklungsverläufe möglich, die durch Voreingenommensein, durch symptomorientiertes Vorgehen und durch zu frühe Stellungnahme eingeengt oder verhindert worden wären.

Das störende Verhalten, das innerhalb der Heimerziehung häufig als Anlass zu Opposition, Verärgerung und Gegenreaktion angesehen wird, sollte zunächst hingenommen werden und „zur Freundschaft, Milde und Güte" (Aichhorn, 1977, S. 131) veranlassen. Ganz bewusst sollten anfänglich den defizitären und unangepassten Verhaltensweisen der Kinder und Jugendlichen keine Widerstände entgegengestellt werden.

Diesen an ihren Vorgeschichten gescheiterten jungen Menschen begegnete Aichhorn mit Sympathie und Freundschaft, weil der Verwahrloste „gerade die entgegengesetzten Bedingungen finden muß, als er sie in seiner früheren Umgebung hatte" (Aichhorn, 1977, S. 180).

> *„Mit der Devise ‚absolute Milde und Güte' wurde den Zöglingen keinerlei Widerstand geboten, um damit zunächst den Teufelskreis der gewohnten Erlebnis- und Verhaltensweisen zu durchbrechen" (Adam, 1999, S. 270).*

Hierzu werden positiv eingestellte Erzieher_innen benötigt, die in der Lage sind, positive Übertragungsverhältnisse herzustellen. Nicht äußerer Zwang, sondern neuartige, unverhofft positive Lebensumstände ermöglichen die realistische Einstellung zum Leben.

Anton Semjonowitsch Makarenko

Der sowjetische Pädagoge Anton Semjonowitsch Makarenko (1888–1939) kümmerte sich in den verwirrenden Zeiten nach der russischen Oktoberrevolution um heimatlose, vagabundierende und zugleich oftmals kriminell gewordene Kinder und Jugendliche. Durch eine intensive Kollektiverziehung mit straffer militärischer Prägung sollten die jungen verwahrlosten Menschen wieder in die Gesellschaft integriert werden.

Makarenko war aufgrund jahrelanger praktischer Erfahrungen im Umgang mit schwierigen Jugendlichen zu der Ansicht gekommen, dass Verhaltensveränderungen nicht langsam und allmählich, sondern, wenn überhaupt, sofort und plötzlich – explosionsartig – vonstattengehen.

Diese „Explosionstheorie" zeigt sich überaus deutlich am Beispiel eines Aufnahmevorgangs in seine Kolonie für jugendliche Rechtsverletzer. Im Sommer wurden eines Tages 50 vagabundierende, zerlumpte, verlauste und heimatlose Jugendliche von den Dächern eines Güterzuges heruntergeholt und auf dem Bahnhofsvorplatz versammelt. Tausende von Zuschauern sahen, wie die

„Neuen" feierlich und mit wehenden Fahnen in den Zug der in Paradeuniformen gekleideten Kolonisten eingereiht und aus der Stadt zur Kolonie geführt wurden. Nachdem sie dort geduscht und die Haare geschnitten bekommen hatten, wurden sie ebenfalls in Paradeuniformen eingekleidet und auf dem Platz innerhalb der Kolonie versammelt.

Die bislang äußere Verwandlung vervollständigte sich nun zu einer inneren Wandlung, zu einem schockartig erlebten Bruch mit der Vergangenheit und Identität. Denn die zerlumpte „Reisekleidung" lag auf einem Haufen, wurde mit Benzin übergossen und angezündet. Ein älterer Kolonist kehrte die Asche zusammen und rief einem in seiner Nähe stehenden Neuen zu: „Deine ganze Biographie ist verbrannt" (Makarenko, 1962, S. 149).

Der auf die Betrachter_innen unmenschlich wirkende Vorgang war bewusst so inszeniert, um den eltern- und obdachlosen und größtenteils kriminellen Jugendlichen infolge des erlebten Bruchs mit ihrer Vergangenheit die Möglichkeit zu Veränderungen zu eröffnen. Die Explosionsmethode sorgt durch entsprechende äußere Bedingungen und Anlässe für den inneren Ausbruch der plötzlich eintretenden Veränderung. „Denn nicht auf ein Schauspiel kommt es Makarenko an, sondern auf das Gewinnen einer neuen Ausgangsposition für die charakterliche und sittliche Entwicklung" (Feifel, 1963, S. 151).

Da den Jugendlichen durch ihre Aufnahme in das Kollektiv eine neue Identitätsbildung offenstand und ihnen positive Perspektiven offeriert wurden, ist dieses Aufnahmeritual keinesfalls mit dem zuvor beschriebenen Aufnahmevorgang in dem Fürsorgeheim gegen Ende der 1960er-Jahre zu vergleichen.

Makarenko erkannte selbst die Gefahr seiner Methode, die eine Gratwanderung zwischen pädagogischem Erfolg und totaler Orientierungslosigkeit sowie Abgleiten des Individuums darstellte. Das pädagogische Ziel, die Erziehung des Einzelnen durch das Kollektiv zu realisieren, sollte durch die Explosion erreicht werden. Sie

> *„besteht in dem Versuch, den Konflikt zwischen Persönlichkeit und Gesellschaft derart auf die Spitze zu treiben, dass nur noch die Wahl bleibt, entweder beugt sich die Persönlichkeit dem Kollektiv, oder aber sie scheidet aus" (Feifel, 1963, S. 150). Makarenko konnte dieses Ziel nur erreichen, wenn innerhalb seines Erziehungskonzepts weitere Werte, wie vor allem die Disziplin und die pädagogische Perspektive, Platz griffen. „Den Menschen erziehen bedeutet bei ihm Perspektiven herausbilden" (Makarenko, 1978, S. 79).*

Bruno Bettelheim

Bruno Bettelheim (1903–1990) war ein in Österreich geborener Psychoanalytiker, der 1939 in die USA emigrierte. In Chicago übernahm er die Leitung und Neuausrichtung der Orthogenic-School, einer stationären Einrichtung für psychisch schwer gestörte Kinder und Jugendliche.

Bettelheim verwirklichte hier eine spezielle Form der Milieutherapie.

> *„Medium der Milieutherapie ist ein tiefenpsychologisch interpretierter und gestalteter Alltag, d. h. alltägliche Handlungen wie Aufstehen, Essen, Lernen, Schlafengehen usw. bilden den Ausgangspunkt für Förderung und Therapie. Bezeichnend ist der spezifische Blickwinkel, unter dem Bettelheim das Milieu betrachtet. Es sind die symbolischen Mitteilungen und Gehalte, wie sie von Räumen, Ausstattungen, Situationen und Interaktionen im Heimalltag ausgehen, die im Mittelpunkt seines Interesses stehen. Bettelheims genuines Verdienst ist es, daß er das Heimmilieu systematisch hinsichtlich der stummen, symbolischen Botschaften analysiert hat"* (Krumenacker, 1994, S. 265 f.).

Innerhalb der Milieutherapie von Bettelheim sollen die Kinder zunächst einmal erfahren, dass es sich lohnen kann zu leben. Insbesondere bei der Neuaufnahme spielt deshalb die Bedürfnisbefriedigung eine ungemein wichtige Rolle. Durch diese kann – ähnlich wie im Säugling-Mutter-Verhältnis – eine Identifikation mit der erwachsenen Bezugsperson entstehen, die Bedürfnisse zulässt und deren Befriedigung fördert (Bettelheim, 1983a und b). Die Milieutherapie unterscheidet sich daher in der Anfangsphase deutlich von gewöhnlichen Lebensumständen. Dennoch kann keineswegs von unrealistischen Einzelsituationen ausgegangen werden. Hier wird auf die Klarheit und die Durchschaubarkeit der erlebten Handlungen Wert gelegt; insbesondere sind die Beziehungen zwischen Kindern und Erwachsenen durch die Echtheit der Gefühle gekennzeichnet.

> *„Eine wirklich gut integrierte Gruppe begegnet dem Neuling mit freundlicher Gleichgültigkeit. Die Kinder, die eine solche Gruppe bilden, fühlen sich so geborgen, daß sie den Neuling aufnehmen können oder auch nicht. Wenn er sich ihnen anschließen will, gut und schön; wenn nicht, ist ihnen das auch recht"* (Bettelheim, 1983a, S. 56).

Insbesondere in der Aufnahme- und Anfangsphase sollten die Kinder und Jugendlichen zunächst einmal in Ruhe gelassen werden.

„Wir haben immer wieder festgestellt, daß es am besten ist, nicht sofort oder sehr früh den Versuch zu machen, mit dem Kind über seine dringlichen oder zentralen Probleme zu sprechen, oder ihm bei ihrer Bewältigung zu helfen oder es in bezug auf diese Probleme oder unsere Einstellung zu ihnen zu beruhigen. Es ist immer am besten zu warten, bis das Kind die Initiative ergreift, das zu besprechen, was ihm am wichtigsten ist" (Bettelheim, 1983a, S. 47 f.).

Bettelheim berichtet, dass in seiner Orthogenic-School jedes neu aufgenommene Kind ein Geschenk auf seinem Bett vorfindet. Die Gruppenmitarbeiter_innen haben nicht einfach wahllos etwas gekauft, sondern sie machten sich viele Gedanken, ließen die ersten Eindrücke über das Kind bei dessen Vorbesuchen einfließen, um zu einer Auswahl zu kommen, von der sie annehmen konnten, dass sie den Geschmack des Kindes traf und ihm wirkliche Freude bereitete (Bettelheim, 1983b, S. 201 f.). Der so aufgenommene junge Mensch freue sich nicht nur über das unerwartete Geschenk; er werde auch merken, dass man sich Gedanken um ihn mache und ihn als Person ernst nähme. Für Kinder und Jugendliche, die oftmals Strafe und Schikane erwarten, seien solche – wie Kleinigkeiten anmutende – Gesten erste wichtige positive Erfahrungen in ihrem neuen Lebensumfeld.

Es wäre widersinnig, die jungen Menschen zu bestrafen, ihre Persönlichkeit beugen zu wollen. Sie müssten zunächst die grundlegende Erfahrung verinnerlichen, dass das Leben angenehm und schön sein kann. Diese Erfahrung wird verhindert, wenn von Beginn an die Verhaltensveränderung im Mittelpunkt des pädagogischen Geschehens steht. Kinder und Jugendliche sollten sich daher in der Anfangsphase der Heimerziehung innerhalb eines entspannten, freundlichen und wohltuenden Milieus entfalten, zu sich selbst finden und sich einfach wohlfühlen können.

Andreas Mehringer

Der wegen seiner Aktivitäten während der NS-Zeit nicht unumstrittene Pädagoge Andreas Mehringer (1911–2004) übernahm nach dem Zweiten Weltkrieg die Leitung des Waisenhauses in München. Er setzte sich erfolgreich für Reformen der Heimerziehung insgesamt ein.

Insbesondere Kinder oder Jugendliche, die neu in eine Institution der Heimerziehung aufgenommen werden, benötigten die Sicherheit, mit der Aufnahme auch als Person angenommen worden zu sein. Mehringer bezeichnet diesen pädagogischen Vorgang, der eigentlich ein Gewährenlassen, um zu sich selbst zu finden, darstellt, treffsicher als „Nachbergen" (Mehringer,

1 Stationäre Jugendhilfe: Erkenntnisse und Probleme zum Aufnahmeprozess

1998, S. 29 ff.). Die vollkommene Annahme und Akzeptanz als Person stellt die wichtigste pädagogische Grundlage für spätere Verhaltensveränderungen dar.

Andreas Mehringer hat diesen in der Alltagspraxis der Heimerziehung zu wenig reflektierten Sachverhalt in der ersten und zweiten Regel seiner „kleinen Heilpädagogik" beschrieben:

> Regel 1: „Das Kind in seiner Eigenart wahrnehmen und so akzeptieren, wie es ist."
>
> Regel 2: „Ausverwahrlosen lassen"
> (Mehringer, 1998, S. 27–39).

Ein Kind in seiner Eigenart wahrzunehmen und es so zu akzeptieren, wie es ist, heißt, es trotz all seiner Schwächen und Verhaltensstörungen als Gesamtpersönlichkeit vorbehaltlos anzunehmen und ihm das Gefühl des Akzeptiertseins zu vermitteln. Bislang sind diese Kinder immer angeeckt, sie sollten sich ständig ändern. In den ersten Tagen und Wochen im Heim müssen sie nun die Gelegenheit haben, zur Ruhe zu kommen, sich selbst zu finden, ihre Persönlichkeit auszuleben, ohne ständige Ermahnungen und Änderungswünsche bezüglich ihres Verhaltens. Das störende Verhalten, das innerhalb der Heimerziehung häufig als Anlass zu Opposition, Verärgerung und Gegenreaktion angesehen wird, sollte zunächst hingenommen werden.

Die negativen Verhaltensweisen von jungen Menschen innerhalb der Heimerziehung sollten nicht nur, vielmehr dürfen sie nicht so persönlich genommen werden wie in der Beziehung zwischen Eltern und Kindern. Orientiert man sich an den heilpädagogischen Regeln von Andreas Mehringer, dann mutet man den Erzieher_innen zu, dass sie Kinder zunächst ganz so annehmen, wie sie sind, und dass diese ihre Symptome vollkommen ausleben können. Zumindest in der Anfangsphase gilt das Prinzip des „Ausverwahrlosenlassens".

Gerade schwierige Kinder brauchen solche Voraussetzungen. Wenn sie nicht sofort genötigt werden, sich zu ändern, wenn sie trotz ihrer auffallenden und lästigen Symptomatik als Person vollkommen angenommen und ernst genommen werden, dann erst können allmählich auch günstige Voraussetzungen, die nachhaltige Verbesserungen zu bewirken imstande sind, Raum greifen.

Die jungen Menschen, die in der heutigen Heimerziehung leben, haben ein Anrecht auf die adäquate „Behandlung" ihrer Schwierigkeiten, denn die meisten von ihnen wären nicht im Heim, wenn sie nicht so wären, wie sie nun einmal sind. Solche pädagogischen Grundhaltungen können für die

Heimerziehung aus vielen pädagogischen Modellen abgeleitet werden. Sie sind unerlässlich, weil sie den Rahmen des gesamten pädagogischen Vorgehens bilden; ohne sie sind effektive differenzierte Interventionen kaum vorstellbar.

Mehringers Position drückt sich in der Forderung aus, das Kind wirklich zu mögen und dann auch bereit zu sein, den sicher kommenden Herausforderungen standzuhalten.

Resümee

Wesentliches Merkmal eines erfolgversprechenden pädagogischen Konzepts für die Anfangstage in der stationären Erziehungshilfe ist offensichtlich das vorläufige Nichtbeachten negativer Vorerfahrungen und Verhaltensweisen bei den Betroffenen. Dies geht in Einzelfällen hin bis zu einem vollkommenen Bruch mit der Vergangenheit. Dahinter verbirgt sich einerseits die Chance zu einem Neubeginn und neuen Perspektiven, während gleichzeitig auf diese Art und Weise der junge Mensch ganz so angenommen werden kann, wie er ist. Dieses Annehmen und Akzeptieren als Person – unter Nichtbeachtung störender Verhaltensweisen – wird zum Schlüsselbegriff bei der Neuaufnahme. Wenn dies gelungen ist, dann können spätere Veränderungen und spätere pädagogische Forderungen realisiert werden.

Positive Grundhaltungen zu schwierigen Kindern und Jugendlichen sind die unverzichtbare Grundlage, wenn es nach der Anfangsphase wirklich darauf ankommt, das Verhalten zu ändern. In der Heimerziehung geht es nicht um Schuld oder Strafe, deshalb können alle Vorgänge innerhalb einer positiven Gesamtatmosphäre ablaufen. Diese kann ggf. auch als eine Entschädigung für schlimme Vorerfahrungen angesehen werden. Das pädagogische/therapeutische Vorgehen ist integriert und ganzheitlich auf die Persönlichkeit des Kindes oder Jugendlichen ausgerichtet. Die nun gewünschte Neuorientierung gelingt am besten dann, wenn der junge Mensch im Heim es als vorteilhaft erkannt hat, sich zu verändern, und wenn beständige Identifikationen mit Bezugspersonen angestrebt werden.

Die Kinder und Jugendlichen sollen zunächst die grundlegende Erfahrung machen, dass es sich lohnt zu leben; sie sollen Lebensfreude entwickeln. Die pädagogischen Fachkräfte ermöglichen durch ihre professionellen Kompetenzen solche Rahmenbedingungen und schaffen dadurch eine Vertrauensbildung in den Beziehungen zu den Betroffenen (Kähler, 2009).

In unseren Beispielen aus der Aufnahmepraxis bedeutender Pädagogen wurde deutlich, dass Rituale am Tag der Heimaufnahme eine besonders wichtige Rolle einnehmen. Es wurden besonders gute Mahlzeiten gekocht und gemeinsam gegessen. Fahnen wehten und Uniformen glänzten. Die

1 Stationäre Jugendhilfe: Erkenntnisse und Probleme zum Aufnahmeprozess

Vergangenheit wurde symbolisch verbrannt. Sehr empathisch ausgesuchte Geschenke sollen den Start einfacher machen und das Gefühl vermitteln, dass man erwartet wurde und willkommen ist. Rituale können sowohl dem Neuankömmling als auch der Gruppe dazu verhelfen, dass Neuanfang und Integration besser vonstattengehen. „Das Ritual, in den Tiefen archaischen Wesens wurzelnd, ist ein Symbol für die weitgehend durch den Instinkt bestimmte Art und Weise, wie man sich bei gewissen Gelegenheiten verhält. Rituale sind Bestandteile des Kultes" (Wipf, 1982, S. 115).

Literatur

Adam, E. (1999). August Aichhorn. In: H. Colla u.a. (Hg.). Handbuch Heimerziehung und Pflegekinderwesen in Europa (S. 265–274). Neuwied

Aichhorn, A. (1999). Verwahrloste Jugend. Die Psychoanalyse in der Fürsorgeerziehung. Stuttgart, Wien

Bettelheim, B. (1983a). Liebe allein genügt nicht. Die Erziehung emotional gestörter Kinder. Stuttgart

Bettelheim, B. (1983b). Der Weg aus dem Labyrinth. Leben lernen als Therapie. Frankfurt a. M., Berlin, Wien

Bundesministerium für Familie, Senioren, Frauen und Jugend (2002). Elfter Kinder- und Jugendbericht. Bericht über die Lebenssituation junger Menschen und die Leistungen der Kinder- und Jugendhilfe in Deutschland. Berlin

Feifel, E. (1963). Personale und kollektive Erziehung. Katholisches Erziehungsverständnis in Begegnung und Auseinandersetzung mit der Sowjetpädagogik bei Anton Semjonowitsch Makarenko. Freiburg i. Br., Basel, Wien

Friebertshäuser, B. (2009). Statuspassagen und Initiationsrituale im Lebenslauf. Krisen und Chancen. In: I. Behnken & J. Mikota (Hg.). Sozialisation, Biografie und Lebenslauf (S. 182–204). Weinheim

Günder, R. (2007). Praxis und Methoden der Heimerziehung. Entwicklungen, Veränderungen und Perspektiven der stationären Erziehungshilfe. Freiburg i. Br.

Günder, R. (2011). Praxis und Methoden der Heimerziehung. Entwicklungen, Veränderungen und Perspektiven der stationären Erziehungshilfe. Freiburg i. Br.

Kähler, H. K. (2009). Erstgespräche in der sozialen Einzelhilfe. Freiburg i. Br.

Kiehn, E. (1990). Sozialpädagogisch betreutes Jugendwohnen. Frankfurt a. M.

Krumenacker, F.-J. (1994). Heimerziehung als Milieugestaltung. Zur Aktualität Bruno Bettelheims. In: R. Kaufhold (Hg.). Annäherung an Bruno Bettelheim (S. 262–275). Mainz

Lambers, H. (1998). „Der erste Tag"? Forum Erziehungshilfen. 4:5. 307–311

Makarenko, A. S. (1962). Werke. (Dritter Band). Berlin

Makarenko, A. S. (1978). Werke. (Fünfter Band). Allgemeine Fragen der Theorie. Erziehung in der sowjetischen Schule. Berlin

Mehringer, A. (1998). Eine kleine Heilpädagogik. Vom Umgang mit schwierigen Kindern. München, Basel

Moch, M. & Hamberger, M. (2003). Kinder in Erziehungsstellen. Eine empirische Analyse ihrer Vorgeschichte und ihrer aktuellen Lebenssituation. Unsere Jugend. 55: 3 98–107.

Rätz-Heinisch, R., Schröer, W. & Wolff, M. (2009). Lehrbuch Kinder- und Jugendhilfe. Grundlagen, Handlungsfelder, Strukturen und Perspektiven. Weinheim und München

Statistisches Bundesamt (2012). Statistiken der Kinder- und Jugendhilfe. Erzieherische Hilfen, Eingliederungshilfen für seelisch behinderte junge Menschen, Hilfe für junge Volljährige – Heimerziehung, sonstige betreute Wohnform. Wiesbaden

Sternberger, K. (2002). Mehr als eine Familie? Professionelle Familienerziehung in Erziehungsstellen. Unsere Jugend. 54: 5. 201–206

Wenzel, H. (1970). Fürsorgeheime in pädagogischer Kritik. Stuttgart

Wichern, J. H. (1958). Sämtliche Werke. (Band 4/1). Schriften zur Sozialpädagogik. Berlin

Wipf, K. A. (1982). Mythos, Mythologie und Religion. In: C. Condrau (Hg.). Psychologie der Kultur. (Band 1). Transzendenz und Religion (S. 113–120). Weinheim und Basel

2 Aufnahme als Schlüsselprozess aus Sicht eines freien Trägers der Jugendhilfe

Hermann Muss

1 Der Weg ins Heim – Geschichte und Sichtweisen eines freien Trägers

Fast 35.000 junge Menschen kamen 2011 in ein Heim (Pothmann, Fendrich & Tabel, 2012). Täglich werden somit in Deutschland ungefähr 90 Kinder und Jugendliche in Heimen aufgenommen. Dies sind in der Mehrzahl junge Menschen, die aus Familien in prekären Lebenssituationen stammen. Sie erfahren Armut und Benachteiligung, sie erleben ihre Familien hilflos und oft auch resigniert. Ihnen fehlen die sozialen Kontakte und Netzwerke, um den Anforderungen des Alltags gerecht zu werden. Die Bewältigungsstrategien in ihren Familien reichen nicht aus, einen gewaltlosen „gelingenden Alltag" sicherzustellen und den Anforderungen der Umwelt gerecht zu werden. Die Kinder und Jugendlichen leben mit all diesen dauerhaften Belastungen, die ihnen im wahrsten Sinne des Wortes das Leben schwer machen.

> *„So ist beispielsweise bezogen auf die Hilfeform der Unterbringung in einer Pflegefamilie oder in Heimerziehung die Anzahl der Kinder und Jugendlichen, deren Eltern soziale Transferleistungen beziehen, etwa 18mal so groß wie die der Nichtbezieher" (Bürger, 2010, S. 266).*

Weiterhin ist Heimerziehung nach wie vor eine Geschichte von Ausgrenzung und Isolation. Ausgegrenzt werden die Kinder und Jugendlichen der Armen und Orientierungslosen, die unter den gegebenen gesellschaftlichen

2 Aufnahme als Schlüsselprozess aus Sicht eines freien Trägers der Jugendhilfe

Bedingungen und ihren fehlenden Ressourcen an ihren Bedingungen scheitern. Schon Anfang des letzten Jahrhunderts stellte Otto Rühle fest: „Die Aussicht der Fürsorgeerziehung überwiesen zu werden, ist für das proletarische Kind ungleich größer als für das Kind bürgerlicher Kreise" (Rühle, 1975, S. 48). Die Aktualität ist nach wie vor gegeben, Heimerziehung betrifft fast ausschließlich Kinder und Jugendliche von Familien, die am Rande der Gesellschaft weitgehend vom gesellschaftlichen Reichtum ausgeschlossen sind.

Wenden wir uns vorab der Frage zu, unter welchen Umständen Kinder oder Jugendliche in eine Einrichtung der stationären Erziehungshilfe aufgenommen werden. Irgendwann ist der Punkt erreicht, wo es nicht mehr weitergeht – die Probleme in einer Familie werden öffentlich, Mitarbeiter_innen des Jugendamtes werden aktiv. Dies geschieht durch sehr unterschiedliche Zugangswege. Einerseits wenden sich die Eltern als sogenannte „Selbstmelder_innen" an ihre zuständige Fachkraft im „Allgemeinen Sozialen Dienst" (ASD) und beantragen eine Hilfe zur Erziehung oder auch die Kinder und Jugendlichen kommen zum Jugendamt und schildern ihre Nöte und Ängste. Im Gegensatz zu diesen „Selbstmelder_innen" wird das Jugendamt auch durch die Mitteilung unterschiedlichster Akteur_innen und Institutionen („Fremdmelder_innen") darüber informiert, dass eine Erziehung zum Wohle des Kindes oder Jugendlichen aus ihrer Sicht nicht sichergestellt ist oder es gar gewichtige Anzeichen einer Gefährdung der betreffenden Kinder und Jugendlichen gibt. Fremdmelder_innen sind dann Bezugspersonen wie Verwandte, Lehrer_innen, Vereinstrainer_innen, Nachbar_innen oder noch andere Menschen im Umfeld des Kindes oder Jugendlichen, die sich Sorgen machen und das Jugendamt informieren. Ebenso können Mitglieder von sozialen Organisationen wie Kindergärten, Gesundheitsdienste, Schulen oder auch die Peergroup des Kindes oder Jugendlichen beim Jugendamt „eine Meldung machen".

Nach mehr oder weniger fachlichen Prüfverfahren im Rahmen der Hilfeplanung im Jugendamt kann dann eine Heimunterbringung als passgenaue Hilfemaßnahme vorgeschlagen werden. Die zuständige sozialpädagogische Fachkraft fragt nun bei Personen von Jugendhilfeträgern an, ob es eine Unterbringungsmöglichkeit in einer Wohngruppe oder einer anderen betreuten Wohnform mit den gewünschten Rahmenbedingungen für das betroffene Kind oder den betroffenen Jugendlichen gibt. Mit der Aufnahmeanfrage beginnt bei den sozialen Dienstleistungsorganisationen das Aufnahmeverfahren, welches völlig zu Recht als ein zentraler Schlüsselprozess in der Leistungserbringung stationärer Hilfen identifiziert wird. Diesem Verfahren kommt eine entscheidende Bedeutung zu, weil wir zu diesem frühen Zeitpunkt schon die Weichen für eine gelingende oder scheiternde Heimkarriere stellen.

Im folgenden Absatz werden deshalb zuerst die Grundannahmen in ihren organisatorischen Ausprägungen dargestellt, die für unsere Einrichtung, das Kinder- und Jugendhilfehaus FleX gGmbH, Bottrop, richtungsweisend wurden. Deshalb soll die Beschreibung der Organisationsentstehung nicht nur den eigentlichen Aufnahmeablauf mit seinen Struktur- und Prozessqualitäten beleuchten, sondern insbesondere auf die theoretischen Zusammenhänge in Korrelation zu unseren Erfahrungsmustern hinweisen, die die konzeptionellen und methodischen Verfahrensweisen in der Einrichtung bis heute prägen. Diese Synthese von erlebtem und erlerntem Wissen wirkt in den verschiedenen Handlungsfeldern der Einrichtung. Sie spiegelt sich in den Leitbildern wider und weist auf die korrespondierenden Rahmenbedingungen unserer Institution hin. Diese Bündelung von theoretischen Annahmen, inhaltlichem Handeln und Reflexion der Leistungsabläufe gestaltet das Fundament, auf dem sich die spezifische Form der Leistungserbringung und auch die Gestaltung des Aufnahmeprozesses im stationären Bereich in unserer Einrichtung darstellen.

Letztendlich ist im abschließenden Kapitel ein Dilemma zu diskutieren, dem sich die Heimerziehung stellen muss. Aufnahmeentscheidungen durch alle Heimträger unterliegen den beiden Ebenen eines pädagogisch-inhaltlichen Aufnahmeprozesses und der betriebswirtschaftlichen Notwendigkeit der Belegung von freien Heimplätzen. Hier gilt es über neue Lösungswege nachzudenken. Mit diesem manchmal scheinbar unlösbaren Widerspruch eines pädagogischen, auf den Bedarf im Einzelfall bezogenen Aufnahmeverfahrens und der wirtschaftlichen Notwendigkeit „Plätze zu belegen" als Grundlage zum Weiterbestehen der Organisation mussten wir mit der Gründung unserer Organisation lernen umzugehen. Diese Anforderung eines Spagats zwischen dem pädagogisch Notwendigen und dem wirtschaftlich Erforderlichen blieb immer wieder grundlegende Aufgabe, veränderte sich aber inhaltlich im Laufe der Entwicklung unserer sozialen Dienstleistungsorganisation in den letzten 18 Jahren.

Mit der Gründung unserer gemeinnützigen GmbH und der Entscheidung, sich keinem der existierenden Wohlfahrtsverbände anzuschließen, lösten wir uns aus unseren bisherigen Erfahrungen in einer traditionell caritativ-christlich geprägten Heimeinrichtung. Die geänderten Denkstrukturen und Handlungsmuster auch bei den zukünftigen Aufnahmeprozessen wirken zu lassen, war erste grundlegende Erfahrung. Diese Erkenntnis, den möglichen Einzug eines Kindes oder Jugendlichen in einer unserer Wohngruppen auf den Einzelfall bezogen zu gestalten, wurde insbesondere auch durch die Äußerungen „unserer" neun Kinder, die mit uns das Wagnis der Selbstständigkeit eingingen, wesentlich beeinflusst. Die Qualität des Schlüsselprozesses „Heimaufnahme" determiniert nicht nur den Erfolg einer Heimmaßnahme

2 Aufnahme als Schlüsselprozess aus Sicht eines freien Trägers der Jugendhilfe

für das Kind oder den Jugendlichen, sondern war auch immer für uns eine wesentliche Richtschnur unseres Handelns am Bedarf und den Erfordernissen des Einzelnen.

So lernten wir insbesondere in der Gründungsphase durch die Erklärungen der Kinder und Jugendlichen, was für sie der Einzug in die neue Wohngruppe bedeutete und welche Prioritäten sie setzten. Gleichzeitig entstanden grundlegende strukturelle Standards für lebensweltorientierte, „entstigmatisierende" Wohngruppen. „Wir sind keine Heimkinder mehr ...", so begann eine kleine Meldung im Gelsenkirchener Lokalteil der Westdeutschen Allgemeinen Zeitung vom September 1995 (WAZ, 1995). Neun Jugendliche verließen ihr bisheriges Zuhause, einen Kinderheimkomplex – ehemals mit mehreren Heimgruppen auf einem gemeinsamen, eingezäunten Gelände und den großen, bunten Buchstaben mit dem Namen der Einrichtung am schmiedeeisernen Tor des Haupteingangs. Die Heimeinrichtung wurde durch den Heimträger geschlossen. Der Ausgleich zwischen notwendigen Platzbelegungen und der Beachtung eines pädagogisch legitimierten Aufnahmeprozesses war offensichtlich nicht gelungen.

Den neun jungen Menschen mit teilweise jahrelangen Heimaufenthalten und mehrfachen Erfahrungen von Heimaufnahmeprozessen sollte ein weiteres „Verlegen" und „Verteilen" in verschiedene andere Wohngruppen erspart werden. Sie zogen gemeinsam mit den ihnen bekannten und vertrauten Teammitgliedern in eine große Altbauwohnung im gleichen Stadtteil. Das neue „Heim" war in einem sanierungsbedürftigen Mehrfamilienhaus mit bröckelnder Fassade, schmutzig grauen Fluren und einem Dach, das bei heftigen Regenfällen seine Schwächen zeigte. Trotzdem lag in dem Ausspruch der neuen Bewohner_innen „Wir sind keine Heimkinder mehr ..." (Familienpost, 1995) Freude und Erleichterung. Warum akzeptierten sie problemlos schlechtere und engere Wohnbedingungen, teilweise in Mehrbettzimmern, gegen die Großflächigkeit eines Kinderheimes? Warum bemängelten sie die fehlenden Freizeitangebote wie Tischtennisplatte, Werkräume und Weiteres nicht, sondern „wagten" sich in das nahegelegene Jugendzentrum im Sozialraum?

Die Begründung der Jungen und Mädchen war sowohl einfach als auch richtungsweisend für die zukünftige Gestaltung von Wohngruppen. „Wenn wir aus dem Haus gehen, in dem mehrere Familien mit Kindern wohnen, sieht keiner sofort, dass dort Heimkinder das Haus verlassen. Wir verlassen unser Wohnhaus wie alle anderen Kinder und Jugendlichen, wenn sie sich zum Beispiel auf den Weg zur Schule machen", berichteten die Bewohner_innen. Keine großen, bunten Buchstaben am schmiedeeisernen Einrichtungstor ließen die Jugendlichen als Heimkinder erkennen. Dieses Bestreben der weiteren „Entstigmatisierung" von Heimerziehung war nur ein erster Schritt, aber ein Schritt in die richtige Richtung, wie uns unsere späteren Erfahrungen lehrten.

Bei uns Mitarbeiter_innen dieser neuen Wohngemeinschaft entstand ein geändertes Bewusstsein. Traditionen, Regeln und Rituale wurden hinterfragt und als eine Form von gesellschaftlicher Konstruktion der Wirklichkeit begriffen. Somit wurden „die Köpfe frei" von nur einem denkbaren Handlungsmuster mit den immer gleichen Sinnstiftungen und es ebnete sich uns der Weg für eine andere, innovative Praxis. Wir handelten in der Dualität des „Machens und Tuns" als Handlungspraxis und der Reflexion der professionellen Haltungen durch den Einbezug der Wissensbestände der Sozialen Arbeit als Profession mit ihren Erkenntnissen aus den benachbarten Wissenschaften, wie zum Beispiel der Psychologie und Soziologie. Besondere Beachtung wurde den Sichtweisen der Jugendlichen zugemessen, ihre Meinungen und Wünsche sollten bei der Entwicklung unserer Organisation eine richtungsweisende Hilfe sein. Im Laufe dieses gemeinsamen Prozesses trat für uns immer deutlicher hervor, dass nur im gemeinsamen Handeln der Erfolg des Wohngruppenaufenthaltes liegen konnte.

In unserer weiteren Entwicklung zu einer dezentralen Organisation erzieherischer Hilfen wurde immer deutlicher, dass sich von Beginn an die Unterstützungsangebote flexibel organisieren müssen und lebensweltnah zu gestalten sind. Wir orientieren uns dabei an den Strukturmaximen des 8. Jugendberichtes (Bundesminister für Jugend, Familie, Frauen und Gesundheit, 1990), die im folgenden Kapitel als wesentliche Rahmung für unsere Weiterentwicklung dargestellt werden. Dabei müssen die Hilfen die Adressat_innen befähigen, ihre Lebensgestaltung größtmöglich eigenverantwortlich und selbstständig zu organisieren. Dies geschieht eingebettet in einer gesellschaftlichen Realität, die zwar eine „Erziehung zur Mündigkeit" (Adorno, 1975) proklamiert, die aber gleichzeitig „von der Verhinderung der Mündigkeit her ihre Stabilität abzuleiten vermag" (Gruschka, 1988, S. 309). Wir erkennen eine Gesellschaft, die in ihren Normalitätsforderungen unerwünschte Verhaltensweisen diskreditiert und Menschen entsprechend als „Abweichler_innen" etikettiert. So schafft sich die Gesellschaft durch Stigmatisierungen die Randgruppen, die sie zur Stützung ihrer Normalität braucht (Ahlheim et al., 1976; Hollstein & Meinhold, 1975). Haben wir es nicht als Kinder ebenfalls mehrfach gehört: „Wenn du nicht brav bist, kommst du ins Heim! Wenn du nicht fleißig in der Schule bist, bekommst du keinen guten Job und musst dann unter der Brücke schlafen …" Im Sinne des „labeling approach" (Blumer, 1973; Goffman, 1967) bilden Etikettierungen einen „Teufelskreis" von abweichendem Verhalten als Zuschreibung, die dann letztendlich auch tatsächlich zu dem zugeschriebenen Verhalten führen. Die gesellschaftlichen Normen sind gesetzt und deren

2 Aufnahme als Schlüsselprozess aus Sicht eines freien Trägers der Jugendhilfe

Verletzung bedeutet „Abweichung", obwohl sie objektiv nicht vorhanden ist und nicht regelkonformes Verhalten sich in der gesellschaftlichen Entwicklung verändert. Diejenigen, die bei der Normverletzung „ertappt" werden, werden von den anderen „gebrandmarkt", eben stigmatisiert. Dementsprechend werden sie „behandelt", „isoliert", „bestraft" oder „resozialisiert". Diese „Behandlung" kann wiederum die Ursache für weiteres abweichendes Verhalten sein (Henecke, 1989) und der Teufelskreis beginnt von vorn. Unter Umständen gibt es kein Entrinnen mehr, weil der „Abweichler" im Sinne einer sich selbst erfüllenden Prophezeiung zum „Dieb", „Wegläufer" oder „Verhaltensgestörten" wird.

Dieser Prozess wirkt in der Heimerziehung manchmal mit doppelter Kraft: Kinder- und Jugendliche werden auf bestimmte Merkmale mit bestimmten Erwartungshaltungen reduziert, das „Heimkind" eben. Gleichzeitig lernen die Kinder und Jugendlichen in den Heimgruppen andere Problemkinder mit anderen Formen der Abweichung kennen und passen sich auch diesen an.

Abweichendes Verhalten liegt somit weniger in der Persönlichkeitsstruktur des Einzelnen, sondern ist das Produkt sozialer Prozesse aus Rollenzuweisungen und Erwartungen. Die soziale Definition von Etikettierungen des „abweichenden Verhaltens" ist aber immer eingebunden in die Dimension Zeit und ist somit immer das Ergebnis von Interaktionshandeln zwischen Menschen. Dieses Handeln findet als einmaliges Geschehen an einem bestimmten Ort und zu einer bestimmten Zeit statt und wiederholt sich nie mehr in gleicher Form. Die Konsequenz daraus ist, mit Beginn der Aufnahme und der weiteren Begleitung in der Wohngruppe nicht bei der Veränderung des Menschen anzusetzen, sondern Entwicklungsbedingungen zuzulassen, die gelingende Interaktion ermöglichen. Mit diesem Wissen begegnen die Mitarbeiter_innen der Wohngruppen den Kindern und Jugendlichen mit einer annehmenden Freundlichkeit und wirken von Beginn an gegen die beschriebenen Etikettierungsprozesse. Sie erfassen den Menschen unter Anerkennung seiner Lebensleistung, sich in schwierigen Lebensverhältnissen mit seinen Möglichkeiten behauptet zu haben, und beziehen die Defizite nicht auf den Menschen selbst. In Abwandlung eines Filmtitels von Rosa von Praunheim (von Praunheim, 1971) kann man dies zusammenfassend ausdrücken: „Nicht der Mensch ist defizitär, sondern die Situation, in der er lebt". Daraus lässt sich konsequenterweise folgern, nicht nur die Rahmenbedingungen zu entwickeln, die Stigmatisierungsprozessen entgegenwirken, sondern sich aktiv an der Verbesserung von Lebensbedingungen von Kindern, Jugendlichen und deren Familien zu beteiligen. Zur Erreichung dieser Ziele ist die Umsetzung der Strukturmaximen von Regionalisierung und Dezentralisierung, die zu entspezialisierten, lebensweltnahen Settings sowohl der ambulanten und stationären Hilfen führen, eine entscheidende Hilfe.

2 Theoretisch-konzeptionelle Eckpunkte – Grundlegende Annahmen für den Aufnahmeprozess

Bevor die konkrete Beschreibung des Aufnahmeprozesses in eine Wohnform nach dem Sozialgesetzbuch VIII (SGB VIII – Kinder- und Jugendhilfegesetz) erfolgen kann, ist die Darstellung der Grundüberzeugungen und strukturellen Rahmenbedingungen für dieses bedeutungsvolle Element von Heimerziehung unbedingt notwendig. Wesentliche theoretische und konzeptionelle Eckpunkte sind die Erkenntnisse aus der Organisationssoziologie, die sich in den Konzepten von Emile Durkheim (Durkheim, 1978) und Anthony Giddens (Giddens, 1988) wiederfinden und im Modell der flexibel organisierten Erziehungshilfen von Thomas Klatetzki (Klatetzki, 1995) ihre praktische Relevanz entfalten. Mit der Implementierung dieser Grundüberzeugungen in die Handlungsmuster der Professionellen ist der erste notwendige Aspekt unserer Organisationsentwicklung vorgestellt, der sich aber eng verknüpfen muss mit einer weiteren entscheidenden Strukturempfehlung, den Maximen des 8. Jugendberichts der Bundesregierung (Bundesminister für Jugend, Familie, Frauen und Gesundheit, 1990).

2.1 Organisationssoziologische Aspekte der Erziehungshilfen am Beispiel des Aufnahmeprozesses – Wie flexibel kann Heimerziehung sein?

In der Sozialen Arbeit herrscht weitgehende Einigkeit darüber, dass die Aufgabe der Jugendhilfe nicht vorrangig darin besteht, überkommene Institutionen zu erhalten. Vielmehr ist sie gefordert, zur Verbesserung der Lebensbedingungen junger Menschen und deren Familien beizutragen. Dieser Auftrag gilt zweifellos auch für die Heimerziehung. Schaut man sich aber in der Landschaft sozialer Realitäten um, wird deutlich, dass sich die Angebotsformen der im SGB VIII genannten erzieherischen Hilfen in Organisationen institutionalisiert haben. Besonders deutlich wird dies in den „totalen Institutionen" (Goffman, 1973), den Heimeinrichtungen, die von der unausgesprochenen Erwartung leben, dass die Kinder und Jugendlichen sich mit Beginn der Aufnahme den vorgegebenen Werten und Normen unterordnen und sich an die Strukturen mit ihren manchmal ausufernden Regeln anpassen. Die Gefahr besteht, dass nicht der individuelle Bedarf die Grundlage des Betreuungsangebotes ist, sondern Problemlagen auf die vorhandenen Angebote bezogen werden, oder anders formuliert: Die Menschen mit ihren Problemen werden für die Angebote passend uminterpretiert. So finden dann die Rahmungen und Hilfen möglicherweise nur unter dem Gesichtspunkt statt, dass vorgehaltene Plätze oder Angebote zu nutzen oder zu belegen sind. Wir produzieren alltäglich die „Fälle" als Fälle von und für Heimerziehung, als Fälle von und für sozialpädagogische Familienhilfe, als Fälle

2 Aufnahme als Schlüsselprozess aus Sicht eines freien Trägers der Jugendhilfe

von und für soziale Gruppenarbeit und so weiter. Jedes Problem findet in dem passenden Kästchen Platz, wird der entsprechenden Säule des SGB VIII §§ 27 ff. zugeordnet. Organisatorisch wird diese Form der Sinnstiftung Sozialer Arbeit in Konzepten und Leistungsbeschreibungen dargestellt. Dabei wirken die Verschriftlichungen der Konzepte nicht nur auf der strukturellen Ebene der Organisation, sondern sie beeinflussen auch das Handeln der Menschen in den sozialen Arbeitsgebieten. Sie dringen bis in die Denkstrukturen des Einzelnen ein. Mitarbeiter_innen in Heimen und anderen Wohnformen konstruieren ihre Fälle dann möglicherweise stärker unter dem Blickwinkel von Heimerziehung oder die Professionellen in der sozialpädagogischen Familienhilfe betrachten ihre Arbeit immer nur unter dem Aspekt der Familienhilfe.

Die flexible Organisation der Erziehungshilfen geht dagegen nicht von der Annahme aus, dass die Hilfeangebote in institutioneller Form in eigene Einrichtungen gegossen und unter „Kontrolle" verschiedener Träger gestaltet werden müssen. Flexibel organisierte Hilfen erwarten nicht, dass sich Menschen den vorgeformten Strukturen und Rahmungen anpassen, sondern gehen umgekehrt davon aus, dass sich die Organisationen an den Problemlagen der Menschen ausrichten. Nicht Konzepte, die beschreiben, wie Einrichtungen funktionieren wollen, und die damit einhergehende Formulierung entsprechender kleinschrittiger Standardverfahren, sind Ausgangspunkt für organisatorische Strukturbildung, sondern einzig und allein die Problemlagen von Kindern und Jugendlichen. Fundament alles gestalterischen Handelns ist die Erfordernis, die notwendige und geeignete Hilfe im Einzelfall zu leisten und damit individuelle Betreuungssettings ggf. erst neu zu schaffen. Dieses Modell sozialer Praxis erfordert variable Handlungsoptionen und benötigt eine Organisationsform, die geänderten Erwartungsmustern gerecht werden kann. Es geht dabei primär nicht um das Vorhalten von Angeboten mit der Erwartung, die Plätze zu belegen. Organisationen flexibler Erziehungshilfen versuchen die Ressourcen vorzuhalten, die nötig sind, um im Einzelfall einen individuellen Betreuungsrahmen zu entwickeln und diesen im gemeinsamen Prozess der Hilfeplanung auch zeitnah und im Konsens der Beteiligten zu aktualisieren. Vorab festgelegte Zeitnormen, die Hilfeplanungsgespräche besonders in der Heimerziehung auf ein oder zwei Termine im Jahr beschränken, bieten starre Ablaufmuster, die der Komplexität sozialer Problemlagen nicht gerecht werden können.

Die beiden unterschiedlichen Sichtweisen, die sich einmal in der gängigen Praxis der Jugendhilfe mit tradierten Handlungs- und Organisationsmustern abbilden und zum anderen aus dem Modell flexibel organisierter Erziehungshilfen herausbilden, sind in der Beobachtung von Aufnahmeprozessen nicht immer sofort erkennbar. Sie zeigen sich aber in den Haltungen und den Wissensbeständen der beteiligten Akteur_innen auf der Grundlage einer anderen Organisationskultur. Diese Institutionen bedienen sich anderer Sinnstrukturen und anderer Sinnzuweisungen. Dies soll im Folgenden am Konzept der „kollektiven Repräsentationen" nach Emile Durkheim am Beispiel des Aufnahmeprozesses nachgezeichnet werden, um die Bedeutung der Konstruktion von Wirklichkeiten als wesentlichem Gestaltungsfaktor auch bei Heimaufnahmen darzustellen.

Sinnstrukturen sozialer Systeme bezeichnet Durkheim als „kollektive Repräsentationen". Sie legen fest, wie die sozialen Ereignisse – zum Beispiel der Aufnahmeprozess – in der Heimerziehung verstanden werden und mit welchem Verhalten die sozialen Ereignisse behandelt werden sollen. Diese Sinnstrukturen oder Deutungsmuster sind in sozialen Einrichtungen gebündelt und in Konzepten oder Leistungsbeschreibungen dargestellt. Sie sind somit die Theorien der Institutionen, die beschreiben, wie die Welt – oder die Dinge – zu sehen sind. Somit geben sie vor, wie das soziale Ereignis in der Organisation verstanden werden soll. Kollektive Repräsentationen legen fest, ob die Institution mit der Heimaufnahme einen sofortigen Anpassungsprozess an Normen, Werte und Regeln erwartet oder ob das Aufnahmeverfahren als individueller Aushandlungsprozess mit der Formulierung von Zielen (Schwabe, 2009) gestaltet wird. Gleichzeitig haben die Konzepte oder Leistungsbeschreibungen eine doppelte Funktion: Sie wirken nach außen und dienen der Darstellung ihrer Leistungsangebote in der Umwelt der Institution. Sie sind sozusagen eine Absichtserklärung, wie in der Einrichtung mit welchen Strukturen und Funktionen gehandelt werden soll. Sie wirken aber auch gleichzeitig nach innen und weisen den Mitarbeiter_innen sozialer Einrichtungen zu, wie sie innerhalb ihrer Organisation im Rahmen der interpretierten Sinnstiftungen zu handeln haben.

Konzepte sind somit „Deutungssysteme der Wirklichkeit und ein Deutungssystem für die Wirklichkeit" (Klatetzki, 1995, S. 44). Sie verleihen somit dem unbekannten Sachverhalt nicht nur eine Bedeutung, sondern richten gleichzeitig das Handeln der Akteur_innen auf diese Bedeutung aus. Auf unsere Einrichtungen bezogen stellen unsere Konzepte kollektive sozialpädagogische Sinnstrukturen – oder nach Durkheim „Repräsentationen" – dar, die vorgeben, wie Probleme zu verstehen sind. Gleichzeitig schreiben sie auch die Handlungen zur pädagogischen Intervention in dieser geschaffenen Realität vor. Übertragen wir dieses Modell nun nicht nur auf den Beginn einer Heimerziehung, sondern auf das Themenfeld insgesamt, so bestimmt das Modell der herrschenden Sinnstiftungen die konzeptionellen Erklärungen in den sozialen Dienstleistungsunternehmen. Die Sinnstiftungen legen zum Beispiel fest, dass Kinder und Jugendliche regelmäßig zur Schule zu gehen haben, dass sie pünktlich in der Wohngruppe sind und nicht „auf der Straße rumlaufen", dass sie nicht weglaufen oder sich „nachts herumtreiben", dass

2 Aufnahme als Schlüsselprozess aus Sicht eines freien Trägers der Jugendhilfe

sie nicht stehlen und ihr Zimmer in Ordnung halten usw. Zusammenfassend erwarten diese Sinnstiftungen, dass sich die Kinder erziehen lassen und gegen dieses Vorhaben nicht rebellieren. Werden die Erwartungen erfüllt, funktioniert das soziale System. Werden die Erwartungen nicht erfüllt, entsteht ein soziales Problem und verlangt nach neuen Deutungsmustern.

Im Deutungssystem der Jugendhilfe werden diese Probleme dann in der Regel individualisiert und auf den Einzelnen als mangelnde Mitwirkung, „Verhaltensstörung" oder Erscheinungen vorheriger Vernachlässigung zurückgeworfen. Damit werden sie real, also wirklich. Diese konstruierte Wirklichkeit enthält wiederum Deutungsmuster, wie mit den sozialen Problemen umzugehen ist. Nicht selten führen diese kollektiven Repräsentationen zu einem Ausschluss aus dem gegenwärtigen sozialen System. Kinder und Jugendliche werden dann zum Beispiel aus einer Regelwohngruppe mit der Empfehlung, eine besser geeignete heilpädagogische Intensivwohngruppe zu suchen, entlassen. Dies ist dann oftmals der Beginn oder die Fortsetzung einer Heimkarriere aus Abschieben und Verlegen (Freigang, 1986). Aufnahmeprozesse werden für diese Kinder und Jugendlichen zu „gefürchteten" Routinen, bei denen im Anfang schon das (vorzeitige) Ende impliziert ist. Gleiches gilt selbstverständlich nicht nur für die Heimerziehung, sondern für die Jugendhilfe insgesamt. Im Rahmen der Bedeutungssysteme werden vorgehaltene „Problemlösungen" verordnet. Heimerziehung erhält hierdurch den Auftrag, die diagnostizierten Defizite bei den Kindern und Jugendlichen zu beseitigen, sie – im medizinischen Terminus – „wieder gesund zu machen". Der Rahmen und der Umfang der verordneten „Problemlösungsmaßnahmen" finden sich dann in den erzieherischen Hilfen normativ im SGB VIII als „Hilfe zur Erziehung" in der institutionalisierten Bereitstellung von Angeboten wieder. Diese Angebotsformen richten sich in ihrer Ausschließlichkeit an der Struktur der Gesetzesvorlage aus. Sie werden als Säulen implementiert, die wie „in Stein gehauen" sich in den zementierten Strukturen der Jugendhilfe wiederfinden. Dies charakterisiert die gängige kollektive Repräsentation der Jugendhilfe, eben eine bestimmte Form von Sinnstiftungen. So werden nicht nur Probleme produziert, sondern gleichzeitig die Interventionen wie Erziehungsberatung, Sozialpädagogische Familienhilfe, Heimerziehung und so weiter gleich mitgeliefert. Die Probleme sind in den entsprechenden Säulen standardisiert und sollen durch den Einsatz von Spezialist_innen gelöst werden. Eine Aushandlung über den Hilfebedarf unter Berücksichtigung des Willens der Beteiligten ist dann immer nur in den engen Grenzen der Angebote vorgezeichnet. Hilfemodelle werden dann zu Routineverfahren und münden in die vorgehaltenen, in Organisationen gegossenen Angebotsformen.

„Die gängige Repräsentation der Hilfen zur Erziehung bedeutet [...], dass das, was für einen jungen Menschen geeignete Hilfe ist, durch die beschriebene Strukturbildung immer schon vorentschieden ist – [...], weil es andere Formen nicht gibt. Dieser Umstand läßt sich auch schärfer formulieren. Die Situation, daß es aufgrund der gängigen Repräsentationen zwar einen Set von Standardhilfsverfahren gibt, auf der anderen Seite aber die Methode der Problemfeststellung keine Rationalitätsstandards aufweist, öffnet er die Möglichkeit einer Vertauschung von Mittel und Zweck, Tür und Tor. Das heißt: Weil keine Kriterien für die Problemdefinition vorhanden sind, können die Probleme der Klienten mit den verfügbaren Standardprozeduren der Zunft verwechselt werden. Egal, welche Probleme junger Menschen es geben mag, die Lösungen sind schon vorhanden" (Klatetzki, 1995, S. 44).

Das Modell der flexibel organisierten Erziehungshilfen bedient sich aber einer anderen „kollektiven Repräsentation". Dazu ist es – als zweitem konzeptionellen Hinweis – notwendig, sich die Dualität von Struktur und Handeln vor Augen zu halten. Anhand der „Strukturationstheorie" von Anthony Giddens (1988) soll diese Dualität dargestellt werden. Strukturen in Organisationen sind demnach letztendlich die „geronnenen Verhältnisse", die sich in den Einrichtungen durch das sich immer wiederholende tägliche Handeln ergeben haben und sich in den Regeln und Ressourcen der Institution abbilden. Giddens unterscheidet vier Ebenen, auf denen die Strukturbildungen einer sozialen Dienstleistungsorganisation beobachtet werden können:

(1) als Sinnstiftungen vergangener Handlungen,

(2) der Sanktionierung des sozialen Handelns,

(3) des Einsatzes der personellen (autoritativen) Ressourcen,

(4) und der vorhandenen Geldmittel, der allokativen Ressourcen.

Somit bilden die Strukturen einer Organisation und das Handeln der beteiligten Akteur_innen in einer Organisation keine Gegensätze, sondern sie beziehen sich aufeinander. Sie sind nach Giddens zwei Seiten der gleichen Medaille. Anders ausgedrückt sind Strukturen die Voraussetzung und die Mittel, um handeln zu können, sie sind aber auch gleichzeitig das Ergebnis dieses Handelns. Handeln von Professionellen in der Sozialen Arbeit unterliegt eben immer den Annahmen, wie die Welt zu verstehen ist und damit auch wie ein soziales Problem zu kennzeichnen ist. Diese verinnerlichten Annahmen der Akteur_innen sind gleichzeitig eingebettet in die Strukturen der Organisation. Sie schaffen diese letztendlich immer wieder neu, sie werden so zu den dominierenden Wissensbeständen und kollektiven Erfahrungen, die in der Organisation Gültigkeit haben. Sie erzeugen dann auch die tradierten strukturerzeugenden Aussagen, die wir Akteur_innen in sozialen Einrichtungen

2 Aufnahme als Schlüsselprozess aus Sicht eines freien Trägers der Jugendhilfe

mehr als genug gehört haben und die den motivierten Berufseinsteigern manches von ihrem Engagement nehmen können. Das sind dann Einstellungen, die sich in nahezu „unumstößlichen Grundaussagen" zeigen wie: „Das haben wir schon immer so gemacht und es hat sich schließlich bewährt" oder „das war schon vor mir so, das wird auch so bleiben" oder „hier sind schon einige gekommen und wollten alles anders, aber es war vor mir so und es wird auch noch nach mir so sein".

Flexibel organisierte Erziehungshilfen nutzen aus der Strukturationstheorie von Giddens insbesondere die Erkenntnis, dass Strukturbildung im Wesentlichen durch Sinnstiftungen entsteht. Wechselnde, veränderte Sinnstiftungen – dass doch nicht alles bleiben muss, wie es war – erzeugen andere Strukturbildungen und eröffnen bis dahin noch verschlossene Türen anderen, neuen Denkstrukturen, die sich dann wieder strukturbildend in der Organisation abbilden. Flexibel organisierte Erziehungshilfen gehen dann eben nicht davon aus, dass Hilfeangebote, die ähnlich wie in Krankenhäusern in institutionelle Formen gegossen werden, die gewünschten Wirkungen auslösen. Organisationen müssen so beschaffen sein, dass sie auf die Praxis verändernd reagieren können. Sie konstituieren sich als lernende Organisationen, die Hilfen variabel und am Bedarf entwickeln können. Sie halten deswegen nach Möglichkeit keine institutionalisierten Angebote vor oder pragmatischer, nur so viele, wie unbedingt notwendig sind, um auf Bedarfe auch zeitnah reagieren zu können. Sie organisieren und stellen Ressourcen zur Verfügung, die benötigt werden, um ein auf den Einzelfall abgestimmtes Betreuungssetting zu entwickeln. Ein solches Handlungsmodell stellt sich dann auch im Aufnahmeprozess in der Klärung des Einsatzes von Ressourcen dar. Dies umfasst auch personelle Ressourcen, die nicht zwangsläufig durch das (Heimgruppen-)Team vorgehalten werden müssen, sondern die weitergehende Organisationsmodelle benötigen. Insbesondere in der Entwicklung von Jugendhilfestationen, in denen Hilfen aus einer Hand oder unter einem Dach entwickelt werden, bieten sich Optionen, die Grenze zwischen stationären und ambulanten Hilfen durchlässiger zu machen. Träger der Hilfen zur Erziehung müssen dann folglich prinzipiell fähig sein, alle Hilfen durchzuführen, die der Einzelfall erfordert. Diese Notwendigkeit begründet sich aus einer rasanten gesellschaftlichen Entwicklung, die zunehmend neue, komplexe Problemlagen hervorbringt. Starr organisierte Institutionen sind eben nicht in der Lage, auf die sich verändernden Umweltbedingungen und damit auf die Anforderungen zu reagieren. Heimeinrichtungen können dafür oftmals ein deutliches Beispiel sein: Sie machen nach dem gleichen Muster immer weiter. Sie sind deshalb meist nicht in der Lage, anders zu denken und zu handeln. Sie sind nicht fähig, etwas anderes zu entwickeln als die vorgehaltenen Angebote. Sie reproduzieren sich immer wieder nach scheinbar altbewährten Mustern neu. Die veränderten Lebenswelten der Menschen werden somit zu diesen Angeboten immer weniger anschlussfähig. Organisationssoziologisch haben wir es mit unbeweglichen, nicht lernfähigen Systemen zu tun, die Umwelteinflüssen resistent gegenüberstehen. Die Schaffung von maßgeschneiderten, individuellen Betreuungssettings beginnt aber mit der Anfrage durch den öffentlichen Träger und erfordert eine lernfähige und wandelbare Organisationsstruktur. Dies ist die Voraussetzung, variabel, schnell und situationsgerecht ein Betreuungsmodell zu entwickeln, das die sich verändernden gesellschaftlichen Bedingungen mit ihren Lebenswelten berücksichtigt und die sich wandelnde Umwelt in die Maßnahmen der Jugendhilfe einbezieht.

Soziale Probleme sind hochkomplex, sie sind eingebunden in einen einzigartigen Kontext von Raum und Zeit. Dies erfordert wiederum lernfähige Organisationen, in denen die Mitarbeiter_innen in der Lage sind, mit Ungewissheiten umzugehen. Diese Teams akzeptieren nicht nur, dass sie das soziale Problem nicht vollständig beschreiben können, sondern auch, dass ihnen Wissen fehlt, dieses soziale Problem insgesamt zu verstehen. Die Entwicklung von Handlungsmustern kann dann nur gemeinsam im Team durch vereinbarte Sinnstiftung entstehen. Mitarbeiter_innen in Wohngruppen bedienen sich ihrer Ambiguitätstoleranz und sind gewohnt, mit Ungewissheiten umzugehen. E. Frenkel-Brunswik benennt dies als gemeinsame Fähigkeit eines pädagogischen Kollektivs, Ambiguitätstoleranz zu entwickeln und damit auch in der Lage zu sein, Urteile in der Schwebe zu halten beziehungsweise zu nuancieren, um sich, wenn ein Sachverhalt mehrere Deutungsmöglichkeiten zulässt, nicht vorschnell festlegen zu müssen (Deutscher Verein für öffentliche und private Fürsorge, 2011). Nur so entwickeln sich kreative, auf den Einzelfall bezogene Hilfen. In Aufnahmeverfahren geht es immer in jedem Einzelfall um den Umgang mit Nichtwissen und die wohlwollende Neugierde auf neue unbekannte, aber stets sinnhafte Wissens- und Handlungsmuster der beteiligten Menschen. Systemtheoretisch reduzieren wir letztendlich Komplexität, indem wir diese im Gestaltungsprozess erweitern. Dies geschieht dadurch, dass wir nämlich nicht nur ein Erklärungsmuster zulassen, sondern möglichst viele Deutungsmuster entwickeln (Luhmann, 1984). Darin eröffnet sich für pädagogische Teams der Weg, nicht im ständigen Konsens mit immer gleichen Wissensbeständen zu den immer gleichen Betreuungssettings zu kommen. Mit einer wertschätzenden Haltung untereinander und Teammitgliedern mit möglichst unterschiedlichen pädagogischen Ausbildungsgängen ermöglicht der Dissens, den Weg zu anderen, ungewohnten und manchmal auch ungewöhnlichen Konzepten zu öffnen. Die Jugendhilfe ist somit gefordert, die Vielfalt aus der Umwelt des Systems in immer neue Denkmodelle, Ideen und Konzepte in die Organisation zu transportieren und in das System

2 Aufnahme als Schlüsselprozess aus Sicht eines freien Trägers der Jugendhilfe

„einzuspeisen". Das Festhalten an immer gleichen Angeboten und Hilfemodellen erhöht dagegen keine Komplexität, verändert keine Sichtweisen und ist umweltverschlossen. Probleme werden dadurch unzulässig vereinfacht, in Routinen habitualisiert und in Angeboten institutionalisiert. Das Gleiche erzeugt immer wieder Gleiches. Das Handeln erfolgt dann immer im Kanon der vorgegebenen Regeln, der Rahmen ist gesteckt, die „Problemträger_ innen" werden den vorgehaltenen Maßnahmen zugeordnet, ihre „Kästchen" sind quasi schon vorhanden. Manchmal ist es dann aber auch noch nötig, durch „Uminterpretationen" die Klient_innen für ihre Schubladen passfähig zu machen. Diese Maschine von Routinen, Vorgeformtem und Vorgedachtem produziert immer und immer wieder gleiches Verhalten und setzt sich in den Köpfen der Beteiligten fest, die unfähig werden, Neues zu denken.

Flexible Hilfen setzen deshalb nicht am vorhandenen Angebot an, sondern konzentrieren sich auf den individuellen Bedarf. Der individuelle Bedarf ist aber keine objektive Größe, die empirisch nachweisbar ist, sondern ist immer das Produkt der Interpretationsleistungen der am Hilfeprozess beteiligten Menschen. Sie „erschaffen" das Problem, den Sachverhalt erst, indem sie ihn sozial konstruieren. Die Festlegung auf den Bedarf einer Heimerziehungsmaßnahme als soziale Konstruktion impliziert aber auch, dass ein Problem auch anders gesehen werden kann. Somit ist die Anfrage nach einem Heimplatz bei einem freien Träger eine im Vorfeld erfolgte soziale Konstruktion, die auch hätte anders ausfallen können. Sie wird aber für den angefragten freien Träger zur sozialen Realität, die meist nicht mehr hinterfragt werden kann. Leitend bei der Bedarfserhebung ist dann die Unterscheidung „normal versus abweichend". Dem stellt sich der Ansatz der flexiblen Hilfen aber mit einer anderen handlungsleitenden Unterscheidung entgegen, nämlich der Unterscheidung „Hilfe versus Nichthilfe". Dies bedeutet für den Aufnahmeprozess, Grundlage eines Betreuungssettings ist nicht die Interpretation – häufig als soziale Diagnose ausgewiesen – einer defizitären, von einer angenommenen Normalität abweichenden Verhaltensstruktur eines Kindes oder Jugendlichen, sondern ausschließlich die Klärung der Frage, ob Hilfe gewünscht oder nicht gewünscht ist. Darüber hinaus ist es bei anstehenden Heimaufnahmen bedeutsam zu ermitteln, wer die Hilfe wünscht, und somit auch, wer sie nicht will. Zur Vermeidung von Irrtümern ist an dieser Stelle deutlich hervorzuheben, dass die beschriebene Herangehensweise nur für den Leistungsbereich gilt. Gefährdungslagen erfordern ohne Frage sofortige Interventionen zum Schutz von Leib und Leben. Dies realisiert sich in der Praxis meist durch kurzfristige, wenig vorbereitete Aufnahmen als Kriseninterventionen im Rahmen der Inobhutnahme. Die Unterscheidung „Hilfe/

Nichthilfe" bezieht sich im Leistungsbereich selbstverständlich nicht nur auf den Beginn einer Hilfe, sondern begleitet die Hilfe mit ihren Zielerreichungen und markiert auch den Endpunkt.

Eine auf der sozialen Konstruktion von Wirklichkeiten aufbauende flexible Organisation in der Jugendhilfe benötigt Organisationsmodelle, die ein zyklisches fortwährendes Interpretieren und Organisieren von Handlungen möglich machen. Die Semantik der gängigen Sozialen Arbeit erklärt den Prozess der sozialen Konstruktion von Problemen mit dem Begriff der „Diagnose", unterstellt aber dabei im Gegensatz zu dem Modell der flexibel organisierten Erziehungshilfen, dass die Diagnose auf objektiven Tatbeständen basiert. Diese Annahme beruht auf der Theorie, dass Diagnosen sich auf generalisiertes Wissen stützen, das zwangsläufig nur zu dieser einen einzigen und damit richtigen Einschätzung führen kann. Dieser Prozess des diagnostischen Verlaufs erhält dann den Stempel der „richtigen fachlichen Beurteilung", bei der Zweifel nicht möglich sind. Der Diagnose folgt dann die Zuordnung zu einem Angebot als „fachliche Empfehlung" und in der Folge zu Interventionen im Rahmen des vorgesehenen Angebots. Auch hier zeigt sich wieder deutlich die Parallelität zum Krankenhaussystem. Unterstellt wird bei dieser Vorgehensweise meist zudem, dass diese „Behandlungsform" irgendwie wirksam wird – selbst dann, wenn empirische Nachweise für diese Annahmen nicht erbracht werden können und es auch bedeutsame theoretische Einwände gegen die Unterstellungen im diagnostischen Gewand gibt.

Zusammenfassend ergibt sich für die Organisation flexibler Hilfen der Grundsatz, den wir auch als einen hervorgehobenen Leitgedanken in unseren Leistungsbeschreibungen stets darstellen:

Die Institutionen müssen sich den Menschen anpassen und nicht umgekehrt.

Daraus folgen Anforderungen an unsere Organisation als freier Träger der Jugendhilfe, die eben auch Grundlage und Handlungsmodell im Prozess der Heimaufnahme sind:

1. Soziale Dienstleistungsunternehmen organisieren sich bedarfsgerecht an den sozialen Lebenslagen, sie halten nur so wenig Angebote vor, wie unbedingt notwendig.

2. Die Entwicklung von Hilfen orientiert sich am Einzelfall mit der Schaffung eines „Maßanzuges". Dies kann in einem „vorgehaltenen" Angebot sein, es kann aber auch ein ganz anderes Setting als bedarfsgerecht interpretiert werden.

2 Aufnahme als Schlüsselprozess aus Sicht eines freien Trägers der Jugendhilfe

3. Nicht generalisierte Angebote, die in Konzepten kleinschrittig dargestellt sind, bilden den Ansatz der Handlungsperspektiven, sondern Projekte, die sich als Modelle auf der Grundlage des individuellen Bedarfs gestalten.

4. Leistungsanbieter operieren mit multiprofessionellen Teams in einer überschaubaren Größe von fünf bis sieben Mitarbeiter_innen, die mit einem geringen Maß an Formalisierung arbeiten. So bietet sich auf der Grundlage unterschiedlicher Wissensbestände die Möglichkeit, auch neue Hilfemodelle zu denken und dann neue Wege zu beschreiten.

5. In der Organisation müssen Ressourcen zur Verfügung stehen. Es muss bekannt sein, wo und wie sie flexibel und bedarfsgerecht nutzbar sind.

6. Die Organisation fordert und fördert Kreativität und unterstützt eine Such-haltung nach innovativen Modellen.

7. Die Mitglieder eines Teams sind in der Lage, mit Ungewissheiten umzu-gehen, und sie können Urteile und Wertungen in der Schwebe halten. Sie wissen auch bei einer anstehenden Heimaufnahme, dass sie nichts wissen (obwohl ihnen viel Material vorliegt), und sind in ständiger Veränderungs-bereitschaft.

Mit diesem Hintergrund organisationssoziologischer Modelle unter Einbezug der innovativen Qualitäten des Konzeptes „Flexible Erziehungshilfen" unter-liegt das Aufnahmeverfahren veränderten Qualitäten. Es geht eben nicht um Anpassung an vorgegebene Bedingungen, sondern es stellt sich die Aufgabe, wie unter den Bedingungen einer Wohngruppenstruktur eine individuelle Hilfe möglich und umsetzbar ist. Dies ist für uns als freier Träger der Jugend-hilfe Weg und Ziel.

2.2 Die Strukturmaximen des 8. Jugendberichts – ist Lebensweltorientierung mit Spezialisierung und Ausdifferenzierung kompatibel?

Die Empfehlungen des 8. Jugendhilfeberichts der Bundesregierung von 1990 (Bundesminister für Familie, Frauen und Gesundheit, 1990) sind einmal im Kontext der historischen Entwicklung der Heimerziehung seit der „Heimkam-pagne" (Köster, 2003) zu lesen. Andererseits sind sie auch zukunftsweisende Hinweise zu einer strukturellen Organisationsentwicklung, die sich an den Bedingungen und Problemen in den Lebenswelten der Menschen ankoppelt und nicht umgekehrt diese für die Rahmungen der Jugendhilfeorganisationen passend macht. Dazu ist es notwendig, die unterschiedlichen Entwicklungen und die damit einhergehenden Konsequenzen darzustellen. Dies erfordert einen Rückblick auf die Entwicklungen und damit Anpassungsprozesse der Heimerziehung an die gesellschaftlichen „Eruptionen" Ende des letzten Jahr-tausends.

Rückblick

In den 1960er-Jahren erfuhr die Heimerziehung tiefgreifende Änderungen. Insbesondere politisch motivierte Sozialarbeiter_innen, Studierende und Teile der Intellektuellen skandalisierten die Lebensbedingungen der Jungen und Mädchen in der Fürsorgeerziehung, was nicht nur in der Fachöffentlichkeit zu kontroversen Diskussionen führte. Inhaltlich wurde diese Bewegung durch die „Randgruppenstrategie" (Marcuse, 1969) geprägt, in der insbesondere die Gruppen am Rande der Gesellschaft als wahres „revolutionäres Subjekt" ausgemacht wurden. Somit waren neben Obdachlosen und Gefängnisinsassen eben auch die Fürsorgezöglinge einbezogen, die durch die staatlichen Instanzen sozialer Kontrolle in Erziehungsheime gezwungen worden waren. Als die massiv Benachteiligten des kapitalistischen Systems seien sie bereit – so die damalige Einschätzung –, gegen die Unterdrückung zu kämpfen, weil sie nichts zu verlieren hatten „als die Ketten der Unterdrückung". Den „Geächteten und Außenseitern" wies der ideologische Gestalter der Randgruppenstrategie Herbert Marcuse dann auch eine exponierte Stellung im Klassenkampf zu:

> „Sie existieren außerhalb des demokratischen Prozesses, ihr Leben bedarf am unmittelbarsten und realsten der Abschaffung unerträglicher Verhältnisse und Institutionen. Damit ist ihre Opposition revolutionär, wenn auch nicht ihr Bewußtsein [...]. Die Tatsache, daß sie anfangen, sich zu weigern, das Spiel mitzuspielen, kann die Tatsache sein, die den Beginn des Endes einer Periode markiert" (Marcuse, 1969, S. 267).

Der Schritt in die Erziehungsheime durch die Protagonist_innen der „Randgruppenstrategie" war dann nur konsequent. Die Studierenden besuchten sie dort, sprachen über die gesellschaftlichen Bedingungen und versuchten den Unmut der „Heimzöglinge" in organisierte Protestaktionen zu lenken.

Schwerpunkte der Auseinandersetzungen mit den Trägern der Heime waren:
- die Abschaffung der „Karzer", einer heiminternen Gefängniszelle,
- Abschaffung von geschlossener Unterbringung,
- Verbot der körperlichen Züchtigungen,
- Absetzung der Strafe „Taschengeldentzug", um weitere Kriminalisierung durch Finanzknappheit zu verhindern,
- koedukative Gruppen,
- die Erlaubnis, Mädchen- oder Jungenbesuch zu erhalten (IGFH, 2013).

Während ein Teil der studentischen Protestbewegung in der Auseinandersetzung mit der Fürsorgebürokratie versuchte diese Forderungen durchzusetzen, forderte ein anderer Teil in ihrer radikalsten Ausprägung die Abschaffung der Heimerziehung und unterstützte konsequenterweise die Jugendlichen dabei, aus den Heimen zu fliehen. In sogenannten Jugendwohnkollektiven lebten die geflohenen ehemaligen Heimbewohner_innen mit den Studierenden zusammen. Diese Wohnformen entstanden außerhalb des Fürsorgesystems und waren durch dies dann natürlich nicht kontrollierbar. Die alternativen Wohnkollektive bezeichneten sich als die Alternative zur Heimerziehung (Jugendzentrum Kreuzberg e. V., 1972).

Die Heimbewegung erreichte insgesamt durch ihre Aktionen und durch die Darstellung der Lebensbedingungen von Jugendlichen in Erziehungsheimen öffentliche Aufmerksamkeit. Die kritische Berichterstattung der Medien über die unzumutbaren Zustände in den Erziehungsheimen erzeugte neben der moralischen Empörung auch politischen Druck auf die sozialliberale Koalition. Das Erziehungssystem war gezwungen, sich mit den Anforderungen und der Kritik aus seiner Umwelt auseinanderzusetzen. Auf der einen Seite hatte eine zunehmende Zahl von Kindern und Jugendlichen die Heime durch Flucht verlassen und auf der anderen Seite mussten sich die Träger der Heime zu den berechtigten Vorwürfen über massive Mängel mit Menschenrechtsverletzungen äußern. Nicht nur die Heimträger, sondern auch die Landesjugendämter hatten ein deutliches Interesse daran, die neu entwickelten Lebensmodelle der selbstverwalteten Jugendwohnkollektive, in denen politisch aktive Studierende und entlaufene Heimkinder außerhalb der Jugendfürsorge zusammenlebten, wieder in ihr System zu integrieren. Dies war für das Fürsorgesystem existenziell wichtig und erforderte gewaltige Anpassungsleistungen mit dem Ziel, die Jugendwohnkollektive als Alternative zur Fürsorgeerziehung zu einem Reformmodell der Fürsorgeerziehung umzuwandeln. Nur die Integration in das Jugendhilfesystem ermöglichte bürokratische Kontrolle und sicherte die weitere Existenz der Heimträger. Im Beschluss der Bundesarbeitsgemeinschaft der Landesjugendämter hieß es dann 1970 schlussfolgernd:

„[...] nach eingehender Diskussion wurde einhellig die Schaffung von Wohngemeinschaften als ein weiterer Versuch zur zeitgerechten Durchführung der öffentlichen Erziehung begrüßt, dabei wurde gefordert, daß für diese Wohngemeinschaften eine fachliche Betreuung und Verantwortung sichergestellt und eine Zusammenarbeit mit den für die öffentliche Erziehung verantwortlichen Behörden gewährleistet ist. Die Landesjugendämter wollen Bestrebungen freier Träger zur Einrichtung solcher Wohngemeinschaften fördern: sie betrachten dies als einen Teil der seit Jahren in Angriff genommenen Reformierung der Heimerziehung" (Victor-Gollancz Stiftung, 1974, S. 3).

In der Folgezeit entstanden neue Wohngemeinschaften innerhalb des Jugendhilfesystems als Reformmodelle. Mancherorts mussten sich auch die ländlichen Heimeinrichtungen mit Dorfcharakter verändern und eröffneten die Außenwohngruppen. Insgesamt hatten sich die Türen für innovativ ausgerichtete Wohngruppenmodelle, die eine Beteiligung der Bewohner für zwingend erforderlich hielten, weit geöffnet. Diese Initiativen formierten sich in neuen Trägerschaften, manchmal unabhängig von den traditionellen Wohlfahrtsverbänden. Die Legitimation der bestehenden „autonomen Wohnkollektive" außerhalb des Jugendhilfesystems schmolz, zumal ihnen die geforderte fachliche Begleitung fehlte. In der Folge der nächsten 20 Jahre wurden die selbstständigen Jugendwohnkollektive teilweise in das Jugendhilfesystem als Regelangebot integriert, andere lösten sich auf und ganz wenige blieben als vereinzelte Zeitzeugen der „Heimrevolte" übrig.

Nach dem Ende der Heimbewegung wurde es wieder ruhiger im Land. Das öffentliche Interesse und somit die Medienberichterstattung (oder umgekehrt) ließen nach, der Reformdruck war in die Fachgremien verschoben worden und das neue Kinder- und Jugendhilfegesetz wurde auf den Weg gebracht.

Das neue Kinder- und Jugendhilfegesetz

Ein weiterer Meilenstein in der Entwicklung einer an den Menschen ausgerichteten Jugendhilfe sollte die Einführung eines neuen Jugendhilferechts werden. Am 26. Juni 1990 trat das Kinder- und Jugendhilfegesetz (KJHG) als 8. Buch des Sozialgesetzes (SGB VIII) in Kraft. Die veränderten Rahmenbedingungen durch das neue Gesetz, dessen Ausführungen den Ländern überlassen wurden, schafften im Gegensatz zum vorherigen Jugendwohlfahrtsgesetz mehrere entscheidende neue Grundlagen und erlaubten damit auch andere Sichtweisen. Drei Aspekte sollen hier kurz skizziert werden, weil sie für die Entwicklung der Heimerziehung mit ihren verschiedenen Schlüsselprozessen wie zum Beispiel Aufnahmeverfahren bedeutungsvoll werden sollten:

1. Vom Eingriffsrecht zum Leistungsgesetz

Das Jugendwohlfahrtsgesetz war durch seinen reinen Eingriffscharakter geprägt. Es wurde ersetzt durch eine Gesetzesstruktur, die individuelle Rechtsansprüche auf Jugendhilfeleistungen durch die Sorgeberechtigten oder bei jungen Volljährigen durch diese selbst festschrieb. Gleichzeitig erlaubte der § 5 „Wunsch- und Wahlrecht" SGB VIII den Leistungsberechtigten bei der Auswahl des Leistungserbringers mitzuwirken. Somit hatte ein Paradigmenwechsel von einem Eingriffsgesetz zu einem Leistungsgesetz stattgefunden.

2. Kommunalisierung der Jugendhilfe

Ein zweiter wesentlicher Aspekt war die Kommunalisierung der Jugendhilfe, indem die wesentlichen Aufgaben aus dem neuen Gesetz auf die Kommunen übertragen wurden. Die Landesjugendämter übernahmen eher beratende, koordinierende und unterstützende Aufgaben. Für die einzelnen Gemeinden mit ihren Jugendämtern bedeutete dies konkret, dass mit dem neuen Gesetz die Verantwortung für die Unterbringung, Begleitung und ganz besonders für die Finanzierung von Heimmaßnahmen in ihren Händen lag.

3. Mitwirkung, Hilfeplanung und Zusammenarbeit

Das KJHG vermittelte sich eher als präventives und sozialpädagogisches Gesetz und es sollten die repressiven Anteile aus dem „alten" JWG zurückgedrängt werden. Dies wirkte sich zum einen in der geforderten vertrauensvollen Zusammenarbeit zwischen öffentlichen und freien Trägern aus. Eine gemeinsame Jugendhilfeplanung zur Erkundung der Bedarfe wurde zum Beispiel in der gesetzlich definierten Jugendhilfeplanung als gemeinsame Aufgabe zwischen freien und öffentlichen Trägern festgelegt und nach meinen Erfahrungen nur halbherzig umgesetzt. Ebenso waren die Eltern in der Hilfeplanung gemäß § 36 SGB VIII (18) aufgefordert, an der Jugendhilfeleistung mitzuwirken. Dies betrifft insbesondere die Zusammenarbeit bei Hilfen außerhalb der Familie gemäß § 37 SGB VIII (19).

Spezialisierung und Differenzierung

Die Jugendhilfe hatte neben den Anpassungsprozessen an die gesetzlichen Grundlagen aus dem neuen Kinder- und Jugendhilfegesetz als Leistungsgesetz auch die historischen Erfahrungen der Heimbewegung aufzuarbeiten. Dieser Aufgabenkanon war eingebunden in einer gesellschaftlichen Entwicklung, die durch den neoliberalen Umbau unter Bezug auf knapper werdende Budgets für Sozialleistungen geprägt war. Immerhin schrieb der Spiegel 1973

> „[...] müsste öffentliche Erziehung, wenn sie im Handelsregister eingetragen wäre, heute Konkurs anmelden – nicht wegen roter Zahlen, sondern mangelnder Effizienz" (Der Spiegel, 1973).

Die Diskussion um die neue Steuerung der Jugendhilfetätigkeiten gewann an Bedeutung und wirkte sich in der Festlegung von Produktbeschreibungen und Kennzifferfestlegungen aus. Die Heimerziehung reagierte auf die neuen Anforderungen wieder traditionell: mit zunehmender Ausdifferenzierung, um so durch weitere Spezialisierung eine neue Wirksamkeit darstellen zu können. Immer mehr spezialisierte Einrichtungen entstanden, die sich auf wenige oder einzelne Aufnahmekriterien beschränkten, teilweise auch

Aufnahmeangebote auf Altersstufungen reduzierten. Diese Verfahren verstärkten eine tragische Nebenwirkung für die Betroffenen: Die Verlegung von Kindern und Jugendlichen von einer Gruppe in die nächste und unter Umständen auch von einer Einrichtung in eine andere, von einem bekannten Sozialraum manchmal auch in eine ganz andere Stadt schaffte Abbrüche und den Verlust der gewohnten Umgebung mit all ihren Vertrautheiten. Selbstverständlich waren Beziehungsabbrüche sowohl zu den Professionellen im Heimgruppenteam als auch zu den Menschen im Stadtteil die Folge. Die Gründe der Verlegungen war manchmal so banal, dass sie kaum zu verstehen sind: Kinder wurden zu Jugendlichen und mit der Erreichung des 15. Lebensjahres konnten sie nicht mehr im Kinderheim bleiben – eine Verlegung wurde notwendig. Die betroffenen Kinder und Jugendlichen haben dieses Verfahren auch heute in der Nachbetrachtung häufig als „Abschieben" beschrieben, was sehr nachvollziehbar erscheint.

Eine weitere Abschiebung findet durch die Erklärung statt, nicht mehr zuständig zu sein. Die Nichtzuständigkeit erklärt sich aus Schwierigkeiten, die die Kinder und Jugendlichen im Alltag der Wohngruppen bereiten. Heimverlegungen wurden gefordert, weil die Konzepte (Sinnstiftungen) und die vorhandenen Ressourcen für die betroffenen Kinder und Jugendlichen mit ihrer speziellen Problematik nicht mehr ausreichen. Die Gruppen „werden den Kindern und Jugendlichen nicht mehr gerecht". Eine geeignetere Einrichtung sei erforderlich. Dies sind dann besondere Wohngruppen, die auf eine diagnostizierte Problematik spezialisiert sind. Mittlerweile hatten vielfach Heimträger in einer ersten „Spezialisierungswelle" in ihren „Heimkomplexen" nicht nur Gruppen nach Altersstufungen für Kinder und Jugendliche gebildet, sondern „differenzierten" diese weiter aus in Spezialangebote wie zum Beispiel für lernbehinderte Kinder, für sexuell missbrauchte Mädchen, psychisch Erkrankte oder gewaltaffine Jugendliche. Dadurch werden individuelle Verhaltensmerkmale zur Implementierung von scheinbar fachlich besonders geeigneten Gruppen zur Beseitigung dieser nicht gewünschten Verhaltensmerkmale allgegenwärtig.

Parallel gewinnt die therapeutische Orientierung im Jugendhilfesystem immer mehr an Bedeutung. Es werden vielfach gruppenübergreifende Spezialdienste zum Beispiel für therapeutische Interventionen gegründet als weiterer Versuch der Darstellung einer effektiven und effizienten Heimerziehung. Hierbei besteht die Gefahr, dass Diagnostiker_innen und Therapeut_innen die Verhaltensweisen der Kinder und Jugendlichen aus ihrem gesellschaftlichen Kontext entkoppeln. Dies hat zur Folge, dass sich der sprachliche Terminus ändert. „Verwahrlosung" wird zu „Vernachlässigung". Diese Sichtweise konstruiert eine andere herrschende Form von Wirklichkeit: Aus dem Heimzögling mit seinen Bewältigungsmustern in prekären

Lebensbedingungen werden „therapiebedürftige" Klient_innen im System Sozialer Arbeit. Die Erklärungsmuster von Normalität und damit auch die von Abweichung als gesellschaftlich determinierte Prozesse, die eben auch nur durch gesellschaftliche Bewegungen zu verändern sind, treten in den Hintergrund. Ersetzt werden sie durch einen therapeutisch geprägten Anpassungsprozess an die unzulänglichen Lebensbedingungen. Die Organisationsmuster in den Heimen passen sich durch weitere Spezialisierung und Ausdifferenzierung diesen „therapeutischen" Denkmodellen an. Verschiedene Spezialabteilungen in der Jugendhilfe kümmerten sich um die als behandlungsbedürftig und/oder psychisch gestört interpretierten Kinder und Jugendlichen. Etikettierungen lieferten die Grundlage für Diagnosegruppen, Aufnahme- und Beobachtungsheime, es entstehen „Behandlungsgruppen" nach definierten Störungsbildern. Entscheidend bleibt aber, dass es sich – wie in 2.1 dargestellt – um eine Konstruktion von Wirklichkeit handelt, die auch anders hätte ausfallen können. Für die Kinder und Jugendlichen in den Heimen ist diese Wirklichkeitskonstruktion nicht nur höchst real und täglich spürbar, sondern auch zu ihren bisherigen Lebensbedingungen und Erfahrungen fremd und nicht selten beängstigend. Die Anschlussfähigkeit einer lebensweltorientierten Jugendhilfe an diese Interpretationen von Heimerziehung scheint kaum möglich.

Neben der Wiederherstellung der Wohlfahrtsverbände als primäre Dienstleister von außerfamiliären Hilfen konnten sich aber auch kleinere, selbstständige Einheiten (sogenannte Kleinsteinrichtungen) in den Nischen der Jugendhilfe etablieren. Diese waren geprägt von dem Engagement Einzelner, die sich stärker durch lebensweltorientierte Angebote auszeichneten. Die Entwicklung führte dann in den 1990er-Jahren dazu, dass das Kinder- und Jugendhilfehaus FLeX gGmbH als anerkannter freier Träger mit unserer Kleinsteinrichtung eine „Nische" fand.

Nicht nur der normative Charakter des SGB VIII wirkte gestaltend auf das Handeln in unserer neu gegründeten Einrichtung, sondern insbesondere der 1990 von der Bundesregierung veröffentlichte 8. Jugendbericht sollte leitend für die Strukturentwicklung unserer Organisation werden.

Der Bericht benannte die folgenden sechs Strukturmaximen:

1 Prävention
2 Dezentralisierung/Regionalisierung
3 Alltagsorientierung
4 Integration
5 Partizipation
6 Soziale Dienstleistungsorientierung

Diese Empfehlungen als Gestaltungsauftrag an die Jugendhilfe berücksichtigen die grundlegenden Wandlungen der Lebensbedingungen von Kindern, Jugendlichen und ihren Familien. Basierend auf der Analyse der gesellschaftlichen Bedingungen, die sich einerseits in der Auflösung von Normen und Wertesystemen zeigen und andererseits eine Pluralisierung von Lebenswelten unter gleichzeitiger weiterer Vereinzelung von Lebenslagen nach sich ziehen (Berger & Luckmann, 1980), wurde als Konsequenz deutlich, dass sich die unterschiedlichen Wertevorstellungen in der Gesellschaft nicht mehr in einer Vorstellung von einer möglichen gesellschaftlich konformen Normalität einbinden lassen konnten. Dies ermöglichte die Entwicklung lebensweltorientierter und an den Sozialraum gebundener Konzepte.

Lebensweltorientierte Arbeit als Rahmenkonzept

Die Veröffentlichung der Strukturmaximen des 8. Jugendberichts unterstützte gleichzeitig die Implementation sozialräumlicher Modelle. Lebensweltorientierte sozialräumliche Arbeit hatte sich aus der sozialpädagogischen Methode der Gemeinwesenarbeit entwickelt. Sie artikulierte sich als Stadtteilarbeit, in der gemeinsam mit den Bewohner_innen eines Quartiers versucht wurde, die Verbesserung der Lebensbedingungen zu erreichen. Lebenswelt als „Schnittstelle des Objektiven und Subjektiven, in dem objektive, strukturelle Vorgaben subjektiv bearbeitet und bewältigt werden" (Thiersch, 1998, S. 86) erfordert Leitsätze, die der 8. Jugendbericht bot. Die Ausarbeitung eines sozialpädagogischen Konzepts von sozialräumlicher Sozialarbeit wurde im Bericht der KGST (KGST, 1998) mit seinen grundsätzlichen Prinzipien zusammengefasst:

- Zentral sind die Bedürfnisse und Interessen, die die Wohnbevölkerung formuliert.
- Die Selbsthilfekräfte Einzelner oder von Gruppen sind zu fördern.
- Die Ressourcen des Sozialraumes sind zu erkennen, zu nutzen oder zu erweitern.
- Die Kooperation und Koordination der sozialen Dienstleister im Sozialraum.
- Vom Fall zum Feld erfordert eine zielgruppen- und bereichsübergreifende Orientierung.

Der 8. Jugendbericht unterstützt mit seiner Strukturmaxime der „Dezentralisierung" die Verortung von Angeboten und Maßnahmen im Sozialraum und wirkt einer Zentralisierung der Leistungen an einem Ort entgegen. Dabei ist es erforderlich, sich in das Gemeinwesen als gestalterisches Element einzubinden. Dies ermöglicht den Kindern und Jugendlichen in den Wohngruppen den Zugang zu den Angeboten und Ressourcen im Stadtteil und trägt somit dazu bei, den jungen Menschen in einem „gelingenden Alltag" Gelegenheiten zur Bildung von Selbstwert und Selbstwirksamkeit zu bieten. Dabei muss der Vorrang bei der Nutzung von integrierenden Regelangeboten zu Sonderangeboten stets beachtet werden. Dies erfordert eine Einbeziehung – Inklusion – durch eine Orientierung an den vorgefundenen Lebenswelten mit ihren Chancen und Risiken. Dies schließt eine Isolierung oder Vereinzelung – Exklusion – aus. Somit kann weitere Spezialisierung in der Heimerziehung weder an die biografischen Erfahrungen aus den Lebenswelten der Kinder und Jugendlichen anschließen, noch aktuell (wieder-)eingliedernd wirken und am allerwenigstens auf eine „normale" gesellschaftliche Teilhabe hinwirken.

Konsequenzen und Ergebnisse für unsere Praxis

In der Entwicklung unserer Einrichtung sind die grundsätzlichen Strukturbildungen durch die organisationssoziologischen Sichtweisen beschrieben, die Markierungslinien bei der Entwicklung lassen sich aus den Forderungen des 8. Jugendberichts unter Einbezug sozialräumlicher, lebensweltorientierter Modelle beschreiben und im Prozess der Gestaltung von flexiblen Erziehungshilfesettings abbilden. Stationäre erzieherische Hilfen müssen sich von Beginn an als Unterstützungsangebote flexibel und lebensweltnah organisieren. Wir orientieren uns dabei an den Strukturmaximen des 8. Jugendberichts, der eben auch die Dezentralisierung, Regionalisierung und Entspezialisierung als wesentliche Elemente moderner Jugendhilfeträger aufzeigt.

Dies erfordert, abweichendes Verhalten nicht in der Persönlichkeitsstruktur des Einzelnen zu verorten, sondern als Produkt sozialer Prozesse aus Rollenzuweisungen und Erwartungen zu erkennen. Die soziale Definition von Etikettierungen des „abweichenden Verhaltens" ist aber immer eingebunden in die Dimension Zeit und ist somit immer das Ergebnis von Interaktionshandeln zwischen Menschen. Dieses Handeln findet als einmaliges Geschehen an einem bestimmten Ort und zu einer bestimmten Zeit statt und wiederholt sich nie mehr in gleicher Form. Die Konsequenz daraus ist mit Beginn der Aufnahme und der weiteren Begleitung in der Wohngruppe nicht bei der Veränderung des Menschen anzusetzen, sondern Entwicklungsbedingungen zuzulassen, die gelingende Interaktion ermöglichen. Mit diesem Wissen begegnen die Mitarbeiter_innen der Wohngruppen den Kindern mit einer annehmenden Freundlichkeit und wirken von Beginn an gegen die beschriebenen Etikettierungsprozesse. Dies erfordert Rahmenbedingungen, in denen Stigmatisierungsprozessen entgegengewirkt wird. Die Umsetzung der Strukturmaximen von Regionalisierung und Dezentralisierung sind dabei eine konkrete Hilfe, um in entspezialisierten Gruppen lebensweltnahe Settings zu initiieren.

Somit sind die Grundmaximen einer lebensweltnahen, am Alltag orientierten integrativen Heimerziehung gebündelt in der Entwicklung von Wohngruppenmodellen, in der die Vielfalt unterschiedlicher Menschen mit einzigartigen Biografien zu erfassen sind. Dies verhindert eine „unnatürliche" Bildung von Gruppen mit Menschen, die Opfer sozial konstruierter Etikettierungsprozesse geworden sind. Lebensweltorientierung und Spezialisierung sind somit im unlösbaren Widerspruch.

3 Aufnahmeverfahren zwischen Grundsatz und Umsatz – wie können wir mit dem Dilemma umgehen?

Nach der Darstellung der handlungsleitenden theoretischen Konzepte soll im Folgenden die Praxis des Aufnahmeverfahrens in eine Heimgruppe mit all den Diskrepanzen und Ängsten, mit den Schwierigkeiten und den Erfordernissen aus Sicht eines freien Trägers der Jugendhilfe dargestellt werden. Wir verändern dabei zu Beginn den Blickwinkel und tauchen in die Sphäre der täglichen realen Erfahrungen ein. Anschließend wird die Frage diskutiert, wie sich Organisationen im Spannungsfeld von wirtschaftlich notwendiger und der pädagogisch sinnvollen Belegung von freien Plätzen bewegen können.

Aufnahmeprozesse in der Heimerziehung erfordern zuerst einmal eine Begriffsklärung und anschließend eine Darstellung der verbindlich festgelegten Regeln und Rituale, die für alle Wohngruppen der Einrichtung gültig sind. Unter Aufnahmeverfahren wird hier der gesamte Prozess verstanden, von der ersten Anfrage bis zur Aufnahme oder Absage eines Heimplatzes. Zuerst stellt sich die Frage, ob eine (weitere) außerfamiliäre Unterbringung notwendig ist und als zielführend definiert wird. Die Familie beschäftigt sich mit der Frage, die zuständige Fachkraft im Jugendamt diskutiert eine Unterbringung in ihrem Team, in einer Pflegefamilie ist eine Unterbringung in einer Wohngruppe gewünscht oder ein „abgebendes" Heim sucht für ein Kind oder einen Jugendlichen eine andere Wohngruppe. Nach einer Klärung mit dem Auftrag, eine „passende" Wohngruppe zu finden, werden unterschiedliche freie Träger durch den Träger der öffentlichen Jugendhilfe „angefragt". Gibt es Möglichkeiten, werden diese mehr oder minder sorgfältig für das betroffene Kind oder den Jugendlichen in die Auswahl aufgenommen. In einem zweiten Schritt folgen die ersten Eindrücke und Erfahrungen in einem persönlichen Kennenlerngespräch, in dem auch mögliche längere Besuche mit und ohne Übernachtungen verabredet werden können. Abschließend ist im letzten Schritt die eigentliche Aufnahme zu besprechen. Eine Entscheidung sollte möglichst nicht direkt in den Aufnahmegesprächen vor Ort in den Wohngruppen stattfinden. Die Kinder, ihre Eltern oder Bezugspersonen sollten möglichst immer mindestens eine Nacht „darüber schlafen" und sich

2 Aufnahme als Schlüsselprozess aus Sicht eines freien Trägers der Jugendhilfe

erst dann entscheiden. Idealerweise teilen uns die Kinder oder Jugendlichen ihre Entscheidung mit. Wir nehmen dann nur neue Bewohner_innen auf, die sich für die Wohngruppe auch tatsächlich entscheiden. Selbstverständlich ist uns aus den vielen Aufnahmeverfahren bekannt, dass die vermeintliche Freiwilligkeit oftmals die Wahl des kleineren Übels ist. Mit Kindern und Jugendlichen, die sich aber absolut nicht vorstellen können, in die geplante Wohngruppe zu ziehen, auch wenn Dritte sie bedrängen, ist zu klären, ob wir gemeinsam weitere Alternativen entwickeln können.

Die Heimerziehung als einheitliche Anstaltserziehung ist spätestens seit der Heimkampagne in den 1960er-Jahren verschwunden. Heimerziehung ist heute ein Sammelbegriff mannigfaltiger Betreuungskonzepte außerhalb der Familien (Günder, 2007). Es gibt Zentralwohngruppen, Außenwohngruppen, Fünf-Tage-Gruppen, Erziehungsstellen, Sozialpädagogische Lebensgemeinschaften, Betreutes Wohnen, um nur die häufigsten Formen zu nennen. Heimerziehung in unserer Einrichtung bezeichnet keine „klassischen Heimformen" auf einem gemeinsamen Areal, sondern wir nutzen kleine Einheiten in angemieteten Wohnungen oder Häusern, die sich dezentral meist im Lebensumfeld der Kinder und Jugendlichen befinden. In den Wohngruppen von vier bis neun Bewohner_innen leben Kinder und Jugendliche unterschiedlicher Herkunft und biografischer Erfahrungen zusammen. Es gibt lediglich eine Mädchen- und eine Jungenwohngruppe, alle anderen sind koedukativ ausgerichtet. Im Bereich des Verselbstständigungswohnens ist das Einstiegsalter in der Regel 16 Jahre und die Bewohner_innen leben in kleinen Appartements alleine oder zu zweit. Wie schon dargestellt, gibt es keine Gruppen, die nur Kinder und Jugendliche mit bestimmten Verhaltensmerkmalen aufnehmen.

Irgendwie war uns immer bewusst, dass das Aufnahmeverfahren eine besondere Bedeutung für den zukünftigen Betreuungsprozess in unseren Wohngruppen hat. Die Zuordnung als Schlüsselprozess neben anderen wie Hilfeplanung oder Beteiligungsrechten ging uns „locker von der Hand". Aber wie es tagtäglich in den Wohngruppen praktiziert wird, welche Standards vereinbart sind oder noch vereinbart werden müssen, das war im Gesamtbild der Einrichtung, insbesondere auf der Leitungsebene, nicht ausreichend deutlich. Die eine oder andere Rückmeldung aus den Jugendämtern oder auch schon mal von Eltern erfolgte dann auch meist in Beschwerdeform, weil irgendetwas aus der Sicht der Betroffenen nicht in Ordnung war. Am allerwenigsten wussten wir über die Gedanken, Empfindungen und Einschätzungen der Kinder und Jugendlichen in unseren Wohngruppen. Somit war der im Mai 2010 mit der Fachhochschule Dortmund geschlossene Forschungs- und Entwicklungsvertrag zur „Evaluation der Aufnahme und Eingewöhnungsphase in Heimgruppen aus Sicht der Kinder und Jugendlichen" der entscheidende Auslöser für eine qualitative Auseinandersetzung mit dem ersten Tag in der Wohngruppe.

Wenn wir uns nun dem Aufnahmeverfahren mit seinen systemimmanenten Diskrepanzen und Widersprüchen widmen, gilt dies für geplante und koordinierte Anfragen und Aufnahmen. Die besondere Situation bei Ad-hoc-Aufnahmen und Inobhutnahmen würde diesen Rahmen sprengen und findet nur Erwähnung, wenn es das eigentliche Aufnahmeverfahren tangiert. Dies gilt insbesondere für Intensiv- oder Regelgruppen, in denen auch notfallmäßig Inobhutnahmen stattfinden können. Unsere Einrichtung ist mittlerweile mit 29 Projekten in 16 Ruhrgebietsstädten und in der Lausitz tätig. Insgesamt stehen durch Betriebserlaubnis gemäß § 45 SGB VIII über 200 „Heimplätze" zur Verfügung. Aufnahmeprozesse sind somit tägliche Handlungsabläufe. Dies betrifft sowohl die Angebote für Kinder und Jugendliche in unseren Regel- und Intensivgruppen als auch in den zwei Kinderschutzhäusern und einer Aufnahmegruppe für Jugendliche. Weiterhin bieten wir Jugendlichen und jungen Volljährigen in den Wohnverbünden Wohnorte an, an denen sie ihre weitere Verselbstständigung bis zum Beziehen einer eigenen Wohnung vorantreiben können oder einfach einen sicheren Ort mit Schutz vor Gefahren haben. Als Angebot für Familien gibt es drei Mutter-Kind- beziehungsweise Familieneinrichtungen. Alle Wohnformen und Wohnverbünde werden „rund-um-die-Uhr" von pädagogischen Fachkräften betreut.

Heimerziehung ist ein Sammelbegriff für vieles, mittlerweile auch sehr Unterschiedliches. Unsere Wohngruppen sind bemüht, sich in ihren Stadtteilen zu integrieren und sich den Strömungen und Ressourcen des Sozialraums anzuschließen. Sie bilden eigene Kulturen mit eigenen Regeln und Ritualen. Sie sind von außen wenig erkennbar, in das Straßenbild integriert und bilden eine Gemeinschaft von Kindern, Jugendlichen und unterstützenden Erwachsenen.

2 Aufnahme als Schlüsselprozess aus Sicht eines freien Trägers der Jugendhilfe

Gemeinsam sind allen Wohnformen zwei Grundprämissen, die sich auf den Aufnahmeprozess und den Umgang mit Schwierigkeiten beziehen:

1. Im Kinder- und Jugendhilfehaus FleX gibt es keine allgemeingültigen Ausschlusskriterien, Entscheidungen zur Aufnahme in einer unserer Wohngruppen sind immer einzelfallbezogen. Diese Grundregel besteht seit unserer Gründung und hat sich in der Praxis aus unserer Sicht bewährt. Insbesondere in Zeiten, in denen Heimplätze nicht ausreichend angeboten werden, besteht die Gefahr einer Selektion von Informationen bei der Anfrage, die eine Aufnahme verhindern könnte. Eine Heimerziehung, die nicht die vermeintlichen Defizite des Individuums in den Vordergrund stellt, sondern Verhalten als Interaktion im sozialen Kontext begreift, will den jungen Menschen in seiner Ganzheit erfassen und nicht nach einigen zugeschriebenen Merkmalen katalogisieren. Insofern sind aus unserer Sicht individuelle Stigmatisierungsprozesse Ausschlusskriterien. Selbstverständlich gibt es soziale Problemlagen, die äußerst komplexe besondere Hilfesettings erfordern. Dazu ist ein „Ressourcencheck" über vorhandene Potenziale und noch zu erschließende Potenziale hilfreich.

2. Das Kinder- und Jugendhilfehaus beendet keine Hilfen einseitig. Für Kinder und Jugendliche, die besondere Probleme haben oder machen, muss in der Hilfeplanung nach neuen Lösungen gesucht werden. Entlassung aus der Wohngruppe, die für das Kind oder den Jugendlichen den Lebensmittelpunkt bildet, ist immer die schlechteste Variante und schadet den jungen Menschen nur.

   „39,8 Prozent der Beendigungen werden von den Jugendämtern als Abbrüche eingestuft. […] Wahrscheinlich liegt die tatsächliche Abbruchrate irgendwo zwischen 40 Prozent und 45 Prozent" (Tornow, Ziegler & Sewing, 2012, S. 15).

Diesen ungeplanten Beendigungen folgen dann oftmals wieder neue Aufnahmeprozesse in vermeintlich besser geeignete Heime mit Spezialist_innen für die zugeschriebenen Verhaltensmerkmale.

Insgesamt kann nur eine aushaltende Kultur dem beschriebenen Prozess des Verlegens und Abschiebens entgegenwirken. Dies muss im Aufnahmeverfahren klar kommuniziert werden. Dem Kind muss deutlich werden, dass es so wie es ist in der Wohngruppe angenommen wird. Bei Problemen und Schwierigkeiten arbeiten alle gemeinsam an einer Lösung, die das neue Zuhause der Betroffenen nicht gefährdet.

Außerdem haben Kinder und Jugendliche, die zeitweise in einer Wohngruppe leben, das Recht zu erfahren, warum sie nicht mehr bei ihren Eltern oder anderen Bezugssystemen leben können.

„Die Verortung und Integration der Heimerziehung in die eigene Lebensgeschichte ist elementar für die Entwicklung einer reifen Identität. Zugleich benötigen aber auch viele Eltern Unterstützung darin, die Entscheidung und Situation der Fremdunterbringung akzeptieren zu können, da diese oftmals mit Gefühlen der Scham oder des Scheiterns verbunden sind. Kann diese Situation zwischen Eltern und Kindern thematisiert werden, eröffnet dies oftmals neue Möglichkeiten des wechselseitigen Verstehens" (Moos & Schmutz, 2012, S. 12).

3.1 Der Charakter von Non-Profit-Organisationen – oder wie sollten Aufnahmeprozesse gestaltet sein?

Das Aufnahmeverfahren muss als Prozess gestaltet werden, an dem sowohl die Kinder und Jugendlichen als auch ihre verantwortlichen Bezugspersonen umfangreich beteiligt werden. Eine Heimaufnahme ist für ein Kind, aber auch für Jugendliche immer ein verunsichernder Vorgang, der als angstbesetzt erlebt wird. Die Kinder und Jugendlichen erfahren oftmals, dass sie sich den Entscheidungen anderer zu fügen haben. Sie können dann den Prozess des Heimaufnahmeverfahrens nicht mehr beeinflussen. Vielleicht bleibt ihnen noch die Auswahl zwischen unterschiedlichen Heimgruppen.

Die zukünftigen Bewohner_innen haben ein deutliches Gespür dafür, dass sich ihr Leben vollends verändern wird. Mit diesen Gefühlen von Angst, Unwohlsein, manchmal auch Trauer, gepaart mit der Neugierde, wie ein Heim oder eine Wohngruppe aussieht und was das Kind oder den Jugendlichen dort erwartet, besuchen sie erstmalig die Wohngruppe. Idealerweise werden sie von Eltern, nahen Verwandten oder Freund_innen begleitet, manchmal sind es aber auch nur die zuständigen Mitarbeiter_innen des Jugendamtes oder ein eingesetzter Vormund.

Die Aufnahme ins Heim wird den Kindern und Jugendlichen als Chance zum Neubeginn vorgestellt, ist aber bei den meisten so nicht im Bewusstsein. Sie fühlen sich bestraft, abgeschoben und verlassen. Manchmal glauben sie dann auch, dass sie es verdient haben, ins Heim zu müssen. Wenn wir berücksichtigen, dass 30 Prozent der Pflegeverhältnisse vorzeitig beendet werden und die Alternative nur ein Wechsel in eine Heimgruppe sein kann, haben wir es irgendwann mit jungen Menschen zu tun, die nacheinander ihr Elternhaus und ihre Pflegestelle verloren haben. Ihnen hängt zusätzlich der „Makel" des Scheiterns an und sie verinnerlichen für sich, dass „sie keiner haben will".

2 Aufnahme als Schlüsselprozess aus Sicht eines freien Trägers der Jugendhilfe

Mit diesem Wissen sowohl der Mitarbeiter_innen in den Wohngruppen als auch der Leitung der Einrichtung über die besonders schwierige Situation der Kinder und Jugendlichen beginnt das Aufnahmeverfahren. Die Heimunterbringung kann für das Kind oder den Jugendlichen nur dann eine Chance sein, wenn

a. die positiven Haltungen der pädagogischen Fachkräfte unterstützend wirken,

b. die Wissensbestände der Professionellen förderlich eingesetzt werden können,

c. die Strukturen und Prozessabläufe in der Wohngruppe klar, einfach und transparent zu erkennen sind,

d. eine Beteiligungskultur herrscht, in der die Bewohner_innen mit ihren Absichten und Zielen ernst genommen werden, auch weil sie die Koproduzenten der Leistung sind,

e. die Eltern und Bezugspersonen in den Prozess mit einbezogen werden, sodass die Kinder und Jugendlichen nicht einen Lebensort verlieren, sondern einen zweiten gewinnen.

a. Haltungen der pädagogischen Fachkräfte

Die Qualität von Wohngruppenerziehung wird entscheidend beeinflusst durch die Gestaltung von Beziehungen. Beziehungsintensitäten sind abhängig von der Haltung, der Rollenpräsentation und der Persönlichkeitsstruktur der Mitarbeiter_innen, die auch Nähe und Direktheit zulassen müssen. Professionelle in Wohngruppen bewegen sich somit ständig im Spannungsfeld von Nähe und Distanz.

„Dies führt zu einer weiteren Konsequenz: Wenn Heimerziehung strukturell darauf angelegt ist, hohe Grade von Nähe und damit auch von Verstrickungen in Konflikte zu erzeugen, dann muss sie, wenn dies zu bewältigen sein soll, auch Orte schaffen, wo die Verstrickung aufgelöst werden, wo Problemdistanz entstehen kann" (Dörr & Müller, 2007, S. 149).

Dies erfolgt durch Teamberatung, Reflexion und Supervision.

Die Basis für den Erfolg von Heimerziehung wird im Aufnahmeverfahren entscheidend geprägt. Dies erfordert Mitarbeiter_innen, die in ihrer Haltung natürlich, neugierig und unvoreingenommen gegenüber den Kindern, Jugendlichen und ihren Eltern/Bezugspersonen sind. Eine wohlwollende und offene Haltung dem Kind oder Jugendlichen gegenüber von Beginn des Aufnahmeprozess an ist unabdingbar für den Einstieg in eine professionelle, verlässliche und zugewandte Kontaktaufnahme. Mitarbeiter_innen sind in ihrer

Rollenklarheit verstehend, lassen sich auf Unbekanntes und Ungewohntes ein. Sie treten aber nicht entschuldigend auf. Sie sind feinfühlig und stets anständig gegenüber allen Beteiligten.

Zusammenfassend lässt sich feststellen: Der Aufnahmeprozess in der Heimerziehung ist abhängig von der Rolle, Identität und Haltung aller beteiligten Mitarbeiter_innen. Sie benötigen dabei die fördernde Unterstützung durch die institutionelle Leitung. Ebenso sind Angebote supervisorischer Aufarbeitung wie auch teambildende Qualifizierungsmaßnahmen wichtig, um „von außen" auf die Geschehnisse der Wohngruppe schauen zu können.

> *„Wichtig ist, dass der Gruppenerzieher von Anfang an dem aufzunehmenden Kind gegenüber eine annehmende Haltung zeigt und nicht, was in der Praxis immer wieder [...] vorkommt, mit Verärgerung reagiert, weil er vielleicht in der Gruppe wieder ein Kind mehr betreuen muss" (Fröhlich 1980, S. 143 zitiert nach Günder, 2007).*

Zum Empfang neuer Mitglieder in eine Wohngruppe empfiehlt Bruno Bettelheim (Bettelheim, 1983), dass eine wirklich gut integrierte Gruppe dem Neuling mit freundlicher Gleichgültigkeit begegnet. Dabei verhalten sich die Mitarbeiter_innen echt und natürlich. Es findet kein Anbiedern durch die Übernahme von Verhaltensmustern oder Sprachstilen statt. Der Ausspruch „Hey Alter, was geht ab" lässt Wohngruppenmitarbeiter_innen jenseits der 40 nicht nur bei den erwachsenen Teilnehmer_innen des Aufnahmegesprächs peinlich wirken, sondern erzeugt auch bei dem Kind oder Jugendlichen eher belustigte Fremdheit als eine erhöhte Kommunikationsbereitschaft. Die wird dann eher durch „neutrale" Themen herbeigeführt, die sowohl die Mitarbeiter_innen als auch die zukünftige Bewohnerin/den zukünftigen Bewohner interessieren. Durch die zwischenzeitliche Ablenkung vom eigentlichen Thema „Aufnahme in eine Wohngruppe" senken sich Spannungen und die Gesprächsatmosphäre wird angenehmer. Das Thema Sport ist dabei oft ein wirksamer Türöffner. Insbesondere in unseren Wohngruppen im Ruhrgebiet ist Fußball mit seinen in der Republik bekannten Rivalitäten ein beliebtes Themenfeld.

Eine positive Grundhaltung gegenüber den als schwierig deklarierten Kindern und Jugendlichen ist die einzige Möglichkeit, gemeinsam an der steten Verbesserung der Lebensbedingungen der Kinder und Jugendlichen zu arbeiten und einen fairen Prozess der Heimerziehung zu gestalten. Es muss aber gleichzeitig jedem Wohngruppenteam zugestanden werden, dass sich insbesondere bei der Ankündigung der Aufnahme eines besonders schwierigen Kindes oder eines besonders gewalttätigen Jugendlichen Ängste und Befürchtungen einstellen. Dies ist umso stärker der Fall, wenn es in der

2 Aufnahme als Schlüsselprozess aus Sicht eines freien Trägers der Jugendhilfe

Vergangenheit körperliche Angriffe von Jugendlichen auf Betreuer_innen gegeben hat. Nur durch ernsthafte und annehmende interne Beratung und externe Unterstützung, wie zum Beispiel Supervision, Teamcoaching, Erlernen von Abwehrstrategien, können diese Themen besprochen und bearbeitet werden.

„Natürlich ist der gezielte körperliche Angriff von Jugendlichen ein vielleicht seltener Grenzfall. Er hat aber als phantasierte Möglichkeit sehr wohl zentrale Bedeutung. Es scheint uns unbestreitbar, dass in der Heimerziehung die Angst der Erzieher vor den Jugendlichen in allem Umgang mit den ‚Schwierigen' häufig eine zentrale und destruktive Rolle spielt" (Müller & Schwabe, 2009).

Zusammenfassend ist im Aufnahmeverfahren die besondere Bedeutung des Zugangs der Mitarbeiterin oder des Mitarbeiters zu dem Kind/Jugendlichen und seinen Eltern oder Bezugspersonen zu betonen: Das erste Sehen, das erste Kennenlernen und das erste Gefühl bestimmen den weiteren Verlauf entscheidend – und dabei gibt es oftmals keine zweite Chance.

b. Wissensbestände der Professionellen

Häufig wünschen sich die Einrichtungen umfassende Informationen über das Kind oder den Jugendlichen, um den Aufnahmeprozess aufgrund des Wissens über die Biografie mit den beschriebenen Verhaltensmustern sorgfältiger zu gestalten. Dies ist sicherlich ein berechtigtes Interesse. Bedeutsam ist aber, wie mit den vorliegenden Informationen verfahren wird. In unserer Einrichtung nehmen immer die Leitungskräfte die schriftlichen Aufzeichnungen entgegen. Sie bewerten und schätzen im Leitungsteam ein, welche Angebotsform infrage kommen könnte oder welches Setting vorgeschlagen werden soll. Die Wahl der Gruppe richtet sich dann nach mehreren Kriterien; zuerst: Wann wird ein Platz gebraucht und wo ist oder wird einer frei? Die Bestimmung der „richtigen" Wohngruppe wird dann nicht über Verhaltens- oder Dispositionsmerkmale „zugeordnet", sondern idealerweise an der Zusammensetzung der Gruppe und ihrer integrativen Fähigkeiten geprüft. Damit beginnt der Aufnahmeprozess. Die Wohngruppenmitarbeiter_innen werden nur selektiv informiert und erhalten so viel (oder wenig) Wissen, wie für den Aufnahmeprozess aus Sichtweise der Leitung relevant ist. Mit diesem Verfahren wollen wir verhindern, dass die Kinder und Jugendlichen zu „beschriebenen Blättern" werden. Vorabinformationen sind geprägt durch die Ansammlung von Negativattributen. Ressourcen, Talente und weitere positive Äußerungen sind seltener zu finden. Je größer die Anzahl und Intensität der negativen Informationen, umso mehr wird die Unvoreingenommenheit schwinden. Es können sich die beschriebenen Reflexe bilden, die sich in den zitierten Aussagen wie „die Kinder werden immer schwieriger" oder „wir sind für solche schwierigen Kinder nicht gut genug ausgestattet" wiederfinden. Ein notwendiges wohlwollendes, freundliches Zugehen auf die Kinder und Jugendlichen wird bei der vorangegangenen Bildung von Vorbehalten oftmals aufgesetzt und künstlich wirken. Dies merken die Kinder und Jugendlichen sofort. Mit dem Schwinden der Unvoreingenommenheit können gleichzeitig stigmatisierende Prozesse (s. „labeling approach") auf den Weg gebracht werden, die dazu führen, dass sich der Mechanismus der „sich selbst erfüllenden Prophezeiungen" in Gang setzt. Dann nimmt das Kind oder der Jugendliche genau die Verhaltensmuster an, die ihm zugeschrieben worden sind. Übrigens zeigt sich aber auch nicht selten, dass die diagnostischen Warnungen in den Berichten im Betreuungsablauf niemals Relevanz erlangen, weil sie nicht beobachtbar und somit real nicht vorhanden sind.

Mitarbeiter_innen sind in einer Wohngruppe immer Situationen ausgesetzt, die aus den Vorabinformationen nicht zu erkennen waren. Auch mit dieser Ungewissheit müssen die Akteur_innen in der Heimerziehung lernen umzugehen. Mit Beginn des Aufnahmeverfahrens haben wir es somit mit einer doppelten selektiven Wissensvermittlung für die Mitarbeiter_innen in den Wohngruppen zu tun: Schon die Informationen des Jugendamtes sind selektiv eingefärbt, weil sie von dem Wunsch geprägt sind, einen Platz in einer Wohngruppe zu finden. Der ersten Selektion aus der Umwelt der Einrichtung erfolgt bei uns die zweite Selektion durch die Leitung, weil wir den Wunsch haben, dass sich das Kind oder der Jugendliche weitgehend vorurteilsfrei vorstellen kann. Um Missverständnisse auszuräumen: Ich fordere nicht, dass die Teams keine Informationen bekommen. Ich denke aber, dass die „Einspeisung" der Wissensbestände an die „Front-line"-Mitarbeiter_innen sowohl vom Zeitpunkt als auch von der Dosierung sehr gut geplant und reflektiert werden muss. Das ist bei uns eine Aufgabe der pädagogischen Leitung.

In der weiteren Betreuung in der Wohngruppe fließen dann bei den Mitarbeiter_innen die unterschiedlichen Wissensbestände zu einem professionellen Gesamtbild zusammen, sie erschaffen damit sinnstiftend ihre Realität aus den Faktoren:

- biografisches oder externes Vorwissen,
- Beobachtung von Handlungen als eigene empirische Erkenntnis,
- Einbezug wissenschaftlicher Erkenntnisse aus u.a. Psychologie, Soziologie, Medizin oder Biologie,
- Entwicklung sozialer Kompetenzen der einzelnen Wohngruppenmitarbeiter_innen und
- der Transformation des „common sense" in die Gestaltung des gelingenden Alltags.

2 Aufnahme als Schlüsselprozess aus Sicht eines freien Trägers der Jugendhilfe

Nach Abschluss des Aufnahmeverfahrens und den ersten gemeinsamen Wochen in den Wohngruppen erfahren wir dann, dass es oft nicht die Realität ist,

„sondern die Gedanken über die Realität, die uns verrückt machen" (Otto, 1986, zitiert nach Günder, 2007, S. 87).

Dies gilt sicherlich auch, wenn wir vor dem ersten Kennenlernen die Vorankündigungen in Form von Berichten, Aktennotizen und diagnostisch gefärbten Empfehlungen lesen und uns unter Umständen schon sorgen, bevor wir das Kind oder den Jugendlichen kennengelernt haben. Die Gedanken im Kopf entwerfen ihr eigenes Bild, das dann aber nicht selten überhaupt nicht mit den ersten Eindrücken und Erfahrungen in Einklang zu bringen ist.

c. Strukturen und Prozessabläufe im Aufnahmeverfahren

Das Aufnahmeverfahren richtet sich an der individuellen Situation und den Wünschen der Beteiligten aus. Dabei steht ein Set von Angeboten und Möglichkeiten zur Verfügung, aus dem die Teilnehmer_innen ihre Bausteine für den Entscheidungsprozess für oder gegen eine Wohngruppe auswählen. Einige davon sind:

- Vorgespräch mit der zuständigen Fachkraft des Allgemeinen Sozialen Dienstes über den bisherigen Hilfeplanverlauf und den festgestellten Bedarf,
- Kennenlernen des Kindes oder des Jugendlichen durch Besuch in seiner Familie oder einer anderen Wohngruppe,
- Familienbesuch, um die Erwartungen und Ängste der Eltern zu thematisieren,
- erster Besuch in der Wohngruppe, idealerweise gibt es mehr als eine Alternative, sodass die Beteiligten auswählen können,
- Besichtigung der Wohngruppe; es werden nur die Zimmer der Bewohner_innen gezeigt, die der Besichtigung zugestimmt haben,
- „Begehung" des Umfeldes der Wohngruppe, bestenfalls zeigt ein Bewohner beziehungsweise eine Bewohnerin dem Kind oder Jugendlichen, was es im Stadtteil alles gibt,
- Absprachen zu einem längeren Besuch in der Wohngruppe, bei dem das Kind oder der Jugendliche auch die meisten anderen Gruppenmitglieder kennenlernen kann,
- das sogenannte „Probewohnen" mit Übernachtungen sollte nicht nur zum Wochenende geplant werden, sondern auch wochentags. So wird auch der Alltag mit seinen schulischen oder beruflichen Anforderungen deutlich.

- Die Zusammenarbeit mit den Bezugspersonen ist für uns ein wichtiges Element, um den Betreuungsverlauf positiv zu gestalten. Schon im Aufnahmeverfahren beginnt eine Verständigung über die Rückkehroptionen in den elterlichen Haushalt. Dem Kind oder dem Jugendlichen werden verlässliche Informationen gegeben. Wir möchten den Kindern nicht das ursprüngliche Zuhause entziehen, sondern bieten ihnen einen zweiten Lebensort, an dem sie sich entwickeln können und an ihrer Zielerreichung arbeiten. Deshalb machen für uns generelle Kontaktsperren zu den Ursprungsfamilien keinen Sinn.

Die räumliche Ausstattung einer Wohngruppe ist ein wesentliches Element, ob sich ein Kind oder ein Jugendlicher vorstellen kann, an diesem neuen Ort zu leben. In den Wohngruppen haben prinzipiell alle zukünftigen Bewohner_innen ein Einzelzimmer, das sie ihren Wünschen entsprechend gestalten können. Dies schließt auch ein, dass sie liebgewonnene Gegenstände mitbringen können. Es kann das vertraute Kuscheltier, das eigene Fahrrad oder sogar das eigene Bett sein. Für „größere Wünsche" haben wir unseren Technischen Dienst, der die Sachen abholt und ggf. auch aufbaut. So sind die Zimmer individuell nach dem Geschmack der Bewohner_innen gestaltet. Die anderen Räume sind funktional, aber auch möglichst hell und freundlich eingerichtet. Das Bereitschaftszimmer sollte möglichst wenig Bürocharakter haben, große Schreibtischkonstruktionen sind nicht erwünscht. In der Wohnung oder dem Wohnhaus werden Mängel und Schäden schnellstmöglich beseitigt, auch dafür gibt es unseren Technischen Dienst. Alle unsere Wohngruppen und Wohnformen sind in angemieteten Räumen, dies ermöglicht es uns, flexibel auf Veränderungen im Sozialraum reagieren zu können und die Lebensweltnähe zu sichern. Angemietete Räume verhindern aus unserer Sicht die Immobilität der Immobilien.

So sind wir in der Regel bemüht, Heimplätze möglichst im bisherigen Sozialraum anzubieten, um auch die gewünschten Ressourcen zu erhalten und positive Kontakte zu unterstützen. Wir sind mit Wolfgang Hinte (Hinte, 1996) der Meinung, dass Probleme dort gelöst werden, wo sie entstehen. Dies geschieht durch Verbesserungen in den Lebensräumen und der Lebensbedingungen und nicht durch eine zwanghafte Veränderung des Menschen, die doch meist nicht gelingt. Natürlich gibt es auch Gründe, Kinder und Jugendliche (zeitweise) außerhalb ihres bisherigen Umfeldes unterzubringen, besonders wenn ein weiterer Aufenthalt mit Gefahren für Leib und Leben verbunden ist. Die Unterbringung weit weg von allen Ressourcen und auch positiven Kontakten im Sozialraum sollte dann immer die Ausnahme sein, die sorgfältig begründet werden muss.

Alle Kinder und Jugendlichen in den Wohngruppen haben ihre eigene Mentorin beziehungsweise ihren eigenen Mentor. Diese sind die Hauptansprechpartnerin/der Hauptansprechpartner für alle Systeme, mit denen das Kind oder der Jugendliche zu tun hat. Außerdem bieten sie dem Bezugskind exklusive Kontakte durch die sogenannten Mentorentage. Dies sind gemeinsame Unternehmungen im Sozialraum oder auch Ausflüge an „schöne Orte", die sich das Kind oder der Jugendliche wünscht. Besonders beliebt sind dabei die mehrtägigen Reisen mit Übernachtungen. Die Mentor_innen sollten so früh wie möglich im Aufnahmeprozess beteiligt werden. Das Kind oder der Jugendliche kann Wünsche über die Mentorenschaft äußern, denen wir nach Möglichkeit nachkommen.

d. Sich an den Kindern und Jugendlichen orientieren – Beteiligungskultur

Die Beteiligungsrechte von Kindern und Jugendlichen zu schaffen, durch entsprechende Verfahren zu sichern und auch immer wieder durch die Initiierung von Gelegenheiten einzufordern ist eine wesentliche Handlungsmaxime, die sich seit der Gründung unserer Jugendhilfeeinrichtung immer weiter entwickelte. Neben den Gruppengesprächen ist die Implementierung eines Beschwerdeverfahrens nicht nur nach dem Bundeskinderschutzgesetz gefordert, sondern aus unserer Sicht ein wesentlicher Baustein von Beteiligungskultur. Mit einer eigenen Ombudsstelle haben wir eine wichtige Instanz zur Durchsetzung von Beteiligung und der Bearbeitung von Beschwerden eingerichtet. Unsere sogenannte „BUS Stelle" (Beschwerde und Sicherheit) hat einen Informationsflyer entwickelt, den jedes Kind und seine Ansprechpersonen mit der Aufnahme erhalten.

Die Beteiligung von Kindern und Jugendlichen im Aufnahmeverfahren und während des Aufenthaltes in der Wohngruppe ist nicht nur ein elementares Recht, sondern auch ein weiterer entscheidender Faktor zu einem gelingenden Betreuungsverlauf. Beteiligung ist unabhängig vom Alter der Kinder und Jugendlichen möglich. Schon in den 1930er-Jahren wurden in Philadelphia für die Vermittlung von Kindern in Heime oder Pflegefamilien Konzepte zur Beteiligung auch kleinster Kinder entwickelt. Das sogenannte „Functional Social Work" wurde entscheidend durch Jessie Taft und Virginia Robinson geprägt (Müller, 2013). In ihrem Konzept geht es darum, alle Schritte im Aufnahmeprozess auch bei kleinsten Kindern zu verbalisieren und damit den Ablauf begreifbar zu machen, den das Kind ohne Erklärungen nur als Katastrophe oder Horror mit vielen Fragezeichen erfahren würde. Dies gilt ebenso im Inobhutnahmeverfahren bei einer unvorbereiteten und unter Umständen sehr schnellen, spontanen Herausnahme.

Es geht

> *„um das Recht des Kindes, an seiner eigenen Unterbringung beteiligt zu werden. Diese ist nichts, was zwei Erwachsene unter sich ausmachen können. [...] Wenn wir aufgrund unseres Plans als Erwachsene für einen Moment die Zustimmung des Kindes bekommen haben und dann, nachdem die Fremdplatzierung vollzogen ist, ihm zu signalisieren, nun solle es damit leben, dann können wir nicht erwarten, dass es sich das aneignet, was es selbst nicht gewählt hat. Fehlschläge sind natürliche Folge unserer Verletzung der Rechte Anderer"* (Hanlon, 1939, zit. nach Müller, 2012, S. 104).

Partizipation von Kindern und Jugendlichen in Wohngruppen und anderen Wohnformen der Heimerziehung muss eingebunden sein in ein gesichertes Verfahren, verliert aber seine Wirkung vollends, wenn es nicht durch die innere Haltung und die tiefe Überzeugung der Mitarbeiter_innen getragen wird. So stellt Günder zu Recht fest:

> *„Auch eine deutliche Erhöhung der Beteiligungsquote wäre alleine nicht ausreichend, wenn die Fachkräfte nicht Haltungen einnehmen und für Rahmenbedingungen sorgen, welche die echte innere Beteiligung eines betroffenen jungen Menschen in vielen Fällen erst ermöglicht"* (Günder, 2007, S. 51).

Somit ist es nötig, nicht nur Verfahren zu entwickeln, sondern eine Kultur von Beteiligung zu leben. Wenn wir Beteiligungsformen in der Jugendhilfe immer wieder aufs Neue ausprobieren, dann werden wir weiterhin manchen chaotischen Gruppenabend erleben, aber auch ganz unspektakuläre Face-to-face-Kontakte innerhalb und außerhalb der Wohngruppe nutzen. Dabei erfahren die Kinder manchmal zum ersten Mal, dass der andere zuhört und es wichtig nimmt, was man meint und sagt. Die Kinder und Jugendlichen gewinnen Vertrauen in ihre Stärke und erfahren Selbstwirksamkeit. Diese gelebte Kultur von gegenseitiger Achtung, Zuhören und Fragen, die Kinder und Jugendlichen ernst nehmen, ermöglicht nicht nur Partizipation, sondern erzeugt auch transparente Prozesse in den Wohngruppen – von Anfang an, und das bedeutet besonders im Aufnahmeprozess. Wir erfahren dann, dass Beteiligung gelernt werden kann und sich für alle Beteiligten lohnt.

e. Elternarbeit/Elternbeteiligung

Idealerweise erlauben die Eltern ihren Kindern durch verständliche, konkrete Aussagen die Heimaufnahme und den anschließenden Aufenthalt. Mit dieser Erlaubnis kann sich das Kind oder der Jugendliche befreiter auf einen Prozess der sortierenden Zukunftsbetrachtung einlassen. Eltern, bei

2 Aufnahme als Schlüsselprozess aus Sicht eines freien Trägers der Jugendhilfe

denen aufgrund von Erkrankungen (Sucht, psychische Störungen, körperliche Leiden) eine Beteiligung noch schwerfällt, müssen unbedingt ernst genommen werden und immer wieder das Angebot erhalten, „ins Boot der Hilfeleistung" einzusteigen. Auch Eltern, die noch die Mitarbeit verweigern, haben ein Recht, informiert zu werden. Sowohl die Mitarbeiter_innen in den Wohngruppen als auch die Leitung haben die Pflicht, dies zu tun.

Nach der gegenwärtigen rechtlichen Fassung des SGB VIII und der Praxis in den familiengerichtlichen Angelegenheiten sind in der Regel die Eltern in der stärkeren Position. Die Eltern sind berechtigt, die Leistungen nach dem Jugendhilfegesetz in Anspruch zu nehmen und auch die Beendigung der Leistung festzulegen, wenn nicht gravierende Gefahren des Kindeswohls zu einem Entzug der elterlichen Sorge Anlass geben. Insofern ist die Zusammenarbeit mit den Eltern nicht nur aus rechtlichen, sondern auch aus pädagogischen und zielökonomischen Gründen unbedingt geboten. Es muss im Aufnahmeprozess deutlich formuliert sein, dass eine Erziehung an einem anderen Ort nur sinnvoll sein kann, wenn die Eltern als Expert_innen ihrer Kinder mitwirken. Die Eltern müssen ihren Kindern erlauben ins Heim zu gehen, weil sie dort etwas gewinnen und nicht ein Zuhause verlieren. Das heißt mit Beginn des Aufnahmeprozesses sich der Verantwortung bewusst zu sein, das Wohlergehen der Kinder und Jugendlichen als Verpflichtung zu sehen. Fairerweise muss gesagt werden, dass bei der Grundhaltung, das Wohlergehen der Kinder und Jugendlichen in den Vordergrund zu stellen, die Paradoxie entstehen kann, mit den Eltern in Konflikt zu geraten.

Die Elternarbeit beginnt schon im Aufnahmeprozess. Insbesondere wissen die Mitarbeiter_innen, dass die Trennung von Kindern und ihren Eltern für beide Seiten auch sehr schmerzhaft ist. Das kann bedeuten, direkt mit Trauerarbeit zu beginnen, die Trennung zu besprechen und nicht zu tabuisieren. Dies gilt auch bei Heimaufnahmen, in denen die Kinder den Wunsch hatten, von zu Hause wegzukommen oder die Eltern die Kinder nicht mehr zu Hause haben wollten.

Die Zusammenarbeit mit den Eltern beginnt idealerweise mit Beginn des Aufnahmeprozesses und ist auch während des Heimaufenthaltes fortzuführen. Heimerziehung wird im Gesetz als außerfamiliäre Unterbringung definiert, es muss sich aber ein Prozess von familienunterstützender Heimerziehung ergeben. „Fehlt das Angebot der Elternarbeit von Seiten der Einrichtung, bleibt ein Stück der Lebensgeschichte des jungen Menschen unberücksichtigt" (Baur, 1998, S. 256).

Eine Unterbringung eines Kindes oder Jugendlichen in einem Heim bedarf mehrerer grundlegender Faktoren, die nur im Zusammenspiel von Einrichtung und Bezugspersonen ihre positive Wirkung entfalten, und zwar:

- Ein individuelles offenes, freundliches und nicht stigmatisierendes Aufnahmeverfahren,
- eine Grundhaltung von Ernstnehmen und Beteiligung ermöglichen,
- ein Anerkenntnis der Leistungen der Eltern auf der Grundlage ihrer Ressourcen,
- das Wissen, dass die Eltern ihre Kinder lieben, aber oft das Falsche tun,
- dass Eltern aber nicht absichtlich das Falsche tun.

3.2 Lösungsstrategien innerhalb der Praxis eines freien Trägers – ehrlich währt am längsten?

Heimaufnahmen sind letztendlich Verwaltungsakte zwischen Organisationen, die sich durch vertragliche Vereinbarungen des öffentlichen Trägers als Auftraggeber und des freien Trägers als Auftragnehmer kennzeichnen. Dieser Fakt darf im Aufnahmeverfahren nicht sichtbar werden, der gesamte Prozess darf nicht den Charakter von Verwaltungshandeln haben. Wir erzeugen ein freundliches Klima des gegenseitigen Kennenlernens, reichen während der Gespräche Kaffee und Kuchen, die Mitarbeiter_innen haben das passende Getränk für das Kind oder den Jugendlichen bereitgestellt. Die Verwaltungsfragen nach wichtigen Daten sind in einem lockeren und freundlichen Klima auf das Notwendigste zu beschränken. Der Aufnahmeprozess ist ein gegenseitiges Kennenlernen und weist sich nicht als das aus, was er ist – ein Verwaltungsakt. Und das ist gut so.

Organisationen wollen überleben

Soziale Arbeit, insbesondere die Jugendhilfe, ist in Organisationen institutionalisiert.

Wir wissen, dass wir mit dem Aufnahmeprozess die Weichen für eine gelingende oder eine scheiternde Heimkarriere stellen. Das Aufnahmeverfahren ist somit ein zentraler Schlüsselprozess. Gleichzeitig wissen wir aus der organisationssoziologischen Forschung, das Grundinteresse jeder Organisation ist das Überleben. Organisationen sind als „bestandserhaltend arbeitende Systeme" zu verstehen, die „sich nicht an der Umwelt schlechthin orientieren, sondern an ihrer subjektiven Wahrnehmung der Umwelt" (Klatetzki, 1993, S. 32). Was bedeutet dies für unsere tägliche Praxis? Wie lösen wir das Dilemma, den Kindern und Jugendlichen einen guten Start in unseren Wohngruppen zu ermöglichen und gleichzeitig das Überleben der Organisation zu sichern? Anders ausgedrückt, wie gehen wir mit unseren Grundsätzen um, ohne den Umsatz zu vergessen? Der wichtigste Schritt ist getan, wenn wir uns diesen Sachverhalt ehrlich vergegenwärtigen und offen kommunizieren.

2 Aufnahme als Schlüsselprozess aus Sicht eines freien Trägers der Jugendhilfe

Wir belegen Plätze manchmal auch unter wirtschaftlichem Druck und machen zumutbare Kompromisse im pädagogischen Prozess, aber wir sagen das auch.

Entscheidend ist aus meiner Sicht festzulegen, an welcher Stelle in der Organisationshierarchie das Dilemma zwischen Grundsatz und Umsatz verhandelt wird. Die Fachkräfte in den Wohngruppen müssen

„ausreichend unabhängig von Belegungsinteressen des Heimes urteilen und handeln können, um nicht in Zielkonflikte zu geraten, die das Heim für die Mitwirkung in der Strukturentwicklung unglaubwürdig machen könnte. Das Heim muß die Unabhängigkeit seiner Fachkräfte von der Interessenlage der Einrichtung durch geeignete Regeln sicherstellen" (Post, 1997, S. 127).

Die Steuerung der Organisation, die zu einer wirtschaftlich vertretbaren Belegungspraxis führt, ist Aufgabe der Leitung. Diese hat dafür zu sorgen, dass vorhandene Plätze belegt werden. Dabei werden die Mitarbeiter_innen in den Wohngruppen zu ihrer Einschätzung gefragt, am Prozess beteiligt. Aber letztendlich liegt die Entscheidung bei der pädagogischen Leitung, in unserer Einrichtung ein Gremium von leitenden Angestellten.

Die beiden grundsätzlichen Kriterien bei einer Aufnahmeanfrage sind somit immer:

Pädagogisch: Ist das eine sinnvolle Ergänzung, passt das Kind oder der Jugendliche in die Gruppe?

Wirtschaftlich: Ein Platz ist frei und muss belegt werden, deckt der Auslastungsgrad die prospektiv berechneten Kosten?

Die Kriterien „pädagogisch" und „wirtschaftlich" hängen zusammen. Sie sind ebenfalls abhängig von Umweltfaktoren, insbesondere von der Nachfrage nach Heimplätzen. Solange diese so hoch ist wie in den letzten Jahren ist, dominiert der pädagogische Aspekt. Nimmt die Nachfrage nach Heimplätzen ab, verändert sich die gegenwärtige friedliche Koexistenz der großen Wohlfahrtsverbände zu den „privaten" Trägern wieder zu einem Überlebenskampf der sozialen Dienstleistungsorganisationen.

Die pädagogischen Aspekte bei der Belegung von freien Heimplätzen in lebensweltnahe und im Sozialraum eingebundene Wohngruppen sind vorgestellt. Unsere kleinen Wohneinheiten im Stadtteil sollen sich ins Straßenbild einfügen wie jedes andere Wohnhaus. Heimanlagen haben eben den Nachteil, lebensweltfremd eine eigene Realität abzubilden. Mancherorts sind sie noch von zentraler Versorgung abhängig und die administrativen Aufgaben werden von einer Zentralverwaltung erledigt.

Unsere Wohngemeinschaften sind so konzipiert, dass sie im Außenbereich keine Hinweisschilder haben, nur das kleine Klingelschild mit der Namensabkürzung „FleX" weist den Weg. Die lebensweltnahen Wohngemeinschaften entwickeln ihre eigenen Spielregeln, werden nicht zentral geführt und belehrt. Jede Wohngruppe schafft eine eigene Kultur. So erzeugen die äußeren Bedingungen natürlich unterschiedliche Gefühle bei den Kindern und Jugendlichen, manchmal auch bei Eltern, die als Kinder und Jugendliche noch in den großen Heimanlagen lebten und Erfahrungen gemacht haben, die heute erst in „Runden Tischen" aufgearbeitet werden.

Im pädagogischen Prozess des Aufnahmeverfahrens ohne Ausschlusskriterien geht es zuerst einmal darum, Gruppenbildungsprozesse so weit wie möglich zu beachten. Besonders die als schwierig bezeichneten Kinder und Jugendlichen müssen die Chance haben, sich in der Gruppe angenommen zu fühlen, ohne dem Druck ausgesetzt zu sein, sich sofort zu ändern. Dazu gehört auch, dass die neuen Bewohner_innen nicht unter die Erwartung der sofortigen Verhaltensänderung gestellt werden, manchmal müssen wir sie erst einmal „ausverwahrlosen lassen" (Mehringer, 1976). Sie erhalten die Zeit, die sie brauchen, um Veränderungsprozesse aus eigener intrinsischer Motivation anzustreben. Manchmal ist die Ungeduld in der Umwelt der Wohngruppe eher störend, Abbrüche durch Jugendämter, denen die Entwicklung nicht schnell genug positiv verläuft, sind dann kontraproduktiv – erst recht, wenn dann die Suche nach Spezialisten_innen in besonders ausdifferenzierten Heimeinrichtungen beginnt oder die erlebnispädagogische Reise in den Kaukasus gestartet wird.

Die ökonomischen Aspekte bei der Belegung von freien Heimplätzen erklären sich zuerst einmal aus der organisatorischen Form der Sozialen Arbeit, die Thomas Klatetzki folgendermaßen skizziert:

„Organisationen werden gebildet durch die Relationierung sozialer Positionen (Stellen), so dass es einer Menge von Akteuren möglich wird, ‚Rohmaterial' unterschiedlichster Art – seien es nun Objekte oder Subjekte – in gewünschter Weise zu verändern. So gesehen lassen sich sozialarbeiterische und sozialpädagogische Einrichtungen als Organisationen beschreiben, deren zu bearbeitendes ‚Rohmaterial' Subjekte sind, wobei diese Subjekte, aus welchen Gründen auch immer, noch nicht oder nicht mehr über ausreichende Fähigkeiten verfügen, um ihre Lebensprobleme eigenständig zu bewältigen. Die Subjekte sollen durch die personenbezogene Arbeit der Organisation so verändert werden, dass sie zu einer autonomen Lebensführung (wieder) in der Lage sind" (Klatetzki, 2007, S. 73).

Das Überleben ist somit wesentliches Ziel von Organisationen, dem sich alle weiteren Ziele unterordnen. Somit brauchen Organisationen jedweder Prägung und jedweder „Lösungen" Rohstoff. Für die freien Träger der Jugendhilfe mit Heimplätzen sind dies Kinder und Jugendliche, die in Wohngruppen irgendwie verändert werden sollen. Diese Veränderung in eine gewünschte Richtung gelingt uns aber nicht zuverlässig, weil sich Menschen entscheiden, etwas zu tun oder etwas sein zu lassen. Außerdem zeigt sich natürlich auch in der Heimerziehung ein strukturelles Technologiedefizit, das heißt, wir verfügen über keine Techniken und Methoden, im Sinne von Luhmann, Eberhard und Schorr (1982) die verlässlich die Wirkung erreichen, die wir uns vorgestellt haben.

Wenn es nun das wesentliche Ziel der Organisation ist, den nötigen Rohstoff, nämlich Heimkinder, zu akquirieren, dann geschieht dies über die Belegung freier Plätze. Das Erreichen der Auslastung ist für die Organisation existenziell wichtig. Gegenwärtig stellt es sich aber nicht als herausragendes Problem dar, weil die Nachfrage nach Heimplätzen sehr hoch ist. Somit kann sich die Organisation auf die fachliche Koordination der Aufgaben konzentrieren.

Organisationen brauchen die Legitimation aus der Umwelt, diese erhalten sie durch positive Zuschreibungen aus der Umwelt. Dies geschieht in Bezug auf die Leistungen von Hilfe, Nächstenliebe oder anderer positiver Konnotationen bei den christlichen Wohlfahrtsverbänden traditionell und ideologisch. Neue Organisationen, die sich keinem ideologisch zuordenbaren, traditionellen Wohlfahrtsverband angeschlossen haben, sind von der Legitimation aus der Umwelt existenziell abhängig. „Organisationsumwelt im soziologischen Sinne sind alle sozialen Phänomene, mit denen die Organisation in ein- oder gegenseitigen Einflussbeziehungen steht" (Endruweit, 1981, S. 140). Damit haben es freie Träger mit den Jugendämtern zu tun, die über die „Macht" verfügen, Kinder und Jugendliche zuzuweisen. Dies geschieht bei neuen „Anbietern" erst zögerlich, um Erfahrungen zu sammeln. Mit jeder „guten Erfahrung" verstärkt sich aber die Zusammenarbeit. Dabei werden der Organisation bestimmte Kriterien zugeschrieben, wie zum Beispiel: Die Organisation hat keine Ausschlusskriterien, somit kann ich einen Platz für besonders schwierige Kinder und Jugendliche anfragen, die ich nur schwerlich woanders unterbringen kann. Daraus entwickelte sich die Erwartung der Jugendämter, unsere Einrichtung nimmt auch die ganz Schwierigen auf. Aber auch die „Mitbewerber" anderer Träger von Jugendhilfeeinrichtungen sind für unsere Organisation Umwelt. Durch den Konkurrenzdruck können negative Einschätzungen erfolgen, indem zum Beispiel die fehlende Spezialisierung bemängelt wird. Dies wird im Entgeltgefüge als Angebot eingestuft, das weniger wert ist. Dieser Prozess der Auseinandersetzung mit der Umwelt unserer Einrichtungen ist für uns als Organisation mit unserer jungen

Geschichte Alltag. Es führt aber positiverweise dazu, dass sich die Motivation unserer Mitarbeiter_innen für den Erhalt der Organisation steigert. Wenn diese Motivation wegfällt, stirbt die Einrichtung.

Das Überleben der Organisation in der Heimerziehung geschieht durch die Belegung freier Plätze. Dies muss offen kommuniziert werden und sollte nicht durch pädagogisch überhöhte Unehrlichkeiten verwässert werden. Wenn eine Anfrage für eine Regelgruppe ankommt, aber nur ein Intensivwohngruppenplatz frei ist, kann ein Kind oder Jugendlicher zu den Konditionen eines Regelangebotes aufgenommen werden. Andersherum funktioniert es schwieriger, erfordert dann individuelle Zusatzleistungen.

Ist die Entgeltfinanzierung die einzig mögliche Finanzierungsform?

Die Heimerziehung reduziert sich auf das Entgelt als wesentliches Finanzierungselement. Ein Heimplatz wird von den Kostenträgern – fast immer Jugendämter – mit einem Tagessatz erstattet, den die Einrichtungen als kostendeckendes Entgelt auf der Grundlage ihrer Kostenstruktur prospektiv berechnet haben. Wesentliche „Stellschraube" für die Höhe des Entgeltes ist der angenommene Auslastungsgrad. Dieser ist wird durch einen Prozentwert festgelegt. Je näher die Auslastungsgrenze von 100 Prozent berechnet ist, desto geringer wird das tägliche Entgelt. Eine hohe Nachfrage führt somit zu einer hohen Auslastung und recht moderaten Entgelten. Eine geringe Nachfrage hat somit den gegenteiligen Effekt.

Dies führt dazu, dass die Geldströme über die Fälle, also die Kinder und Jugendlichen in den Heimgruppen, fließen. Aus wirtschaftlicher Sicht müssen Heime ein Interesse haben, ihre Plätze durchgängig besetzt zu haben. Eine erfolgreiche Rückführung ist ein pädagogischer Erfolg, erfordert aber eine möglichst zeitnahe Wiederbelegung des Platzes. Im Ergebnis muss man feststellen, dass die Finanzierung über Entgelte nicht unbedingt die Einrichtungen belohnt, die Heimunterbringungen erfolgreich beenden.

In der Praxis Sozialer Arbeit haben sich unterschiedliche Finanzierungsarten etabliert. Dies sind im Einzelnen:

a. Leistungsentgelte durch Fachleistungsstundensätze

b. Leistungsentgelte durch Tagessätze

c. Fallkostenpauschalen

d. Projektfinanzierungen

e. (Sozialraum)Budgets

Bei stationären Unterbringungen kennen wir die dominierende Finanzierungsform über Tagessätze, die Entgelte. Bei diesem Finanzierungsmodell ist es möglich, die Kosten für den Einzelfall exakt zu berechnen.

Entgeltfinanzierungen verlangen aber vom freien Träger der Jugendhilfe eine koordinierte Belegungspraxis als wirtschaftliche Notwendigkeit und belohnen nicht zwangsläufig erfolgreiche Rückführungen in den elterlichen Haushalt. Die Finanzierung durch Fachleistungsstunden, die sich im Organisationskonzept der flexiblen Erziehungshilfen durchgesetzt hat, bildet die Komplexität des stationären Bereichs nicht ab und ist somit keine mögliche Alternative. Die Fallkostenpauschale, die nur sehr selten angewandt wird, hat die Struktur des Entgeltes und wäre kein innovativer Ansatz. Somit bieten sich Projektfinanzierungen in Form von Budgets als ein Finanzierungsmodell an, das die Logik vom „Fall zum Geld" ablösen könnte und Einrichtungen belohnt, die Heimerziehung durch effektive und effiziente wertegebundene Pädagogik auf ein unbedingt notwendiges Maß reduzieren. Diese Finanzierungsform basiert auf einer vertraglich geregelten Übernahme anteiliger oder vollständiger Projektkosten. Ein Modell, das die Förderung einer Wohngruppe für eine vereinbarte Dauer unabhängig von der Belegung sicherstellt. Erste Ansätze im Rahmen von Sozialraumbudgets liegen vor (Hinte, Litges & Groppe, 2003) und eine Weiterentwicklung einer anderen Finanzierungsform wäre zu begrüßen. Denn auch in diesem Falle gilt, dass die Art der Finanzierung an der Veränderung von Strukturen mitwirkt und veränderte Strukturen ein anderes Handeln erzeugen. Damit schließt sich der Kreis mit der Wiederholung der Giddens'schen Weisheit: Handeln und Struktur sind zwei Seiten der gleichen Medaille.

4 Fazit: Was wir wollten und was wir wurden – Wunsch und Wirklichkeit nicht nur im Aufnahmeprozess

Wir erleben im letzten Jahrzehnt einen weiter steigenden Bedarf nach Leistungen der Erziehungshilfe als Konsequenz fortschreitender ungleicher Lebensverhältnisse. Wir beobachten eine Zunahme an immer mehr Menschen, die in Armut leben müssen, und sehen eine kleine Minderheit, die über ein unverantwortliches Übermaß an Reichtum verfügt. Gleichzeitig ist die Hoffnung der finanziell strapazierten Gemeinden auf der Grundlage jüngster Erhebungen gesunken, dass sich der demografische Faktor kostenmindernd in der Jugendhilfe auswirken könnte. Im Gegenteil, diese Hoffnung wich einer gemeinsamen Klage über weiter zunehmende finanzielle Belastungen. Das führt bei den Kommunen zu verschiedenen Formen einer rigiden Ausgabensteuerung. Da diese Steuerung kommunal erfolgt, müssen wir als freier Träger lernen, uns auf die „Besonderheiten" in der Praxis des Jugendamtes der Stadt X zur entgegengesetzten Praxis des Jugendamtes der Stadt Y einzustellen – natürlich immer im Rahmen der gegenwärtigen rechtlichen Bestimmungen.

Eine Verbesserung der Steuerungsprozesse und ein effektiver Einsatz von Ressourcen erfordert eine umfangreiche Ausgestaltung der Jugendhilfe auf sozialräumliche Modelle. Dafür haben wir geworben, haben Ideen entwickelt und in einer Gemeinde sogar mehr als zehn Jahre Sozialraumorientierung mit einem gemeinsamen Budget praktiziert. Der Trägerverbund als Zusammenschluss der freien Träger in dieser Kommune, die sowohl ambulante als auch stationäre Hilfen anbieten, war aus meiner Sicht ein sinnvoller neuer Weg, der leider durch eine administrative Entscheidung der politischen Ebene gestoppt wurde. Auch gilt nach wie vor, dass wir nur gemeinsam Ziele erreichen können und das Zusammenwirken unterschiedlicher Akteur_innen aus verschiedenen sozialen Leistungsbereichen unabdingbar ist.

Wir sind 1995 angetreten, um durch andere Sinnstiftungen und neue Strukturentwicklungen unsere Form der Jugendhilfeleistungen zu entwickeln. Am Anfang waren wir wenige in einem überschaubaren Rahmen – und wir konnten als Organisation ohne einen der traditionellen Spitzenverbände in unserer „Nische" (Zitat eines Jugendamtsleiters) agieren. Eigentlich nahm uns keiner der traditionellen Verbände richtig zur Kenntnis. Mit der Expansion zu einem mittelständischen Unternehmen in den folgenden Jahren hat sich unsere Stellung natürlich stark verändert. Die Nische wurde zu eng und wir schritten „mit offenem Visier" ins Feld der Jugendhilfelandschaft.

Wir wurden nicht, was wir wollten. Wir hatten nicht geplant, aus einer kleinen, eingruppigen Einrichtung zu einer dezentralen „Großeinrichtung" im Ruhrgebiet zu werden. Aber offensichtlich erzeugten unsere Gedanken, Konzepte, Modelle und nicht zuletzt Handlungen eine positive Resonanz. Unser zentrales Ziel, eigentlich die institutionelle Triebfeder, ist geblieben. Wir haben uns von Beginn an für die Verbesserung der Lebensbedingungen der Menschen eingesetzt. Wir wollten die Menschen so anerkennen, wie sie sind, und immer fair und anständig auftreten. Dies sollte in einen wohlwollend unterstützenden Hilfeprozess eingebunden sein, der sich an den unzureichenden Möglichkeiten und Chancen im Sozialraum ausrichtet und nicht an den vermeintlichen Defiziten der Menschen. Wenn sich diese Haltungen nicht nur beim Schlüsselprozess „Aufnahmeverfahren" heute noch in unserer Organisation an den meisten Stellen wiederfinden lassen, dann wurden wir das, was wir wollten. An den „blinden Flecken", wo noch andere Haltungen durchschimmern, soll dieser Beitrag dazu dienen, diesen entgegenzuwirken.

Literatur

Adorno, T.W. (1975). Erziehung zur Mündigkeit. Frankfurt a. M.

Ahlheim, R., Hülsemann, W., Kapczynski, H., Kappeler, M., Liebel, M., Mahrzahn, C. & Werkentin, F. (1976). Gefesselte Jugend. Fürsorgeerziehung im Kapitalismus. Frankfurt a. M.

Baur, D. u.a. (1998). Leistungen und Grenzen der Heimerziehung. Stuttgart

Berger P. & Luckmann T. (1980). Die gesellschaftliche Konstruktion der Wirklichkeit. Frankfurt a. M.

Bettelheim, B. (1983). Liebe allein genügt nicht. München

Blumer, H. (1973). Der methodologische Standort des symbolischen Interaktionismus. In: Arbeitsgruppe Bielefelder Soziologen (Hg.). Alltagswissen, Interaktion und gesellschaftliche Wirklichkeit, (Band 1). Reinbek bei Hamburg

Bürger, U. (2010). Armut und Familienstrukturen in den Herkunftsfamilien der Adressatinnen erzieherischer Hilfen. Forum Erziehungshilfen, Heft 5, 266–271

Bundesminister für Jugend, Familie, Frauen und Gesundheit (1990). 8. Jugendbericht. Bonn

Deutscher Verein für öffentliche und private Fürsorge (2011). Fachlexikon der sozialen Arbeit. Baden-Baden

Der Spiegel (1973). Ausgabe 4. Hamburg

Dörr, M. & Müller, B. (2007). Nähe und Distanz. Weinheim und München

Durkheim, D. E. (1978). Soziologie und Philosophie. Frankfurt a. M.

Endruweit, G. (1981). Organisationssoziologie. Berlin und New York

Familienpost, Lokalblatt für Gelsenkirchen (18.09.1995 „Endlich keine Heimkinder mehr ..."

Freigang, W. (1986). Verlegen und Abschieben – Zur Erziehungspraxis im Heim. Weinheim

Giddens, A. (1988). Die Konstitution der Gesellschaft. Frankfurt a. M. und New York

Goffman, E. (1973). Asyle. Frankfurt a. M.

Goffman, E. (1967). Stigma, Über Techniken der Bewältigung beschädigter Identität. Frankfurt a. M.

Gruschka, A. (1988). Negative Pädagogik. Wetzlar

Günder, R. (2007). Praxis und Methoden der Heimerziehung. Freiburg i. Br.

Günder, R. (1995). Praxis und Methoden der Heimerziehung. Freiburg i. Br.

Hinte, W., Litges, G. & Groppe, J. (2003). Sozialräumliche Finanzierungs-modelle – Qualifizierte Jugendhilfe auch in Zeiten knapper Kassen. Berlin

Henecke, H.P. (1989). Grundkurs Soziologie. Opladen

Hinte, W. (1996). Optimierte Kommunalverwaltung statt offensiver sozialer Arbeit – eine kritische Zwischenbilanz der neuen Steuerungsmodelle. Theorie und Praxis der sozialen Arbeit Nr. 4, S. 54–56

Hollstein, W. & Meinhold, M. (1975). Sozialarbeit unter kapitalistischen Produktionsbedingungen. Frankfurt a. M.

Internationale Gesellschaft für erzieherische Hilfen (IGFH) (2013). Argumente gegen geschlossene Unterbringung und Zwang in den Hilfen zur Erziehung. Frankfurt a. M.

Jugendzentrum Kreuzberg e. V. (1972). Kämpfen – Leben – Lernen. Berlin

KGST (1998). Kontraktmanagement zwischen öffentlichen und freien Trägern der Jugendhilfe, Bericht Nr. 12. Köln

Köster, M. (2003). Holt die Kinder aus den Heimen! Veränderungen im öffentlichen Umgang mit Jugendlichen in den 1960er Jahren am Beispiel der Heimerziehung. In: M. Frese u.a. (Hg.): Demokratisierung und gesell-schaftlicher Aufbruch. Die sechziger Jahre als Wendezeit der Bundesrepublik. Paderborn

Klatetzki, T. (2007). Wie die Differenz von Nähe und Distanz Sinn in den Einrichtungen der Sozialen Arbeit stiftet. In: M. Dörr & B. Müller (Hg.). Nähe und Distanz. (S. 73–84). Weinheim und München.

Klatetzki, T. (1995). Flexible Erziehungshilfen. Ein Organisationskonzept in der Diskussion. Münster.

Klatetzki, T. (1993). Wissen, was man tut. Bielefeld.

Luhmann, N. (1984). Soziale Systeme – Grundriss einer allgemeinen Theorie. Frankfurt a. M.

Luhmann, N. & Schorr, K.E. (1982). Das Technologiedefizit der Erziehung und die Pädagogik. In: N. Luhmann & K.E. Schorr (Hg.). Zwischen Technologie und Selbstreferenz (S. 11–40). Frankfurt a. M.

Marcuse, H. (1969). Der eindimensionale Mensch. Neuwied und Berlin

Mehringer, A. (1976). Heimkinder. München und Basel

Moos, M. & Schmutz, E. (2012). Praxishandbuch – Zusammenarbeit mit Eltern in der Heimerziehung. Mainz

Müller, B. (2013). Professionell helfen. Ibbenbüren

Müller, B. & Schwabe, M. (2009). Pädagogik mit schwierigen Jugendlichen. Weinheim und München

Post, W. (1997). Erziehung im Heim – Perspektiven der Heimerziehung im System der Jugendhilfe. Weinheim und München

Pothmann, J., Fendrich, S. & Tabel, A. (2012). Monitor Hilfen zur Erziehung 2012. Hg. von der Arbeitsstelle Kinder- und Jugendhilfestatistik. Dortmund

Praunheim, R. von (1971). „Nicht der Homosexuelle ist pervers, sondern die Situation, in der lebt". (Film)

Rühle, O. (1975). Zur Psychologie des proletarischen Kindes. Frankfurt a. M.

Schwabe, M. (2009). Methoden der Hilfeplanung. Frankfurt a. M.

Thiersch, H. (1998). Lebensweltorientierte Arbeit und Forschung. In: T. Rauschenbach & W. Thole (Hg.). Sozialpädagogische Forschung – Gegenstand und Funktionen, Bereiche und Methoden (S. 81–96). Weinheim

Tornow, H., Ziegler, H. & Sewing, J. (2012). Abbrüche in stationären Erziehungshilfen. EREV Schriftenreihe 3, 15–30.

Victor-Gollancz Stiftung (1974). Jugendwohnkollektive und Sozialbürokratie. Frankfurt a. M.

Westdeutsche Allgemeine Zeitung, Lokalteil Gelsenkirchen (15.09.1995). „Wir sind keine Heimkinder mehr …"

3 Partizipation der Mitarbeiter_innen und Jugendlichen in der stationären Jugendshilfe im Schlüsselprozess „Aufnahme"

Björn Rosigkeit, Klaus Daniel

Einleitung

Die Aufnahme in eine stationäre Jugendhilfeeinrichtung ist ein Ereignis, das für die betroffenen Kinder und Jugendlichen mit Ängsten besetzt ist; vielleicht mit Hoffnungen, bestimmt aber mit Unsicherheiten. Die Aufnahme ist für das aufzunehmende Kind, den aufzunehmenden Jugendlichen, kein alltäglicher Prozess, sondern stellt vielmehr eine Ausnahmesituation dar. In der Aufnahmesituation bündeln sich oft viele verschiedene Eindrücke, die zunächst eingeordnet und verarbeitet werden müssen. Diffuse Vorstellungen über das, was kommen soll, konkretisieren sich in emotionalem Erleben für die Betroffenen.

Der Hilfeprozess wird durch die Aufnahmesituation in der Einrichtung fundamental beeinflusst. In der Aufnahmesituation wird ein erster Eindruck vom Leben in der Einrichtung gegeben. Im ersten Kennenlernen werden Haltungen der Mitarbeitenden gegenüber den zu Betreuenden vermittelt. Die Aufnahmesituation ist eine Schlüsselsituation, weil im positiven Fall mit ihr wesentliche Signale des Willkommens und der freundlichen Aufnahme vermittelt werden. Deswegen verdient der Schlüsselprozess „Aufnahme" besondere Aufmerksamkeit.

Wird in der Internetsuchmaschine Google nach dem Begriff „Aufnahme in die Jugendhilfe" gesucht, werden zumeist Hinweise auf die administrativen Zusammenhänge, wie Zuständigkeit des Jugendamtes, Verbindung von Hilfeleistung und Hilfeplanung, kaum aber beispielhafte Abläufe des Aufnahmeprozesses gefunden (Abfrage am: 9.07.2013, Google). In der wissenschaftlichen Suchmaschine „Base-search.net" der Uni Bielefeld gibt es kein Suchergebnis für die Abfrage „Aufnahmeprozesse in der Jugendhilfe" (Abfrage am 09.07.2013).

Der Eintritt in den „Lebensort Gruppe" (Hartwig, Kugler & Schone, 2009, S. 10) ist Teil des Gesamtprozesses Aufnahme, dem wesentliche vorausgehende Teilprozesse angehören. Mit einer annehmenden und wertschätzenden Gestaltung des Prozesses der Heimaufnahme können dem Kind/ Jugendlichen wesentliche positive Botschaften übermittelt werden: „Du bist wichtig", „du bist erwünscht", „du kannst, darfst und sollst mitgestalten", „du bist hier geschützt". Diese Botschaften werden nicht in einem administrativen Verfahren, sondern in einem Miteinander der beteiligten Personen übermittelt. Wenn ein Gefühl der Annahme durch Erziehende erzeugt werden kann, werden sich die Beziehungen, aber auch der Einfluss der Heimerziehung bedeutend dauerhafter und eindringlicher gestalten (Gehres, 1997). Beziehungen sind keine Einbahnstraßen, sie funktionieren nur in beiden Richtungen zwischen Erziehenden und zu Erziehenden. Diese gegenseitige Wirkung macht das Wesen der Partizipation in der Erziehung aus: Erziehung ist ein Prozess der Aushandlungen.

Grundlagen der Heimerziehung

Heimerziehung findet in sehr unterschiedlichen Organisationsformen statt. Kleinere und größere Gruppen oder einzelne Jugendliche und junge Erwachsene werden in ein- und mehrzügigen Einrichtungen der Heimerziehung betreut.

Die Aufgaben der Heimerziehung werden durch das aktuelle Kinder- und Jugendhilfegesetz im 8. Sozialgesetzbuch (SGB VIII) in § 34 definiert. Das SGB VIII und mit ihm die Aufgaben der Heimerziehung sind Ergebnisse von Entwicklungen in der Gesellschaft und in der pädagogischen Theorie- und Praxisbildung.

Der historische Wandel der Heimerziehung verlief von Internierungs- und Arbeitslagern für streunende und verstoßene Kinder über Waisenhäuser mit arbeitslagerähnlichem oder mildtätigem Charakter zu Heimen der öffentlichen Erziehung mit dem Auftrag, Kinder und Jugendliche zur Selbstständigkeit zu erziehen. Dieser historische Wandel geht einher mit umfassenden politischen und gesellschaftlichen Veränderungen. Im Zuge dieser Veränderungen hat sich die gesellschaftliche Sicht auf Kinder geändert. Heimerziehung wurde von repressiver kontrollierender Erziehung hin zu kindgerechter Pädagogik entwickelt. Mit Heimerziehung als Sammelbegriff wird ein Spektrum unterschiedlicher differenzierter „stationärer", „teilstationärer" oder „ambulanter" Betreuungsformen und Konzepte zusammengefasst, in denen Kinder und Jugendliche außerhalb der Herkunftsfamilie erzogen werden. In der Heimerziehung sollen per Gesetz (§ 34 SGB VIII) unterschiedliche Aufträge erfüllt werden, die sich zum Teil gegenseitig bedingen: Heimerziehung soll Kinder und Jugendliche in ihrer Entwicklung fördern. Dabei soll Heimerziehung Alltagsleben mit therapeutischen und pädagogischen Möglichkeiten verbinden. Sich bedingende Aufträge sind:

- eine Rückkehr in die Herkunftsfamilie zu erreichen versuchen (nach Möglichkeit sollen die Erziehungsbedingungen in der Herkunftsfamilie verbessert werden),
- oder die Erziehung in einer anderen Familie vorbereiten,
- oder eine auf längere Sicht angelegte Lebensform bieten und auf ein selbstständiges Leben vorbereiten (§ 34 SGB VIII).

Die Hilfen zur Erziehung sollen dem Alter und Entwicklungsstand des Kindes angemessen durchgeführt werden. In der Heimerziehung soll/en:

- Distanz und Entlastung von Beziehungen und Aufgaben geschaffen werden, in denen Kinder und Jugendliche gescheitert sind – mit begleitender und/oder anschließender Situationsklärung;
- ein Lebensraum für die spezifische Belastbarkeit und Bedürfnislage für das einzelne Kind/den einzelnen Jugendlichen eingerichtet werden;
- stabile affektive Beziehungen im Umgang mit Erwachsenen, die allerdings besonderen Belastungen gewachsen sein müssen, hergestellt werden;
- ein Lern-, Lebens- und Erfahrungsfeld mit pädagogischen und therapeutischen Möglichkeiten bereitgestellt werden.

Diese umfangreichen Zielsetzungen und Aufgaben können in der Heimerziehung nur mit einem vielfältigen Angebot an personellen, räumlichen, materiellen und fachlichen Ausstattungen sowie erzieherischen Formen und Methoden erfüllt werden (siehe dazu auch das Kapitel „Stationäre Jugendhilfe").

Partizipation in der Jugendhilfe

Partizipation bedeutet die Teilnahme und Beteiligung am Leben in der Gemeinschaft. Synonyme für Partizipation sind: handeln, teilnehmen, mitbestimmen, sich engagieren, Mitspracherecht haben und nutzen, mitbestimmen, was mit der Gemeinschaft und mit der eigenen Person geschehen soll.

3 Partizipation im Schlüsselprozess der „Aufnahme"

Entsprechend beschreibt Pfaffenberger (1993) Partizipation als Sammelbegriff verschiedener Arten und Formen der Beteiligung, Teilhabe, Teilnahme, Mitwirkung und Mitbestimmung. Entscheidungsprozesse werden durch Beteiligung geöffnet. Partizipation hat eine fundamentale Bedeutung für die Jugendhilfe im Allgemeinen und die Hilfeplanung im Besonderen.

Denn:

- Partizipationsmöglichkeiten sind rechtlich garantiert (z. B. UN-Kinderrechtskonvention, §§ 8 und 36 SGB VIII).

- Partizipation sichert Einflussnahme und Machtausgleichsentscheidungen als „demokratisch-, rechtsstaatliches Aushandlungsmodell [...]" (Kriener & Petersen, 1999, S. 30).

- Nur unter Beteiligung an der eigenen Hilfeerbringung werden Klient_innen zu Ko-Produzent_innen und damit zu Mitverantwortlichen ihres Hilfeprozesses. Wenn also

  „sozialpädagogisches Handeln nicht alleine an den Interessen und fachlichen Standards von Fachkräften ausgerichtet, sondern verbessert werden soll, so bleibt [...] nichts anderes übrig, als den Betroffenen als ‚Koproduzenten' ein Mitspracherecht darüber einzuräumen, wie ‚typische' Handlungssituationen in der sozialen Arbeit zu gestalten sind" (Blandow, Gintzel & Hansbauer, 1999, S. 80).

- Durch Beteiligung erleben Kinder und Jugendliche ihre Selbstwirksamkeit in den Hilfeverläufen.

- Das Hilfeplanverfahren ermöglicht als Steuerungs- und Planungsinstrument eine gelingende Hilfe nur, wenn sich alle Beteiligten in das Verfahren einbringen.

- Kinder und Jugendliche sind eigenständige Akteur_innen ihrer Lebensgestaltung, Expert_innen in eigener Sache und Träger_innen von Rechten (Bundesministerium für Familien, Senioren, Frauen und Jugend, 2002). Sozialpädagogisch Tätigen „erschließt sich die Wirkung ihres Handelns oft nur unvollständig". Sozialpädagogisch Tätige mögen sich „eben dieser Wirkung beim Gegenüber vergewissern und ihm das Recht zugestehen, auf Handeln Einfluss zu nehmen" (Blandow et al.,1999, S. 80).

- Durch die eigene Beteiligung entwickeln Kinder und Jugendliche Wertmaßstäbe und Identifikationen. Indem Kinder und Jugendliche sich beteiligen, erkennen sie den Wert dessen, wofür sie sich einsetzen, weil es das „Ihre" ist. Sie haben es sich angeeignet. Über die aktive Auseinandersetzung mit anderen und ihrer Umwelt schaffen sich junge Menschen ihre eigene Identität (Goffman, 1973).

Zwischen Kindern, Jugendlichen und Erwachsenen besteht traditionell ein Machtgefälle. Kinder und Jugendliche an dieser Macht teilhaben zu lassen heißt, sie mündig werden zu lassen. Blandow et al. nennen dies „Bemündigung" (1999, S. 69). Beteiligung heißt allerdings nicht Entscheidung. Es ist unrealistisch, vor dem Einstieg in Beteiligungsprozesse zu fordern, dass alle Wünsche einzelner am Geschehen Beteiligter umgesetzt werden, da es Wünsche gibt, die keine Umsetzung finden können. Entschieden wird letztlich in den entsprechenden Gremien.

Der Hilfeprozess stellt sich als ein Mehreck von Beziehungen unterschiedlicher Personen und Personengruppen dar. Diese sind die Kinder und Jugendlichen, deren Eltern und Personensorgeberechtigte, die Mitarbeiter_innen der Jugendämter, die Mitarbeiter_innen der begleitenden Dienste und Einrichtungen sowie weitere Menschen, die am Gesamtprozess des Hilfeverlaufs teilnehmen. In diesem Mehreck bestehen unterschiedliche Koalitionen, die nach unterschiedlichen Bestrebungen und Zielen miteinander oder gegeneinander verhandeln. In diesen Verhandlungen werden Machtgefälle deutlich und ggf. genutzt. Im Laufe des Hilfeprozesses verlagern sich die Bedeutungen einzelner Personengruppen für weitere Aushandlungen, zum Beispiel finden sich im Alltag dauernd Situationen, die der Aushandlung bedürfen. In sämtlichen Aushandlungen ist es so, dass die Partizipation von Kindern und Jugendlichen so weit geht, wie die strukturell mächtigeren Personen es zulassen. Dies lässt den Schluss zu, dass ein wichtiger Faktor für Partizipation in der Haltung der Mitarbeiter_innen der Ämter, der Fachdienste und der Einrichtungen begründet ist.

Partizipation, Bestandteil pädagogischen Geschehens

Junge Menschen identifizieren sich mit den Strukturen, die sie aufgrund der Beteiligung durch Information und Beratung kennengelernt und durch Mitsprache, Teilnahme und Einmischung gestaltet haben. So wird es „ihre" Gruppe und „ihre" Einrichtung. Grundsätze und damit Grundlage für den Erfolg von Hilfemaßnahmen sind (weitestgehende) Freiwilligkeit, Mitbestimmung und Selbstbestimmung.

Um Partizipation als konzeptionellen Bestandteil pädagogischen Geschehens zu integrieren, bedarf es grundsätzlicher Voraussetzungen formeller und informeller Art.

Formelle Voraussetzungen sind im Regelwerk und in der Konzeption von Hilfeeinrichtungen festgeschrieben. Sie beschreiben und legen die Umstände und Strukturen, in denen die Organisation funktioniert, fest. Über das 2012 in Kraft getretene Bundeskinderschutzgesetz (BKiSchG) wurde das SGB VIII dahingehend ergänzt, dass Einrichtungen geeignete Beteiligungsverfahren sowie Beschwerdemöglichkeiten zu formulieren und in Anwendung zu bringen haben (§ 45 SGB VIII).

Informelle Voraussetzungen sind solche, die nicht festgeschrieben sind. Sie beeinflussen das tägliche Leben, das Regelwerk, sind jedoch nicht offiziell geregelt, sondern durch Beziehungen der Menschen zueinander, durch ihre Einstellungen und persönlichen Voraussetzungen bestimmt. Ihre Haltung zum Recht auf Beteiligung drücken Mitarbeitende in ihrer Handlung, nämlich dem Beteiligen von jungen Menschen aus. Ihre Haltung ist eine wesentliche informelle Voraussetzung für beteiligendes pädagogisches Handeln.

Die partizipative Haltung

In dem oben erwähnten Mehreck der Beteiligten am Hilfeprozess bestehen Machtgefüge, die nur von den Machtinhaber_innen aufgeweicht beziehungsweise aufgelöst werden können. Sie müssen eine Haltung der Partizipation einnehmen. Aus der persönlichen Überzeugung von der Richtigkeit des partizipativen Gedankens und der partizipativen Haltung wird oft von Seiten der pädagogisch Tätigen Mitbestimmung und Selbstbestimmung informell zugelassen und durchgeführt. Im beruflichen Alltag entsteht eine partizipative Kultur, die zu weiteren Überlegungen führt, wie Partizipation formell in die pädagogische Arbeit eingeführt und in ihr verankert werden kann (Kriener & Petersen, 1999).

Eine partizipative Haltung meint eine befürwortende Haltung gegenüber der Mitbestimmung und Selbstbestimmung als Erziehungsziel, aber auch als Weg zu diesem Ziel. Eine partizipative Haltung äußert sich in der Bedeutung, die den Wünschen und Äußerungen von Kindern und Jugendlichen beigemessen wird, und beeinflusst die Art und Weise, wie gegensätzliche Haltungen und Einschätzungen von Kindern und Jugendlichen behandelt werden. Partizipative Haltung bedeutet, die Rechte von Kindern anzuerkennen und hinter diesen Rechten zu stehen. Kinder werden aus einer partizipativen Haltung heraus motiviert sich zu beteiligen, indem sie sich als Subjekt erleben, das in seinen Wünschen und Bedürfnissen ernst genommen und einbezogen wird (Lindner, 2001). Die partizipative Haltung des Erziehenden äußert sich in dem Bestreben, Kinder und Jugendliche verstehen zu wollen, sich den Beziehungen der Kinder außerhalb nicht negativ wertend gegenüberzustellen, professionell den Kindern und Jugendlichen zugewandt sein, sich zu sorgen, Kinder in die Gestaltung des Alltages, der Räumlichkeiten einzubeziehen, sich um die Befindlichkeiten der Kinder und Jugendlichen zu bemühen, in einen Dialog mit dem Kind zu treten, der es zulässt, dass das Kind sich auch gegensätzlich äußert, und der gegensätzliches Denken in Entscheidungsfindungen mit einbezieht.

Bemündigung

Wenn Partizipation dazu führen soll, dass Menschen selbstbestimmt handeln und sich selbst als Subjekt erleben, das Verantwortung für sich und die Gesellschaft tragen soll, so ist der Weg, der zu diesem Ziel führt, ein Weg der Einübung und des Lernens partizipativen Handelns. Aufgrund ihrer Entwicklungsgeschichte, ihrer Herkunft und der Situation ihres Kontaktes mit Erziehungshilfe und ihrer ganz persönlichen Ressourcen sind Kinder und Jugendliche in sehr unterschiedlicher Weise in der Lage, sich zu beteiligen. Kinder und Jugendliche sollen in Heimen der Erziehungshilfe zu mündigen Bürger_innen und autonom Handelnden erzogen werden. Sie sind es vermutlich noch nicht zu dem Zeitpunkt, zu dem sie sich an ihrem eigenen Hilfeverlauf beteiligen sollen. Aus diesem Grunde werden ihre Willensäußerungen nicht so behandelt, wie die Äußerungen von Erwachsenen, denen Mündigkeit und autonomes Handeln unterstellt wird (Blandow et al., 1999). Kinder und Jugendliche in der Jugendhilfe können nicht alle Entscheidungen treffen und oft nicht mitentscheiden. Um Lernfelder zu eröffnen, sollten Bereiche der Mitbestimmung und ggf. der Grad der Mitbestimmung definiert werden. Eine Öffnung der alters- beziehungsweise entwicklungsgemäßen Einschränkungen der partizipativen Möglichkeiten bezieht Alter und ggf. Entwicklung mit ein, bietet Ausblick auf Erweiterung der Möglichkeiten an und erweitert diese Möglichkeiten zunehmend.

Wachsende Emanzipation und Selbstbestimmung wird erfahrbar. Aufgrund der Definition von Mitbestimmungsbereichen wird Partizipation reflektierbar. Kinder und Jugendliche können Partizipation bewusst erlernen. Sie können erkennen, dass sie partizipieren sollen und inwieweit ihre Partizipation zugelassen wird. Partizipation als definierter Mitbestimmungsbereich macht diese zu einem formalen Strukturelement und Erziehungsmittel. Erziehende und zu Erziehende erhalten Aushandlungsplattformen, auf denen die zum Alltag gehörenden Erziehungsprozesse als Lösung beider Personengruppen entwickelt werden können. Die Möglichkeiten für den Prozess der Bemündigung – also die Steigerung der persönlichen Beteiligungsfähigkeiten des Kindes oder Jugendlichen – hängen auch von dessen persönlichen Voraussetzungen ab. Im Nachteil zu Erwachsenen stehen Jugendliche, weil sie in Bereichen des schlussfolgernden Denkens, der Begriffsbildung, der Gedächtnisleistung und Informationsverarbeitungs-Geschwindigkeit mit Erwachsenen zwar größtenteils mithalten können, aber die Bereiche der Analogiebildung aus diesem Wissen für aktuelle Fragestellungen und der Handhabung von Widersprüchen noch nicht weit genug entwickelt sind. Der Entwicklungsstand der geistigen Fähigkeiten muss bei der Einräumung der Entscheidungs- und Mitwirkungsbereiche mit berücksichtigt werden (Lenz, 2001).

3 Partizipation im Schlüsselprozess der „Aufnahme"

Die geistige Entwicklung von Kindern findet im Kontext ihrer Erfahrungen und Erlebnisse statt (Dux, 2005). Traumatisierende Erfahrungen, die überwiegend mit einer Jugendhilfebiografie einhergehen, wie Missbrauch, Liebesentzug, Eltern-Kind-Konflikte und Gewalt, beeinträchtigen das Reifen der geistigen, emotionalen und intelligenten Fähigkeiten (Oerter, 1997).

Aufgrund des Erlebens häufigen Sich-selbst-überlassen-Seins als Vorerfahrung von Heimerziehung entwickeln allerdings Kinder und Jugendliche eine ganz eigene Art der lebenspraktischen Selbstständigkeit, da sie im Alltag oft für sich Entscheidungen treffen müssen, wie zum Beispiel ob sie sich waschen oder sich um den Haushalt kümmern. Zusätzlich entwickeln Kinder und Jugendliche Entscheidungen auch im Geheimen, da sie zwar Entscheidungen für ihren persönlichen Alltag treffen, aber nicht immer positive Sanktionen auf diese Entscheidungen erleben. Beispielsweise treffen Kinder die Entscheidung, ob sie zur Schule gehen oder nicht, da sie nicht zum Schulgang aufgefordert werden. Wenn jedoch Bußgelder angedroht werden, erfolgen negative Sanktionen gegen das Kind/den Jugendlichen durch die Familie und die Schule. Obwohl manche Kinder in lebenspraktischer Hinsicht in bestimmten Lebensbereichen besondere Kompetenzen entwickeln mussten, sind sie Kinder – mit eigenen Ansprüchen an kindgemäße Betreuung, Betätigung und menschliche Zuwendung –, die in anderen Bereichen oft sehr hilflos und noch mit gering entwickelten Kompetenzen ausgestattet sind. Hier sind die Erwachsenen gefordert den pädagogischen Rahmen so zu gestalten, dass Kinder und Jugendliche mit ihren Möglichkeiten an den Prozessen partizipieren können und sich in ihren partizipativen Möglichkeiten entwickeln können. Partizipation setzt bei den intellektuellen wie emotionalen Gegebenheiten der Kinder an. Partizipative Möglichkeiten müssen für jedes Kind verständlich sein. Sie müssen für Kinder auch emotional handhabbar sein. Kinder dürfen nicht mit Partizipationsmöglichkeiten überfordert werden, indem sie sich zu schnell in ihren Gefühlen und Befindlichkeiten offenbaren müssen. Partizipation muss auf einem gesicherten Gebiet stattfinden, Kinder und Jugendliche müssen wissen, was erlaubt ist, um aus dieser Sicherheit heraus agieren zu können. Sie müssen wissen, was sie entscheiden dürfen und was sie mitentscheiden dürfen. Ebenso wichtig ist das „Wie" der Entscheidungsfindung. Kindern und Jugendlichen müssen Formen der Beteiligung klar sein:

- Was wird wie und von wem entschieden?
- Wie sind die Entscheidungswege und welche Beteiligungsmöglichkeiten sind gegeben?

Um den Entwicklungsstand der Kinder und Jugendlichen und die partizipativen Möglichkeiten, die sich hieraus für die Kinder und Jugendlichen ergeben, festzustellen, sollte die im Hilfefall zu erstellende Anamnese verwendet werden. Sie sollte unter der Beteiligung des Kindes oder Jugendlichen und seines

Lebensumfeldes erstellt werden. Aus der Anamnese und der daraus resultierenden Diagnose sollte ein Wissen und ein Gefühl für das Kind oder den Jugendlichen und seine Partizipationsfähigkeiten und Ressourcen entwickelt werden. Diese Fähigkeiten und Ressourcen gilt es im Hilfeverlauf einzubeziehen, zu stärken und weiterzuentwickeln.

Empowerment, ein Konzept der Beteiligung

Empowerment ist ein Ansatz der Sozialen Arbeit, mit dem Menschen ermutigt werden sollen, eigene Stärken zu entdecken (Lambers, 2013). Gleichzeitig soll das Empowerment helfen, Schwächen, Mängel und persönliche Hindernisse durch Selbstreflexion aufzudecken und sich weitgehend selbst aus den Zwängen, die sich aus diesen persönlichen Hindernissen ergeben, zu befreien. Klient_innen sollen sich zu autonomer Lebensführung und Alltagsorganisation befähigen. Aus der Sicht der „Empowermenthaltung" werden Klient_innen Sozialer Arbeit nicht über von außen diagnostizierte Mängel und Schwächen definiert. Sie werden definiert als Menschen in belasteten Lebenslagen, deren Kompetenzen, diese Belastungen zu meistern, verschüttet sind. Empowerment heißt übersetzt Ermächtigung. Menschen entdecken die „verschütteten" Kompetenzen wieder und ermächtigen sich selbst dazu, ihr Leben zu bestimmen. Über das Lernen, selbst als Subjekt eigenen Handelns und Lernens zu entscheiden, findet der Mensch zu Entscheidungskompetenzen und der Möglichkeit autonomer Lebensführung. Die Sichtweise des Empowerments entspricht der partizipativen Haltung.

Bedingungen der Partizipation in der Heimerziehung

In Einrichtungen der Jugendhilfe bestehen neben den formalen, „offiziellen" Handlungs- und Organisationsstrukturen auch informelle Strukturen. Diese informellen Strukturen existieren unter den Helfer_innen wie auch in den Kinder- und Jugendgruppen. Es mag beispielsweise einen gewählten Gruppensprecher geben – für die Gruppe aber spricht jemand anderes. Die Teamleitung wird möglicherweise ohne das Einverständnis der/des dienstältesten Kollegin/Kollegen nicht tätig.

Partizipation von Kindern und Jugendlichen hängt von der Haltung der Erziehenden ab. Auch wenn Partizipation formaler Bestandteil der Konzeptionen der Einrichtungen ist, ist die Frage, wie sie durchgeführt wird, nicht beantwortet. Partizipation im Heimalltag heißt nicht allein Instrumente der Mitbestimmung wie einen Gruppenrat anzubieten, sondern Kindern und Jugendlichen auch Mitbestimmung zu überlassen/übertragen. Der Weg aus einer Unmündigkeit über das Bemündigen bis zur Mündigkeit muss gleichermaßen von Erziehenden und zu Erziehenden beschrieben und gegangen werden. Unter der Einigung auf ein Ziel können formalisierte Abläufe festgelegt werden.

Wenn eine Einrichtung ihre Konzeption auf die umfassende Beteiligung von Kindern und Jugendlichen umstellen will, müssen viele Aspekte der Arbeit bedacht werden. Partizipation auf die Kinder und Jugendlichen abzustellen bedeutet, dass auch Mitarbeiter_innen Partizipationsmöglichkeiten besitzen müssen, denn: Um aushandlungsfähig gegenüber Kindern und Jugendlichen zu sein, müssen Mitarbeiter_innen dazu ermächtigt sein.

Handlungsansätze der Beteiligung von Kindern und Jugendlichen in der Heimerziehung

Die Beteiligung der Kinder und Jugendlichen an der Hilfemaßnahme sollte mit den ersten Kontakten zwischen Hilfesystem und Betroffenen beginnen. Beteiligungsmöglichkeiten beziehen sich auf die individuelle Hilfe für das Kind/den Jugendlichen, als Ansatzpunkt innerhalb der pädagogischen Gruppenarbeit und als Möglichkeiten in Bezug auf die gesamte Einrichtung. Diese drei Ebenen der Beteiligung bedürfen unterschiedlicher Handlungsansätze. Auf den drei Ebenen kommt es zu unterschiedlichen Umsetzungsproblemen und es werden in den Einzelheiten unterschiedliche Anforderungen an die am Prozess Beteiligten gestellt. Im Folgenden werden wir auf die Handlungsansätze, Anforderungen und Umsetzungsprobleme näher eingehen.

Pädagog_innen müssen sich in ihrer fachlichen und persönlichen Haltung hinter die Partizipation stellen. Die Verbindung des „Wie" mit dem „Was" der Ausgestaltung partizipativer Möglichkeiten lässt Partizipation zu einem pädagogischen Mittel werden, das die Qualität der Erziehung beeinflusst. Unter dem Vorbehalt, dass Technik (Methoden), Organisationsstrukturen und die inhaltliche Kultur der Einrichtung und ihrer Angehörigen zusammenspielen und Qualität ausmachen, sind methodische Möglichkeiten der Partizipation von Kindern und Jugendlichen in der Heimerziehung zu verstehen. Die Einteilung in die drei Bereiche des einzelnen Kindes, der Gruppe und der Gesamteinrichtung fließt in ihren Abgrenzungen ineinander.

Der Hilfeplan

Wesentliches Strukturelement bezogen auf Entscheidungsfindungen, pädagogische Planung und Gestaltung sowie auf den Schlüsselprozess „Aufnahme" ist der Hilfeplan (§ 36 SGB VIII). Laut Pluto (2007) wird von pädagogischen Fachkräften insbesondere das Hilfeplangespräch zur Beteiligung genutzt, Beteiligung aber nicht als ganzheitlicher pädagogischer Ansatz gesehen. Für die Ausgestaltung und Fortschreibung der Hilfen zur Erziehung bildet der Hilfeplan die gesetzliche wie auch pädagogische Grundlage. Der Hilfeplan ist aufzustellen und dem Bedarf und der Entwicklung der Kinder und Jugendlichen entsprechend fortzuschreiben. Dabei hat sich der aufzustellende Hilfeplan an den Interessen und Bedürfnissen der Kinder und Jugendlichen zu orientieren. Ausschlaggebend für die Einleitung von Erziehungshilfen ist die konkrete Erziehungssituation im Einzelfall. Über die Einleitung entscheiden Menschen aufgrund ihrer fachlichen Kenntnisse und Erfahrungen. Prinzipien der Gewährung von Hilfen zur Erziehung sind die Geeignetheit und Notwendigkeit dieser Hilfen für das einzelne Kind/den einzelnen Jugendlichen. Geeignet bedeutet, dass die Hilfen dem Bedarf und den Bedürfnissen der Kinder und Jugendlichen entsprechen sollen, notwendig bezeichnet den Umstand, dass Kinder und Jugendliche eine Erziehung erfahren werden, die nicht ihr Wohl fördert, wenn die Hilfemaßnahme nicht durchgeführt wird. Die Hilfeplanung hat große Bedeutung für die Durchführung der Hilfemaßnahme. Im Hilfeplan sind der erzieherische Bedarf, die Art der Hilfen und die notwendigen geeigneten Leistungen sowie die voraussichtliche Dauer der Maßnahme schriftlich festzuhalten. Der Hilfeplan umfasst den erzieherischen Bedarf, der für das betreffende Kind/den Jugendlichen konstatiert wird. Bestandteile des Hilfeplans sind weiterhin die notwendigen geeigneten Leistungen, die erbracht werden müssen, um den erzieherischen Bedarf des Kindes/Jugendlichen zu decken. Diese Leistungen können pädagogisch oder therapeutisch begründet sein und sowohl an das Kind als auch an sein familiäres Umfeld gewendet werden. Die voraussichtliche Dauer der Maßnahme sollte schriftlich festgehalten werden. Im Zuge der Hilfeplanung ist in regelmäßigen Abständen zu prüfen, ob die Hilfen weiterhin geeignet und notwendig sind. In die Hilfeplanungen sind die Fachdienste und Einrichtungen mit einzubeziehen, die bei der Durchführung der Maßnahme mitarbeiten. Die durchführende Einrichtung muss dem zuständigen Jugendamt über den Verlauf der Maßnahme Bericht erstatten. Die Erstellung von Hilfeplänen ist in Teamabstimmung durchzuführen, um eine fundierte Sachkenntnis zu gewährleisten. Bei dem Hilfeplan handelt es sich um ein Instrument der Überprüfung der Maßnahme und zur Selbstkontrolle der an den Maßnahmen Beteiligten. Die Ausgestaltung und die Festschreibung der Hilfen geschehen unter Mitwirkung der Kinder und Jugendlichen, die „entsprechend ihrem Entwicklungsstand an allen sie betreffenden Entscheidungen der öffentlichen Jugendhilfe zu beteiligen sind" (§ 8 SGB VIII). Hinzu gehören außerdem die Personensorgeberechtigten und andere wichtige Informant_innen. Informationen über Beteiligungsrechte und Möglichkeiten und Informationen über die Inhalte und Verfahren der Hilfeplanerstellung und möglicher Hilfeprozesse sollten im Gespräch mit Kindern und Jugendlichen und den Erwachsenen vermittelt werden. Sie sollten auch in schriftlicher und für alle Beteiligten verständlicher Form vorliegen. Diese umfassende Art der Information wirbt um Vertrauen in die Soziale Arbeit, schriftliche und mündliche Informationen müssen übereinstimmen und wirken als feste Zusagen. Andererseits birgt diese Information Zutrauen zu den Betroffenen, sich zu beteiligen und ggf.

3 Partizipation im Schlüsselprozess der „Aufnahme"

die Beteiligungsfähigkeit auszubauen. In diesen ersten Kontakten beginnt das Empowerment. Im Menschen wird das Zutrauen geweckt, einen Weg aus einer problematischen Lebenslage zu finden.

Der Hilfekonferenz ist eine Situation der Hilfebedürftigkeit vorausgegangen. Über diese Problemlage muss der Fallbearbeitende sich ein umfassendes Bild erarbeiten. Im Sinne partizipativer Haltung und um eine Motivation für eine Beteiligung und Mitwirkung der Betroffenen zu erlangen, sollte der subjektiven Wahrnehmung der Probleme in der Sichtweise der Kinder und Jugendlichen und ihrer Angehörigen große Aufmerksamkeit geschenkt werden. Die subjektive Wahrnehmung der eigenen Biografie und des Erlebens der Betroffenen lässt unter Umständen Anknüpfungspunkte für einen erfolgreichen Hilfeprozess finden. Es ist wichtig, dass Mitarbeiter_innen verstehen, wie es zu der Problemsituation gekommen ist, aber auch, dass Betroffene sich verstanden fühlen.

Auch Nichtverstehen sollte deutlich gemacht werden, um Klarheit zu erlangen, keine Missverständnisse aufkommen zu lassen und zu zeigen, „ich habe dich jetzt nicht verstanden, aber ich bemühe mich darum".

Bei der tatsächlichen Hilfekonferenz gilt es einiges zu beachten, um Hilflosigkeit zu überwinden und eine Atmosphäre der Mitwirkung zu erreichen. Die Konferenz sollte betroffenenorientiert gestaltet sein:

- Der Raum sollte für das Gespräch geeignet sein. So ist ein gefliester Raum mit weißem Mobiliar keine gute Grundlage um sich wohlzufühlen.

- Die Sitzordnung sollte niemanden isolieren und zerstrittene Personen nicht nebeneinander platzieren. Mit einer überlegten Sitzordnung sollten Gesprächspartner_innen integriert werden anstatt sie zu isolieren.

- Die beteiligten Personen sollten einander vorgestellt werden mit Namen, Funktionen in der Arbeit und ihrer Bedeutung für die Entscheidungen oder den Hilfeverlauf.

- Der Ablauf der Konferenz sollte vorher abgestimmt werden. Die Betroffenen sollten informiert sein, wie eine solche Konferenz durchgeführt wird.

- Die Betroffenen sollten mit Schreibpapier und Stiften ausgestattet werden, so können sie sich Notizen machen, haben bei Nervosität etwas in der Hand und sind in der äußeren Form gleichberechtigt mit dem professionellen Teilnehmer_innen, die ihrerseits ebenfalls mit Schreibzeug ausgestattet sind.

Im Verlauf des Gesprächs sollten Rechts- und Fachbegriffe – so sie denn genannt werden – erläutert werden. Dies vermeidet, dass, wenn jemand zu ängstlich ist nachzufragen, dieser sich wegen des Nichtwissens und/oder des Nichtnachfragens womöglich dumm vorkommt. Außerdem werden durch Erläuterungen Informationsrückstände vermieden.

Besonders hilfreich ist eine partizipative Moderation der Gespräche. Es wird darauf geachtet, dass jede Person am Tisch zu Wort kommt, ihre Interessen vertreten kann und nötige Informationen jederzeit erhält. Es ist sinnvoll, Betroffene zum Nachfragen zu ermuntern und gleichzeitig nachzufragen, ob alles verstanden ist. So wird deutlich, dass es wichtig ist, dass Betroffene informiert sind und dass es den Mitarbeiter_innen wichtig ist, dass Betroffene informiert sind. Den Betroffenen sollte die Möglichkeit gegeben werden, sich miteinander oder mit einzelnen Gesprächsteilnehmer_innen zu besprechen und Absprachen zu treffen oder Meinungen auszutauschen. Betroffenen muss deutlich gemacht werden, dass ihre Äußerungen zählen und bedeutsam für den Hilfeverlauf sind. Andererseits zählen auch die Äußerungen der Mitarbeiter_innen.

Es dürfen keine unhaltbaren Vereinbarungen getroffen werden. Betroffenenorientierung heißt, dass über die nachfolgenden Schritte (das Erstellen des Hilfeplanprotokolls, das Klären von Fragen über interne Abstimmungsprozesse, das Einholen weiterer Informationen und/oder das Durchführen zusätzlicher Gespräche und Besuche) informiert werden muss und hierfür verlässliche Termine vereinbart werden müssen. Das Hilfeplanprotokoll muss verständlich abgefasst werden. Die Betroffenen sollten sich in dem Protokoll mit ihren Wünschen und Anregungen wiederfinden. Aus dem Protokoll muss erkennbar werden, wie und aufgrund welcher Argumente fachliche Entscheidungen zustande gekommen sind. Wichtig ist auch, dass deutlich wird, welche Verpflichtungen sich aus der Hilfeplanung für die verschiedenen Beteiligten ergeben. Diese sind manchmal kurzfristig, beispielsweise verpflichtet sich ein Jugendlicher, nachts nicht auf Trebe zu gehen, um sich am Morgen eine Heimeinrichtung anzusehen. Oder langfristig verpflichten sich Eltern, während des Hilfeverlaufs an einer Erziehungsberatung teilzunehmen. Das Heim verpflichtet sich zu den fest abgesprochenen Leistungen. Den Betroffenen sollte ganz selbstverständlich ein Widerspruchsrecht gegen einzelne Formulierungen und Konsequenzen, die sich aus dem Hilfeplan ergeben, eingeräumt werden. Sie sollen ermuntert werden, kritisch zu lesen und nachzufragen.

Im Gespräch miteinander sollte der Folgetermin festgelegt werden. Das Protokoll sollte die Mitteilung enthalten, an wen sich Betroffene wenden können, wenn sie Fragen, Bedenken und Einsprüche wegen oder gegen Hilfeprozesse haben. Diese Anregungen zur Gestaltung der Hilfekonferenz und ihres Protokolls sind nicht vollständig. Aus der Tatsache, dass jeder Fall anders ist und die Beteiligten sich in ihren Problemen und Ressourcen unterscheiden, geht hervor, dass das Hilfeplanverfahren strukturiert sein, aber auch flexibel auf die Umstände und Möglichkeiten und Fähigkeiten der Betroffenen reagieren können muss. Aufgrund der kognitiven, emotionalen, sozialen und auch der kommunikativen Fähigkeiten werden sich Betroffene von sich aus mehr oder weniger beteiligen können oder wollen. Nicht alleine die Maßnahme der erzieherischen Hilfe muss flexibel gestaltet sein, auch die Maßnahmenplanung setzt im partizipativen Sinn eine Flexibilität der Fachleute und ihrer Ressourcen voraus. Der Hilfeplan beschreibt die für das einzelne Kind/den einzelnen Jugendlichen notwendige und geeignete Hilfe. Im Falle einer stationären Hilfe zur Erziehung wird im Hilfeplan festgelegt, wo die Hilfen durchgeführt werden und welche Einrichtung infrage kommt.

Gesetzlich verankert sind Mitspracherechte der Sorgeberechtigten und der Kinder und Jugendlichen bezüglich der Auswahl der Einrichtung (§ 36 SGB VIII). Dieses Recht wird insofern eingeschränkt, als keine unverhältnismäßigen Mehrkosten durch die Wahl entstehen dürfen. Die Einrichtung, die für die Hilfemaßnahme ausgewählt wird, sollte die geeigneten und notwendigen Maßnahmen anbieten oder sich in die Lage dazu versetzen können. Die Angebote der Einrichtungen können ihrer Leistungsbeschreibung entnommen werden.

Aufnahme als Schlüsselprozess

Der Aufnahmeprozess besteht aus einer Abfolge von Situationen, an denen mehrere Personen – den Prozess aus unterschiedlichen Perspektiven erlebend – teilnehmen. Der Prozess von der Vorentscheidung im Familiensystem über die Anfrage in der Einrichtung bis zum Einzug in der Einrichtung für die zu dem Zeitpunkt Beteiligten wirkt linear. Tatsächlich werden in den unterschiedlichen Bereichen weitere Arbeitsschritte nötig, die spätestens in der Einrichtung gebündelt sein müssen. Trennschärfend können die beteiligten Personengruppen in solche eingeteilt werden, die sich (noch) außerhalb der Einrichtung, und die, die sich innerhalb befinden. Anders formuliert: Den individuellen Fall betreffend sind Bezugspersonen und betroffenes/r Kind/ Jugendlicher, Mitarbeitende der bisherigen fallbearbeitenden Einrichtungen sowie des Kostenträgers beteiligt, den Lebensort Einrichtung betreffend sind im Idealfall Mitarbeitende sowie zu Betreuende der Einrichtung an der Aufnahme beteiligt.

Erziehungsberechtigte und Kinder/Jugendliche sollen am Verfahren beteiligt werden und sich beteiligen (mitwirken). Mitarbeitende des Jugendamtes, möglicher vorhergegangener Hilfeeinrichtungen und der Heimeinrichtung müssen sich miteinander und mit den Betroffenen auf die bedarfsgerechte

Hilfeart und miteinander abgestimmte Abläufe einigen. Betreute und Betreuende in der Einrichtung müssen auf die Aufnahme in der Einrichtung vorbereitet werden, denn der aufzunehmende junge Mensch wird zum Teilnehmenden an den Hilfeverläufen der bereits Betreuten am Lebensort Einrichtung. Entsprechend sind diese in angemessener Form an der Aufnahme zu beteiligen. Welche Beteiligungsmöglichkeiten für jeden Einzelnen in der Einrichtung bei der Aufnahme bestehen oder hergestellt werden können, sollte im Beteiligungskonzept der Einrichtung beschrieben sein.

Beteiligung in der Jugendhilfe muss in der Vorbereitung der Hilfe beginnen und während der Hilfemaßnahme weitergeführt werden. Zur Beteiligung gehört, dass Betroffene sich eingeladen und motiviert fühlen, sich zu beteiligen. Ein Motivationsaspekt zur Beteiligung ist, ob die Betroffenen den Eindruck gewinnen, sie könnten von ihrer Beteiligung profitieren. Ein weiterer ist der, wie gut Betroffene auf Mitwirkung vorbereitet werden.

Die unterschiedlichen Protagonist_innen einer beginnenden stationären Erziehungshilfe bewegen sich zu Beginn der Hilfe an unterschiedlichen Stationen ihres Verlaufs. Während die Einrichtung mit den Planungen einer möglichen Aufnahme beschäftigt ist, befinden sich die jungen Menschen und ihre Bezugspersonen möglicherweise noch in der Entscheidungsfindung, der Verabschiedung, der Verhandlung über andere Lösungen, im Widerstand, etc. Im Jugendamt wird möglicherweise die letzte Entscheidung über die Aufnahme mit der wirtschaftlichen Abteilung besprochen. Entsprechend der unterschiedlichen Verlaufsverortung der Beteiligten wird auch die emotionale Beteiligung der Einzelnen sich unterscheiden. Anzunehmen ist jedoch, dass insbesondere für den vor der Heimaufnahme stehenden jungen Menschen und seine Familie die Situation emotional aufgeladen ist.

Der Aufnahmeprozess für Mitarbeitende

Für den administrativen Teil des Aufnahmeprozesses einer stationären Einrichtung ist der typische Startpunkt der Aufnahme die Platzabfrage. Ein Mitglied des Helferkreises wendet sich an die Einrichtung, man einigt sich auf Vorabinformationen, um herauszufinden, ob ein Platz frei und grundsätzlich geeignet sein könnte.

Über die Beteiligung an der Entscheidungsfindung, ob dem möglichen Aufzunehmenden mit dem für ihn gekennzeichneten Hilfebedarf ein adäquates Betreuungsangebot gemacht werden kann und ob das pädagogische Angebot der Einrichtung, die Konstellation von Gruppe und Mitarbeitenden und der junge Mensch nach Meinung der Mitarbeitenden zueinander passen, werden im zweiten Schritt in der Einrichtung sowohl administrative wie pädagogische Schritte gegangen.

Im pädagogischen Geschehen sollte grundsätzlich mit Prozessbeschreibungen geklärt sein, wie Mitarbeitende zu beteiligen sind. Haben sie Entscheidungsrechte bei oder über Aufnahmen? Wie und zu welchem Zeitpunkt werden sie, wenn ja, über Aufnahmen informiert (Boskamp & Knapp, 1999)?

Beteiligung bedeutet im Schlüsselprozess der Aufnahme für die Arbeit der Mitarbeitenden, sehen und gesehen werden: Mitarbeitende sind einerseits an der Angebotsbildung für den neu aufzunehmenden jungen Menschen beteiligt, schätzen das Zueinanderpassen von Menschen und Angeboten ein und sie sind diejenigen, die mit den Beteiligungsprozessen für und mit den jungen Menschen in der Einrichtung befasst sind. Die beteiligenden Aufgaben von Mitarbeitenden bestehen darin, einen „Ort zu schaffen, der sich durch Stabilität, Sicherheit und Relevanz auszeichnet, sowie gleichzeitig Offenheit, Entwicklungsmöglichkeiten und Aushandelbarkeit garantiert" (Pluto, 2010, S. 207). Beteiligungsförderliches Verhalten drückt sich laut Pluto auch darin aus, dass „alle Fragen der Alltagsgestaltung gleichermaßen für eine Mitwirkung von Kindern und Jugendlichen geeignet sind" (ebd.).

Der Aufnahmeprozess für die Familie

Die mögliche Aufnahme eines Kindes oder Jugendlichen in einer Einrichtung bedeutet für den Betreffenden einen Neustart, positiv formuliert einen Neuanfang unter besseren Bedingungen. Zudem heißt dies, dass die Umstände der aktuellen Lebensweise die gesunde (Weiter-)Entwicklung des Aufzunehmenden gefährden können. Eine derart rationale Einsichtsfähigkeit ist jedoch in der Regel weder bei den aufzunehmenden Jugendlichen oder Kindern noch bei den Herkunftsfamilien anzunehmen. Ein solch schwerer Eingriff in die bestehenden Strukturen kann niemals reibungslos und ohne wie auch immer geartete Verluste vonstattengehen, über diese Tatsache muss man sich im Voraus gewiss sein.

Die Herkunftsfamilie hat oft den Eindruck, sie gäbe bei der Aufnahme Entscheidungsrechte und Mitwirkungsmöglichkeiten ab. Zu einer gelingenden Maßnahme gehört die unbedingte Miteinbeziehung der Bezugspersonen, in der Regel die Kernfamilie. Ein in der Familie entstehender Widerstand wirkt sich auf das Mitwirkungsverhalten des jungen Menschen aus (Kölch & Schmidt, 2008). Über vertrauensbildende Besuche von Mitarbeitenden aus der Einrichtung oder der Familie in der Einrichtung können Möglichkeiten der Entlastung der Familie und Perspektiven gemeinsamer Arbeit vorbesprochen werden. Eindrücke der Entmündigung in der Familie können durch Absprachen und Einbezug in Regelungen widerlegt werden.

Wünschenswert ist die weitergehende Einbeziehung der Familie in den Entwicklungsprozess des Aufgenommenen. Das Gefühl der Entlastung kombiniert mit der Wahrnehmung, weiterhin gebraucht zu werden und am Werdegang des eigenen Kindes beteiligt zu sein, kann positive Energien freisetzen, die letztendlich dem Kind/Jugendlichen zugutekommen.

Der Aufnahmeprozess für den einzelnen jungen Menschen

Vor der eigentlichen Aufnahme in der Einrichtung stehen einige Schritte, die den späteren Aufnahmeprozess maßgeblich beeinflussen. Wenn man von Partizipation spricht, dann ist ein existenzieller Vorgang maßgeblich. Eine Aufnahme muss immer auf „Freiwilligkeit" beruhen, das heißt dem Kind oder Jugendlichen muss klar sein, dass er die Wahl hat, ob er die angebotene Hilfeleistung annehmen möchte oder nicht. Dieser Anspruch auf Freiwilligkeit im Hilfeverlauf führt möglicherweise zu Dilemmata in der Maßnahme. Es ist bei der Aufnahme und Durchführung von Hilfemaßnahmen nicht davon auszugehen, dass die Hilfen freiwillig angenommen werden: Jungen Menschen wird sich das Positive an der Hilfe möglicherweise nicht schon zu Beginn der Hilfe voll erschlossen haben, Eltern mögen ihre Widerstände auf die jungen Menschen übertragen haben, Ängste mögen Freiwilligkeit behindern; viele weitere Gründe können Freiwilligkeit be- oder verhindern. Kriener und Petersen schreiben von einem Spannungsbogen zwischen „Beteiligung von Jungen und Mädchen und dem hilfeorientierten Erziehungsanspruch" (Kriener & Petersen, 1999, S. 118).

Im Rahmen einer ersten Besichtigung ist es sinnvoll, mögliche Wünsche und Vorstellungen des Aufzunehmenden zu besprechen und ihm so die Aufnahme und das „Sich-auf-die-Hilfe-Einlassen" zu erleichtern. Vor allem soll so jedoch signalisiert werden, dass seine Meinung wichtig ist und eine Möglichkeit zur Einflussnahme besteht. Eine hilfreiche Möglichkeit für dieses Vorhaben ist es, nicht nur eine Liste mit möglichen „Hausregeln" vorzulegen, sondern auch eine Aufzählung der Rechte des Kindes/Jugendlichen vorzuhalten.

Mit dem ersten Kontakt der Betroffenen entsteht für sie der Aufnahmeprozess in der Einrichtung. In der Weise, wie das Kind/der Jugendliche beteiligt wird, kann eine Basis der Partizipation geschaffen werden. Diese Basis ermuntert Kinder und Jugendliche, sich zu beteiligen. Sie zeigt, dass Partizipation erwünscht und möglich wird. Im Hilfeplan wird die Einrichtung beschrieben, in der die Hilfemaßnahme für das einzelne Kind/den Jugendlichen durchgeführt werden soll. Diese Beschreibung umfasst die Zusammensetzung der Gruppen, ggf. die Gruppe der Erziehenden, die gewünschte Infrastruktur des Lebensortes und die Organisationsstruktur des Heimes. Der Hilfeplan setzt also auf der Ebene des individuellen Kindes/Jugendlichen an und beeinflusst in der Summe der Hilfepläne ebenso die Zusammensetzung

3 Partizipation im Schlüsselprozess der „Aufnahme"

der Gruppen. Die Basis der Beteiligung wird im Hilfeplan von den unterschiedlichen Mitarbeiter_innen der Jugendämter und Einrichtungen gelegt. Beteiligung an Entscheidungen, die das Kind/den Jugendlichen und seinen weiteren Lebensweg betreffen, sind gesetzlich gewollt und sollten Normalität sein. Kontakte zur Einrichtung sollten sich im Idealfall innerhalb des Aufnahmeprozesses nicht auf das erste Kennenlernen bei einer Besichtigung beschränken. In einem Folgebesuch eines Mitarbeitenden bei dem jungen Menschen können Fragen zum Einzug geklärt werden wie: Wer kann mich beim Einzug begleiten (Familienmitglied, Freundin/Freund o. Ä.)? Welches Gruppenmitglied wird mich begrüßen, wie wird der erste Tag gestaltet sein? Diesen Besuch kann ein Gruppenmitglied begleiten.

Im Aufnahmeprozess sollen Kinder und Jugendliche erfahren,

- dass sie an ihrem Hilfeverlauf beteiligt werden,
- dass ihre Beteiligung gewollt ist,
- wie ihre Perspektive innerhalb des Hilfeprozesses aussehen könnte.

Junge Menschen sollten idealerweise schon in der Absprachephase vor dem tatsächlichen Einzug in die Einrichtung in die Gestaltung ihres neuen Lebensraums einbezogen werden (siehe dazu auch das Kapitel „Aufnahmeprozess aus Sicht von Kindern und Jugendlichen"), indem Fragen miteinander geklärt werden wie zum Beispiel:

Kann das eigene Zimmer als persönlicher Lebensort autonom mit Möbeln, Wandfarben und/oder dekorativen Gegenständen eingerichtet werden oder ist es als Raum des Heimes teilweise oder vollständig eingerichtet? Aushandlungsmöglichkeiten sind:

- Kinder/Jugendliche sprechen Wünsche aus.
- Kinder/Jugendliche und Erziehende kaufen gemeinsam ein.
- Entscheidungsrechte können bei Kindern/Jugendlichen oder Erziehenden liegen.
- Es kann ein Vetorecht auf beiden Seiten bestehen.
- Kinder/Jugendliche und Erziehende streichen gemeinsam die Zimmerwände.
- Kinder/Jugendliche entscheiden, kaufen und streichen autonom.

Fragen des Miteinanders in der Gruppe können besprochen werden:

Wie reagiert die Gruppe auf neue Mitglieder? Welche Absprachen gibt es? Das Regelwerk kann in dieser Phase besprochen werden, da aber die Aufregung der ersten Zeit die Merkfähigkeit für Regelwerke, zumal für komplexere, möglicherweise herabsetzt, scheint es sinnvoll, Regelwerke im Alltagsleben mitzuteilen. Zu Regelwerken gehören selbstverständlich auch die Rechtekataloge.

Hilfreich für den Abbau von Ängsten ist ein mögliches Kennenlernen von Mitgliedern der Gruppe durch einen Besuch oder noch besser durch gemeinsames Handeln, zum Beispiel bei der Vorbereitung der Zimmereinrichtung, der Vorstellung eines Patensystems o. Ä.

Beteiligung der Gruppe am Aufnahmeprozess

Mitarbeitende sollten die jungen Menschen in der Einrichtung im Allgemeinen und im Aufnahmeprozess im Besonderen beteiligen.

In der praktischen Arbeit bestehen vielfältige Handlungsansätze formeller und informeller Beteiligungsmöglichkeiten. Beteiligungsmöglichkeiten sind zu unterscheiden als Möglichkeiten der individuellen Hilfe für das Kind und den Jugendlichen, als Ansatzpunkt innerhalb der pädagogischen Gruppenarbeit und als Beteiligungsmöglichkeiten in der Gesamteinrichtung. Diese drei Ebenen der Beteiligung bedürfen unterschiedlicher Handlungsansätze und der ständigen Rückbindung an die jeweils anderen Ebenen, da sie sich gegenseitig bedingen. Auf den Ebenen kommt es zu unterschiedlichen Umsetzungsnotwendigkeiten, es werden in den Einzelheiten unterschiedliche Anforderungen an die Prozessbeteiligten gestellt.

Das Miteinander in der Gruppe als Lebensgemeinschaft von Kindern und Jugendlichen ist formal geregelt. In Gruppen entstehen auch informelle Bezüge mit unterschiedlichen Ausprägungen. Diese informellen Bezüge „entspringen aus den Beziehungen der Gruppenmitglieder untereinander", also gruppendynamisch, „und sie entstehen aus den unterschiedlichen Individualitäten der Mitglieder; da diese sich entwickeln und verändern, entwickelt und verändert sich somit auch die Dynamik innerhalb einer Gruppe" (Konopka, 1963, S. 63). Es besteht eine Vielzahl von Beteiligungsmöglichkeiten für Gruppenmitglieder sowie der Gesamtgruppe. Diese können nicht allen gruppendynamischen Prozessen gerecht werden. In den demokratischen Abläufen von Gruppenentscheidungen besteht die Gefahr, dass bei Entscheidungen die Belange Einzelner keine Geltung finden. Je nachdem, wie Entscheidungen getroffen werden, muss dieses Spannungsfeld der Belange der Gruppe gegenüber denen des Einzelnen stets beachtet werden. Möglichkeiten der Beteiligung zur Neuaufnahme von Kindern und Jugendlichen werden bei Blandow et al. (1999, S. 90) thematisiert: „Sollen Kriterien festgelegt werden, die ‚Neue' erfüllen müssen, wie soll das gegenseitige Kennenlernen stattfinden, über sich vorstellen, Besuche, Probewohnen?" Die Gruppe könnte zur Aufnahme ein Votum abgeben, zum Beispiel ob in Zeiten von

Krisen eine Aufnahme günstig für die Gruppe oder die neu aufzunehmenden Gruppenmitglieder ist. Da hier finanzielle Rahmenbedingungen betroffen sind, wird das Einholen des Votums einer Gruppe unter Umständen gegen die wirtschaftlichen Interessen abgewogen werden. Die Gruppe kann sich an der Eingewöhnung von neuen Mitgliedern beteiligen: Durch Aktivitäten mit neu aufzunehmenden Kindern kann sich die Gruppe präsentieren und Neuankömmlingen Ängste nehmen. Wenn die ersten Wochen eines jungen Menschen in der Einrichtung als „Startphase" mit der Gesamtgruppe strukturiert werden, werden Zugehörigkeiten geschaffen und soziale Kompetenzen entwickelt, die diese Startphase als bedeutend für alle Beteiligten in der Gruppe werden lassen.

Beteiligung der Gruppenmitglieder am Aufnahmeprozess

Niemand weiß besser als Kinder und Jugendliche, die einmal die „Neuen" waren, wie sich „Neue" fühlen. Dies wurde in der Untersuchung von Nowacki und Remiorz (siehe Kapitel „Aufnahmeprozess aus Sicht von Kindern und Jugendlichen") sehr deutlich. Junge Menschen können durch ihre Mitwirkung bei der Aufnahme ihren Erfahrungen folgen und die Situation der Aufnahme positiv begleiten. Mit der Einbindung einzelner junger Menschen in den Aufnahmeprozess eines anderen werden die Regelwerke der Gruppe mit der Ebene des Einzelnen verbunden und individuelle Beteiligungsmöglichkeiten geschaffen.

Patenschaften über neu aufgenommene oder aufzunehmende Kinder und Jugendliche bilden eine besondere Möglichkeit, soziale Kompetenzen zu zeigen und sich im eigenen Hilfeverlauf auszuzeichnen. Paten weisen in die Gruppenkultur und Regeln ein und vertreten neue Kinder und Jugendliche gegenüber der Gruppe oder Erziehenden. In diesem Fall ist Verantwortungsübernahme ein Aspekt der Beteiligung.

Einzelne Gruppenmitglieder können am ersten Tag helfen das Zimmer zu beziehen, die Vorbereitung des Zimmers unterstützen, Hausbesuche bei den jungen Menschen begleiten, bei einem ersten Besuch der Familie die Einrichtung zeigen.

Die Begleitung der Startphase in der Einrichtung beinhaltet die Begleitung bei der Eroberung eines neuen Lebensraums. Sie beinhaltet ein Gefühl des Schutzes und der emotionalen Beteiligung.

Beteiligung in der Einrichtung

Impulse des Zusammenlebens der Kinder und Jugendlichen gehen oft von einzelnen Kindern und Jugendlichen aus, betreffen aber das Zusammenleben in der Gruppe oder auch den Gesamtzusammenhang der Einrichtung.

Regeländerungen, die aus der Initiative Einzelner entstehen, greifen manchmal in der Gesamteinrichtung. Es finden zum Beispiel Regelungen der Zeiten für den Ausgang oder das Erledigen der Hausaufgaben oft in der gesamten Einrichtung Anwendung. Auf Initiative Einzelner kann das betreffende Regelwerk der Einrichtung durch gruppenübergreifende Beteiligungsmöglichkeiten beeinflusst werden. Die Kultur der Gesamteinrichtung wird von dem Leben in den Gruppen betroffen. Beteiligungsmöglichkeiten, die den Gesamtrahmen der Einrichtung betreffen, sind nötig, um eine Kultur der Gesamteinrichtung herzustellen und zu beeinflussen. Informell geschieht dies durch das alltägliche Miteinander, wie gegenseitige Besuche der Kinder und Jugendlichen in unterschiedlichen Gruppen, oder gemeinschaftliches Auftreten in der Öffentlichkeit. Patensysteme zur Aufnahmebegleitung werden in die Einrichtungskultur eingebunden und sowohl über Mitarbeitende wie über Kinder/Jugendliche tradiert. Dies insbesondere dann, wenn Beteiligungsmöglichkeiten und Interessenvertretungen der Kinder und Jugendlichen formalisiert sind (Gruppenrat, Gruppensprecher_innen, Sprecher_innen-Rat, Einrichtungsrat etc.).

Verknüpfung der Bewegungen des Schlüsselprozesses Aufnahme

Die Partizipation innerhalb einer Einrichtung der stationären Jugendhilfeeinrichtung ist mit einem passiven und aktiven Recht aller Beteiligter verbunden, so haben zum Beispiel junge Menschen das Recht, beteiligt zu werden und sich zu beteiligen (§§ 8 und 36 SGB VIII).

In der Einrichtung wird der Schlüsselprozess Aufnahme verknüpft. Durch den Aufbau eines kooperativen Miteinanders werden die Zeitabläufe der unterschiedlichen Protagonist_innen des Aufnahmeprozesses synchronisiert. Über einen achtsamen Umgang werden Ängste minimiert und Vertrauensgrundlagen geschaffen.

Der Aufnahmeprozess bedarf der Zeit, der Orientierung und des sich mit Menschen und Umständen vertraut Machens. Widerstände und emotionale Überladungen sollten, wenn nötig, stellvertretend verbalisiert werden, um Beruhigung zu bewirken. Um ein Gefühl von Sicherheit zu schaffen, ist es wichtig, die am Prozess Beteiligten über ihre Möglichkeiten der Partizipation sowie über aktuelle Verläufe zu informieren.

Abläufe von Aufnahmeprozessen sind stets unterschiedlich. Da Menschen sich vor der Aufnahmesituation meist in schwierigen Lebenslagen befinden, sind diese immer von Emotionen begleitet. Die am Hilfeverlauf beteiligten Personengruppen bringen unterschiedliche Mischungen von Wünschen, Hoffnungen und Widerständen in den Prozess ein. Verlaufsvorschläge für

3 Partizipation im Schlüsselprozess der „Aufnahme"

den Schlüsselprozess Aufnahme sollten in der Einrichtung erarbeitet werden, in der sie durchgeführt werden, denn der Aufnahmeprozess lebt mit den Menschen, die ihn durchführen.

Ein strukturierter Aufnahmeprozess, der Mitarbeitende der unterschiedlichen Hierarchieebenen und die jungen Menschen in der Einrichtung einbezieht, sollte zwischen diesen Gruppen ausgehandelt werden. Das Ergebnis dieser Aushandlung wird in den verschiedenen Einrichtungen unterschiedlich aussehen. Zweifelsohne kann ein Aufnahmeprozess jedoch nicht starr sein, sondern muss ein flexibles Konstrukt sein, welches sich, ohne an Struktur und Ideologie zu verlieren, an die Bedürfnisse des Aufzunehmenden anpassen kann.

Schon durch das Überdenken der Beteiligungsmöglichkeiten der am Prozess Beteiligten finden sich viele Hinweise auf Optimierungsbedarf der eigenen Prozessabläufe. Wichtige Hinweise kommen oft von den jungen Menschen selbst. Sie sind die Spezialisten_innen in eigener Sache, fühlten sich teilweise zu Beginn in einer neuen Einrichtung verloren, traurig oder wütend und konnten sich aus unterschiedlichen Gründen zu Beginn mit ihren Gefühlen nicht an die Menschen in der Einrichtung wenden. Dies wird in der schon erwähnten Untersuchung von Nowacki und Remiorz (Kapitel „Aufnahmeprozess aus Sicht von Kindern und Jugendlichen") deutlich.

Durch Informationen über Beteiligungsrechte, Motivation, diese Rechte einzufordern, durch Begleitung und durch einen strukturierten Aufnahmeprozess können Hilfen zur Erziehung für die jungen Menschen einen besseren Start und bessere Aussichten auf Erfolg erzielen.

Literatur

Blandow, J., Gintzel, U. & Hansbauer, P. (1999). Partizipation als Qualitätsmerkmal in der Heimerziehung. Münster

Boskamp, P. & Knapp, R. (Hg.). (1999). Führung und Leitung in sozialen Organisationen. Handlungsorientierte Ansätze für neue Managementkompetenz. Neuwied

Bundesministerium für Familien, Senioren, Frauen und Jugend (Hg.). (2002). Elfter Jugendbericht: Bericht über die Lebenssituation von Kindern und die Leistungen der Kinderhilfe in Deutschland. Berlin

Dux, G. (2005). Historisch-genetische Theorie der Kultur. Instabile Welten. Zur prozessualen Logik im kulturellen Wandel. Weilerswist

Gehres, W. (1997). Das zweite Zuhause: Institutionelle Einflüsse, Lebensgeschichte und Persönlichkeitsentwicklung von dreißig ehemaligen Heimkindern. Berlin

Goffman, E. (1973). Asyle – Über die soziale Situation psychiatrischer Patienten und anderer Insassen. Berlin

Hartwig, L., Kugler, C. & Schone, R. (2009). Praxis- und Forschungsprojekt: Pädagogische Prozesse in Regelgruppen der stationären Heimerziehung – Entwicklungen und Perspektiven. Münster

Kölch, M. & Schmidt, M., (2008). Elterliche Belastung und Einstellungen zur Jugendhilfe bei psychisch kranken Eltern: Auswirkungen auf die Inanspruchnahme von Hilfen. In: Praxis der Kinderpsychologie und Kinderpsychiatrie 57, 774–788

Konopka, G. (1963). Die Geschichte der Gruppenpädagogik. In: W. Müller (1972). Gruppenpädagogik. Auswahl aus Schriften und Dokumenten (S. 73–86). Weinheim

Kriener M. & Petersen, K., (Hg.). (1999). Beteiligung in der Jugendhilfepraxis, Sozialpädagogische Strategien zur Partizipation in Erziehungshilfen und bei Vormundschaften. Münster

Lambers, H. (2013). Theorien sozialer Arbeit. Opladen

Lenz, A. (2001). Partizipation von Kindern in Beratung und Therapie – Entwicklungen, Befunde und Handlungsperspektiven. Weinheim

Lindner, M. (2001). Adventure in the Classroom. In: P. Becker & J. Schirp (Hg.). Jugendhilfe und Schule – Zwei Handlungsrationalitäten auf dem Weg zu einer (S. 115–123) Münster

Oerter, R. (1997). Psychologische Aspekte: Können Jugendliche politisch mitentscheiden? In: C. Palentien & K. Hurrelmann (Hg.). Jugend und Politik, ein Handbuch für Forschung, Lehre und Praxis (S. 32—46). Neuwied

Pfaffenberger, H. (1993). Partizipation. In: Deutscher Verein für öffentliche und private Fürsorge (Hg.). Fachlexikon der Sozialen Arbeit. Frankfurt a. M.

Pluto, L. (2007): Partizipation in den Hilfen zur Erziehung. Eine empirische Studie. München

Pluto, L. (2010). Partizipation in der Kinder- und Jugendhilfe. Empirische Befunde zu einem umfassenden Anspruch. In: T. Betz, W. Gaiser & L. Pluto. Partizipation von Kindern und Jugendlichen, Forschungsergebnisse, Bewertungen, Handlungsmöglichkeiten (S. 195–211). Bonn

4 Evaluationsstudie: Ergebnisse zum Aufnahmeprozess aus Sicht von Kindern und Jugendlichen in der stationären Jugendhilfe

Katja Nowacki, Silke Remiorz

Einleitung

Die Einbeziehung der Sichtweise von Kindern und Jugendlichen, die in eine Gruppe der stationären Jugendhilfe aufgenommen werden, ist essenziell für den Prozess der Qualitätsentwicklung in der jeweiligen stationären Einrichtung. Ihre Empfindungen und Erlebnisse in der Phase des Übergangs in eine neue Lebenssituation sollten zur Überprüfung dieses Schlüsselprozesses in Einrichtungen der Kinder- und Jugendhilfe vorrangig hinzugezogen werden. Dies entspricht auch dem Partizipationsgedanken nach § 45 Abs. 2 Satz 3 Sozialgesetzbuch (SGB) VIII, der die angemessene Beteiligung von Kindern und Jugendlichen als Grundlage für die Erlaubnis zum Betrieb einer Einrichtung explizit vorsieht (Sturzenhecker, 2012). Partizipation ist ein wichtiger Bestandteil einer lebensweltorientierten Kinder- und Jugendhilfe. Die Deutungsmuster und Ansichten der Kinder und Jugendlichen sollten unbedingt in Konzeptentwicklungen und in die Praxis, auch der stationären Kinder- und Jugendhilfe, aufgenommen werden (Bundesministerium für Familie, Senioren, Frauen und Jugend [BMFSFJ], 2002). Diese Einflussnahme der Kinder und Jugendlichen, auch auf Prozesse im Rahmen der Unterbringung, erhöht ihre persönlichen Ressourcen wie die Selbstwirksamkeitserwartung und ist somit ein wichtiger Faktor für ihre gesunde Entwicklung (BMFSFJ, 2009).

4 Ergebnisse aus Sicht von Kindern und Jugendlichen

Neben der direkten Befragung und Beteiligung von Kindern und Jugendlichen an der Entwicklung von Richtlinien für den Aufnahmeprozess sollten grundsätzlich verschiedene Bedürfnisse eines Kindes/Jugendlichen beachtet werden. In Anlehnung an die Faktoren zur Erfüllung kindlicher Bedürfnisse, aufgestellt vom Deutschen Jugendinstitut (Deutsches Jugendinstitut, 2006) im Rahmen der Richtlinien zum Umgang mit Kindeswohlgefährdung, werden im Weiteren die Bedürfnisse eines Kindes beziehungsweise Jugendlichen insbesondere für den Prozess der Aufnahme in eine stationäre Wohngruppe formuliert (Abb. 2).

Abb. 2: Darstellung der Bedürfnisse von Kindern, insbesondere bei der Aufnahme in eine stationäre Einrichtung der Hilfen zur Erziehung

Hierbei spielen vier ineinandergreifende Bereiche eine wesentliche Rolle: „Versorgung und Sicherheit", „Bindung und Beziehung", „Individualität und Persönlichkeit" und als letzter Bereich „Erziehung und Förderung". Der Aspekt „Versorgung und Sicherheit" spielt für Kinder und Jugendliche zu Beginn einer Aufnahme in eine Heimeinrichtung häufig eine vorrangige Rolle, insbesondere wenn es sich um Schutzmaßnahmen im Rahmen einer Inobhutnahme nach § 42 SGB VIII handelt. Hierzu zählen in erster Linie der Schutz vor Gefahren, eine angemessene Unterbringung mit individueller Zimmergestaltung und das Zurverfügungstellen von Essen und Kleidung. Eine Berücksichtigung der persönlichen Besitztümer (ggf. Möbel, Spielzeug, Kleidung) sowie des Lieblingsessens erleichtert den Prozess des Ankommens in der neuen Lebensumgebung. Darüber hinaus wird das Kind oder der Jugendliche damit in seiner Persönlichkeit und Individualität ernst genommen und gefördert. Diese Aspekte werden im nächsten Bereich explizit berücksichtigt.

Hier geht es darum, das Kind beziehungsweise den Jugendlichen in seiner Persönlichkeit zu achten, hinsichtlich seiner ethnischen- und Schichtzugehörigkeit, seiner Identität hinsichtlich des Geschlechts sowie seiner sexuellen Orientierung und möglicher körperlicher Einschränkungen (Winker & Degele, 2010). Eventuellen Diskriminierungen durch andere Kinder und Jugendliche in der Heimeinrichtung sollte u.a. durch gezieltes Wissen und geschultes Verhalten der Mitarbeiter_innen vorgebeugt werden. Zur Wahrung der „Persönlichkeit und Identität" gehört auch eine transparente Haltung gegenüber dem Kind beziehungsweise dem Jugendlichen hinsichtlich seiner Zukunftsplanung und einer vorrangigen Berücksichtigung seiner Vorstellungen und Wünsche als wichtiges Element partizipativer Jugendhilfe (siehe dazu auch das Kapitel „Partizipation"). Ein ganz zentraler Aspekt in der Arbeit mit den Kindern und Jugendlichen, bereits im Prozess der Aufnahme, sind die „Bindungen und Beziehungen". Zum einen sind hier die bestehenden sozialen Bezüge gemeint, aus denen das Kind/der Jugendliche in die Einrichtung kommt. Eine Beteiligung von Eltern, Geschwistern, weiteren Verwandten und Freunden sollte bei der Aufnahme ermöglicht werden, um dem Kind/Jugendlichen die Eingewöhnung zu erleichtern. Ferner sind Eltern in der Regel nach § 27 ff. SGB VIII die offiziellen Antragssteller_innen und die Maßnahme der Hilfen zur Erziehung hat unter anderem das Ziel, nach Möglichkeit das minderjährige Kind wieder in den familiären Haushalt zurückzuführen (§ 34 SGB VIII). Deshalb ist die Arbeit mit den Eltern eine wichtige Komponente (siehe dazu auch das Kapitel „Handlungsempfehlungen"). Darüber hinaus gibt es die neuen Beziehungsangebote durch Mitarbeiter_innen sowie andere Bewohner_innen, aber auch neue Kontakte im Sozialraum. Eine Förderung der Kinder und Jugendlichen, ohne eine Beziehung zu ihnen aufzubauen, ist in den meisten Fällen kaum möglich. Aus der Bindungsforschung ist bekannt, dass insbesondere Kinder auf feste Bezugspersonen angewiesen sind, die ihnen eine sichere Basis bieten, von der aus sie dann ihre Umwelt erkunden können (Bowlby, 1951; Ainsworth, 1963). Gerade im Bereich der Fremdunterbringungen konnte in retrospektiven Studien die Bedeutung von Bindungsangeboten festgestellt werden (Nowacki & Schölmerich, 2010; Schleiffer, 2009; Nowacki, 2007). Sichere Beziehungsangebote, wie sie in der modernen Heimerziehung zum Beispiel durch Bezugsbetreuungssysteme (Schroll, 2007) umzusetzen versucht werden, bieten die Grundlage für den Bereich der „Erziehung und Förderung". Hier sind die Einbindung in einen strukturierten Alltag mit Anregungen und Grenzen („Regeln") zu nennen und natürlich die Unterstützung einer schulischen und beruflichen Perspektive.

4 Ergebnisse aus Sicht von Kindern und Jugendlichen

Hintergrund der Untersuchung

Auf dem Hintergrund der genannten Aspekte, die bei der Aufnahme eines Kindes oder Jugendlichen in eine Gruppe der stationären Heimerziehung berücksichtigt werden sollten, beauftragten zwei Träger der Jugendhilfe aus dem Ruhrgebiet die Befragung eines Teils ihrer Bewohner_innen über ihre Erfahrungen im Aufnahmeprozess. Explizit sollten auch Veränderungsvorschläge und Anregungen abgefragt werden.

Stichprobe und Einrichtungen

Insgesamt wurden 46 Kinder und Jugendliche zu ihren Erfahrungen im Aufnahmeprozess interviewt, davon waren 33 männlichen (72 Prozent) und 13 weiblichen (18 Prozent) Geschlechts. 17 Prozent der befragten Jugendlichen (sechs Jungen und zwei Mädchen) hatten einen Migrationshintergrund. Sechs der Familien kamen ursprünglich aus der Türkei, eine aus Russland und eine aus Marokko. Die Interviewten waren im Schnitt 16 Jahre alt (Minimum zehn und Maximum 20 Jahre) und zum Zeitpunkt des Interviews knapp drei Monate (elf Wochen) in der Einrichtung (Minimum eine Woche bis Maximum drei Jahre). Vorerfahrung in Einrichtungen der stationären Jugendhilfe anderer Träger hatten 17 Jugendliche (37 Prozent). Es wurden Jugendliche aus verschiedenen Wohngruppen in neun verschiedenen Städten des Ruhrgebietes befragt. Sieben Gruppen gehören zu einem dezentral organisierten Träger der freien Jugendhilfe, der alle Formen der ambulanten und stationären Hilfen zur Erziehung nach §§ 27 ff. SGB VIII anbietet, und zwei Gruppen zu einem großen Träger der Jugendhilfe mit einem Schwerpunkt auf beruflicher Förderung. Es handelt sich um Regel- und Intensivwohngruppen mit durchschnittlich 7,6 Plätzen (Minimum fünf und Maximum zehn) und einem Betreuungsschlüssel von 2:1 bis 1:1. Die Auswahl der Kinder und Jugendlichen erfolgte durch die jeweiligen Träger selbst, die Kinder ihrer Einrichtung ab zehn Jahren ansprachen, ob sie zur Teilnahme bereit seien. Dadurch kam es zu einer Befragung von ca. 40 Prozent der Kinder und Jugendlichen der beiden Einrichtungen, die in stationäre Wohngruppen aufgenommen wurden. Ausgeschlossen waren Jugendliche, die in eigenen Wohnungen oder ambulant betreut wurden, Bewohner_innen des Familienwohnens, eine Intensivwohngruppe in einem anderen Bundesland und Kinder unter zehn Jahren, da die Art der Interviewfragen für dieses Alter nicht so geeignet erschien.

Interviewleitfaden

Für die vorliegende Untersuchung wurde ein Interviewleitfaden konstruiert und dabei auf eine Untersuchung von Günder (2011) zurückgegriffen. Der Leitfaden wurde nach Erstellung mit den Einrichtungsleitungen reflektiert und mit einer 18-jährigen Jugendlichen mit mehrjähriger Heimerfahrung besprochen und angepasst.

Der Interviewleitfaden enthält offene Fragen zu den fünf folgenden Themenbereichen:

- **Situation vor der Aufnahme:** Hierbei wird nach dem Alter der Befragten, nach Angaben zur Familiensituation und der Planung der Aufnahme (Vorgespräch, Probewohnen, Hilfeplanung) gefragt.

- **Aufnahmetag:** Wichtig sind Aspekte wie die Begleitung nahestehender Personen an dem Tag selbst, wie der Tag erlebt wurde, was zu Beginn besonders geholfen hat, wie die Begrüßung durch die Mitarbeiter_innen und die anderen Kinder und Jugendlichen war, wie die Zimmereinrichtung empfunden wurde und wann und wie die Hausregeln mitgeteilt wurden. Außerdem wurde nach Ängsten vor und während des Aufnahmeprozesses gefragt.

- **Wissen über die Dauer des Aufenthaltes:** Hierbei wird explizit abgefragt, inwieweit sich die Kinder und Jugendlichen zu Beginn ihres Aufenthaltes über den Grund und die Dauer des Aufenthaltes aufgeklärt fühlten.

- **Unterschiede zu anderen Heimeinrichtungen:** In den Fällen, in denen die Jugendlichen bereits vorher bei einem anderen Träger stationär untergebracht waren, wurden sie zu den Unterschieden zwischen der aktuellen Einrichtung und der vorherigen befragt.

- **Wünsche an die Mitarbeiter_innen und die Leitung sowie Verbesserungsvorschläge:** Hier sollten bereits in der vorliegenden Befragung Möglichkeiten der Berücksichtigung von Wünschen und Anregungen der Kinder und Jugendlichen geschaffen werden, indem diese nach speziellen Verbesserungsmöglichkeiten gefragt wurden.

Durchführung der Befragung

Die Einzelinterviews wurden mit Hilfe eines halbstandardisierten Leitfadens durch jeweils eine in Interviewführung trainierte Studentin der Sozialen Arbeit durchgeführt und dauerten im Schnitt ca. eine halbe Stunde. Zu Beginn der Interviews wurde mit den Kindern und Jugendlichen ihre freiwillige Teilnahme explizit geklärt und die Anonymität der Daten zugesichert. Die Durchführung erfolgte, je nach Wunsch der Befragten, in den Räumen der jeweiligen Einrichtung oder an der Fachhochschule Dortmund. In einem Fall bestand ein Jugendlicher auf der Anwesenheit seines Bezugsbetreuers,

4 Ergebnisse aus Sicht von Kindern und Jugendlichen

in den anderen Fällen waren die Kinder und Jugendlichen mit der jeweiligen Interviewerin alleine. Die Interviews wurden mit Hilfe eines Diktiergerätes aufgezeichnet und anschließend transkribiert und anonymisiert.

Ergebnisse

Die Ergebnisse aller Interviews werden mit Hilfe einer qualitativen Inhaltsanalyse nach Mayring (2002) ausgewertet, unter insgesamt sieben Überschriften zusammengefasst und mit prägnanten Einzelaussagen illustriert. Wenn möglich, werden auch quantifizierbare Daten zusammengetragen und diese in Verhältnis zu den Einzelaussagen gesetzt. Wichtig ist zu beachten, dass bewusst die subjektive Sichtweise der Kinder und Jugendlichen erfasst und dargestellt wird.

Prozess vor der Aufnahme

In diesem Abschnitt wird die Sicht der Kinder und Jugendlichen auf verschiedene Aspekte vor Beginn ihrer Aufnahme in die stationäre Heimerziehung geschildert. Hier geht es zum einen um ihre Situation in ihren Familien kurz vor Beginn der Aufnahme, aber auch um Aspekte wie beispielsweise ihren wahrgenommenen Einfluss auf die Art der Unterbringung oder die Informationen vorab in Form von Vorgesprächen und Probewohnen.

Situation in der Familie vor Beginn der Aufnahme

Der überwiegende Teil der Kinder und Jugendlichen (80 Prozent) berichtet von einer negativen Stimmung im Elternhaus vor Beginn der Aufnahme. Genaue Vermittlungsgründe für die stationäre Aufnahme werden in den Interviews nicht erfragt, generell gelten aber die eingeschränkte Erziehungskompetenz der Eltern und massive Gefährdungen des Kindeswohls als Hauptgründe für eine stationäre Maßnahme der Hilfe zur Erziehung (Bundesamt für Statistik, 2009).

Die folgenden zwei Beispiele machen häufige Auseinandersetzungen im Jugendalter, die später zu einer stationären Unterbringung führen können, deutlich:

„Also, mein Papa lebt nicht mehr, dann hatte meine Mama einen neuen Lebenspartner und mit dem kam ich nicht klar und dadurch habe ich mich mit meiner Mama gestritten gehabt und das ging dann irgendwann nicht mehr und dann habe ich meine sieben Sachen gepackt und bin abgehauen."

„Ich habe sieben Monate auf der Couch gelebt, ich hatte kein eigenes Zimmer, ich hab Stress mit meiner Mutter, ich kann meine Mutter nicht mehr leiden, sie hat viel Mist über mich erzählt."

Im folgenden Beispiel wird deutlich, dass sich Jugendliche häufig selber die Schuld an einem stationären Heimaufenthalt geben. So sagt ein Interviewpartner:

„Ja, weil man dann immer irgendwie wieder daran denken muss so, dann macht man sich auch Vorwürfe, warum man das alles so gemacht hat, warum man so frech war, warum man so viel Scheiße gebaut hat und so [...]"

Die Kinder und Jugendlichen kommen also häufig aus schwierigen und belastenden familiären Verhältnissen in die Einrichtung. Ein wichtiger Aspekt ist, dass sie die Ursachen für das Geschehene häufig nicht verstehen können und teilweise Schuldgefühle wegen des Geschehenen entwickeln. Es ist wichtig, dies gerade auch zu Beginn der Maßnahme im Umgang zu berücksichtigen und eine Idee von den Konstruktionen der Kinder und Jugendlichen über die Ursache und das Ziel der Unterbringung zu erhalten.

Einfluss auf die Art/Auswahl der Unterbringung

32 der insgesamt 46 Kinder und Jugendlichen (70 Prozent) hatten, unabhängig vom Alter, das Gefühl, keinen Einfluss auf die Wahl der Wohngruppe gehabt zu haben. Ein Jugendlicher machte dazu keine Angaben und nur 13 (28 Prozent) gaben an, explizit verschiedene Gruppen angeboten bekommen zu haben. Der von den Jugendlichen angegebene Hauptentscheidungsgrund für die Wahl einer Gruppe war die Nähe zur Familie und zum bisherigen Sozialraum. Dies wird durch folgende Aussagen von zwei Jugendlichen verdeutlicht:

„Ich hätte auch nach Stadt X gehen können. Das wäre dann zu weit weg gewesen von meiner Mama, das wollte ich dann auch nicht und hier in Stadt Y ist das nicht so weit weg von meiner Mama."

„Hier in Stadt Y zu sein war auf jeden Fall mein Wunsch, weil ich nicht so weit von zu Hause weg bin."

Wissen über die Dauer der Maßnahme/Partizipation

Von den befragten Kindern und Jugendlichen gaben 38 (83 Prozent) an, nicht gewusst zu haben, für wie lange der Aufenthalt in der Einrichtung geplant ist.

4 Ergebnisse aus Sicht von Kindern und Jugendlichen

„Es gab vorher ein Hilfeplangespräch. Aber da wurd´ nix Festes besprochen, da wurd´ auch nicht besprochen, dass ich hierhin komm, da wurde eher besprochen, dass ich in so ein Internat ziehen soll, aber das ging dann nicht, deshalb sollte ich dann hierhin, aber gab es keinen festen Termin."

„Ne, das (die Dauer des Aufenthaltes, Anm. der Autorin) konnte mir keiner sagen. Es wurd´ mir gesagt, dass ich nächsten Monat ein Gespräch hab´, und da wird besprochen, ob ich von der Einrichtung weg kann und ´ne eigene Wohnung bekomme."

15 Prozent (7 Jugendliche) sagten, dass ihnen die geplante Aufenthaltsdauer zu Beginn klar gewesen sei. Ein Jugendlicher äußerte sich zu dem Punkt nicht.

Im Folgenden werden drei Interviewausschnitte von Jugendlichen wiedergegeben, die ein Gefühl der Hilflosigkeit im Aufnahmeprozess beschreiben:

„Weil, ich war in der Tagesgruppe und da haben die gesehen, dass ich mich nicht gut gefühlt hab, weil ich öfters über Kinderheime geredet habe. Ja und dann wurd´ ich da (von zu Hause, Anm. der Autorin) weggerissen."

Obwohl hier Mitarbeiter_innen offensichtlich gut den Zustand eines Jugendlichen in einer teilstationären Maßnahme beobachteten, fühlte er sich an dem nachfolgenden Prozess der stationären Unterbringung offensichtlich nicht genügend beteiligt.

Auch im nächsten Beispiel wird ein Gefühl der Hilflosigkeit beschrieben.

„Ja, ganz komisch. Ich hab gedacht, wohin fährt der mich, und ich wusste gar nicht, wo wir waren und so."

In diesem Fall ging es um eine Inobhutnahme (§ 42 SGB VIII) eines Jugendlichen, der in einer akuten Gefährdungssituationen in eine geschützte Umgebung gebracht werden sollte. Aber auch in diesem Fall ist eine Beteiligung beziehungsweise Aufklärung der Betroffenen so weit wie möglich notwendig. Hier ist besonders auf das jeweils subjektiv unterschiedliche Bedürfnis und Verständnis der Situation zu achten. Kinder und Jugendliche müssen und wollen in unterschiedlichem Ausmaß miteinbezogen werden und sollten auf keinen Fall gegen ihren Willen ohne nähere Erläuterung einer Gruppe zugeteilt werden, wie das nachfolgende Beispiel zeigt.

„Wie gesagt, ich bin morgens in der anderen Gruppe aufgestanden, und dann wurde mir gesagt, ist jetzt frei (in der neuen Gruppe, Anm. der Autorin), ob ich da hingehen möchte. Ich hatte ‚Nein' gesagt. Ja, dann sagten

die, o.k. und 'ne halbe Stunde später haben die gesagt, die haben jetzt 'ne Gruppe gefunden [...] Die haben aber trotzdem noch dieselbe Gruppe gemeint, obwohl ich ‚Nein' gesagt hatte. Und dann musste ich trotzdem [...] Ich musste dann warten bis zum ersten Hilfeplangespräch. Das kam auch eineinhalb Monate später. Ja und dann wurd' das halt abgesprochen, dass ich nicht mehr zurück nach Hause gehen werde."

In allen drei Beispielen wird deutlich, wie wichtig die Partizipation der betroffenen Kinder und Jugendlichen am Prozess der Unterbringung ist, um kein Gefühl der Willkürlichkeit zu erzeugen, gerade zur Förderung der Persönlichkeit und dem Ernstnehmen individueller Bedürfnisse. Aus der psychologischen Forschung ist bekannt, dass das Erleben von Selbstwirksamkeit eine wichtige Komponente für eine stabile psychische Entwicklung ist (Schwarzer & Jerusalem, 2002). Auch wenn teilweise Entscheidungen zum Wohl des Kindes von Fachleuten getroffen werden und bestimmte Prozesse (zum Beispiel Gerichtsprozesse) unabsehbare Zeiträume einnehmen, so ist dies aber mit den Kindern, Jugendlichen und ihren Familien zu besprechen und transparent zu machen und die nächsten Verabredungen und Zeiträume sollten klar definiert werden. Hier sind die Kinder und Jugendlichen auch über ihre Rechte der Beteiligung aufzuklären (Beyer, 2009).

Vorgespräch, Probewohnen, Geschwindigkeit der Aufnahme

27 Jugendliche (59 Prozent) berichten von einem Vorgespräch in der Einrichtung, bevor es zu der Aufnahme gekommen sei. Nur in vier Fällen gibt es, nach Auskunft der Befragten, ein explizites Probewohnen für die Jugendlichen.

Zum Teil berichteten Jugendliche, dass der Aufnahmeprozess aus ihrer Sicht sehr schnell gegangen sei.

„Also, die Betreuerin vom Jugendamt, die hat das erzählt, dann hat sie das auch direkt in die Wege geleitet und dann ging das so von jetzt auf gleich, also, war doch ziemlich schnell."

„Ja, hat mir ziemlich wehgetan, weil ich kenn das ja nur bei meiner Mutter. Weil ich immer bei der war [...]. Ja und das ging ja alles so schnell, da kam man ja gar nicht mehr mit."

Ein längerer Vorlauf vor einer Aufnahme ist in der Praxis nicht immer realistisch und umsetzbar. Gerade in Fällen akuter Kindeswohlgefährdung muss im Rahmen von Inobhutnahmen (nach § 42 SGB VIII) zum Beispiel eine zeitnahe Unterbringung erfolgen. In den Fällen einer geplanten Aufnahme

4 Ergebnisse aus Sicht von Kindern und Jugendlichen

ist eine Beteiligung der Kinder und Jugendlichen und ihrer nahen Angehörigen ein wichtiger Schritt zum Aufbau einer Arbeitsbeziehung, aufgrund derer die Förderung der Kinder und Jugendlichen und möglicherweise auch der Erziehungskompetenz der Eltern stattfinden kann. Dieser partizipative Prozess macht die Kinder, Jugendlichen und ihre Familien zu handelnden Akteur_innen.

Aufnahmetag

Was war schwierig?

Die Antworten der Kinder und Jugendlichen auf diese offene Frage im Interview ergibt verschiedene Antwortgruppen, die im Folgenden dargestellt werden.

Einige Kinder und Jugendliche sprechen offen über ihre Traurigkeit zu Beginn der Aufnahme, insbesondere durch den Verlust des Kontaktes zu ihren Familien. Darüber hinaus wird in vielen Beiträgen ungefragt das Thema „Essen" angesprochen. In der Situation der Herausnahme aus einer bekannten Umgebung werden Emotionen wie Angst und Trauer aktiviert, wodurch andere grundlegende Bedürfnisse stärker wahrgenommen und behalten werden.

> *„Ich hab als Erstes geweint und dann bin ich früh ins Bett gegangen und ich hab mich da nochmal richtig ausgepowert mit Weinen. Ich weiß noch, zu Essen gab´s Hühnerfrikassee."*

> *„Schrecklich, weil ich weiß nicht […], es war einfach komisch, jetzt zu wissen, dass man nicht mehr zu Hause ist […], dass man nicht mehr so die Mama bei sich hat. Vor allem, ich hatte sogar noch zwei Wochen Kontaktsperre zu meiner Familie, damit ich mich daran gewöhne. Also ich fand den ersten Tag, ging gar nicht, also ich fand das echt schlimm. Ich weiß noch, was es zu essen gab, es gab irgendwas mit Kartoffeln, Fischstäbchen […] "*

Im Weiteren wird deutlich, dass gerade zu Beginn einer Maßnahme die Kinder und Jugendlichen stark verunsichert sein können, wie sie sich im Umgang mit den Betreuer_innen verhalten sollen.

> *„Ja, also der erste Tag, der war also ganz komisch […] Ich kannte da keinen […] Und das erste Mal haben wir so eine Soße gegessen, so voll, also ich habe das nicht gemocht und dann saßen wir alle da am Tisch, das weiß ich*

noch genau, und dann hat der Betreuer gesagt, dass ich das alles aufessen muss, obwohl der nur Spaß gemacht hat. Und ich wollte das auch wirklich erst essen [...] "

„Ich war halt so gesehen der Außenseiter damals hier. Ich wollte nichts essen da. Mir ging es nicht so gut. Ich hatte halt Bauchschmerzen und essen war halt nicht. Ich konnte halt nicht. Ja und das haben die einfach nicht verstanden und deswegen kamen immer wieder blöde Kommentare von den Betreuern."

Wichtig ist es also für den Aufnahmeprozess zu bedenken, dass die Kinder und Jugendlichen verunsichert sind und die Art des Miteinanders erst einmal kennenlernen müssen. Darüber hinaus sollte das Essen aus dem Bereich der „Versorgung" als Ritual stärker genutzt werden und zum Beispiel vor der Aufnahme das Lieblingsessen des Kindes oder Jugendlichen erfragt werden. Dies zeigt eine Wertschätzung der Persönlichkeit und ermöglicht die Erleichterung der Emotionsregulierung für die Kinder und Jugendlichen durch etwas Vertrautes. Dies gilt natürlich auch für persönliche Gegenstände und die Einbeziehung von nahestehenden Personen.

Darüber hinaus erwähnen einige Jugendliche, dass sie es sich gewünscht hätten, wenn von Beginn an die anderen Jugendlichen sowie die Betreuer_innen auf sie zugekommen wären und eine feste Ansprechperson für sie da gewesen wäre.

„[...] weil mein Bezugsbetreuer war nicht da. Find ich halt ein bisschen doof. Weil ich find' schon, wenn ein Bezugsbetreuer für einen da ist, dann sollte er auch wenigstens bei der Aufnahme dabei sein, das würd' ich schon wichtig finden."

„[...] und dann bin ich in ein Zimmer gekommen, was noch gar nicht eingerichtet war, und ich hatte dann auch meine Sachen nicht ausgepackt. [...] Ja und ich hab auch erst mit keinem geredet und hab mich einfach nur ins Bett gelegt und hab eben Musik gehört und geweint und wollt halt nur da weg, ja, und dann bin ich halt irgendwann eingeschlafen."

„[...] gefehlt hat mir, also richtig aufgenommen zu werden. Dass die mir mehr über die Gruppe und so erzählen. Und nicht sagen, du musst in dein Zimmer und mach, was du willst. Das find ich nicht richtig aufgenommen zu werden. Erst mal nur ‚Hallo'. Ich wurd' vorgestellt und mehr war da nicht."

Zu Beginn ist es besonders wichtig, den Jugendlichen Gesprächsangebote zu machen, sie nicht alleine zu lassen, ihnen Vertrautes zur Verfügung zu stellen und direkt eine ansprechende Umgebung zu schaffen.

Was war hilfreich?

Die Kinder und Jugendlichen erwähnten darüber hinaus viele Aspekte, die ihnen die Aufnahme und Eingewöhnung in die Gruppe erleichtert hätten.

Wie bereits den Negativantworten im vorangegangenen Unterkapitel zu entnehmen ist, wurden insbesondere die Einbeziehung von vertrauten Personen und die angebotene Hilfe der Betreuer_innen als wichtiger Aspekt erwähnt. Darüber hinaus war auch die Mitgestaltung des Zimmers ein wichtiger Punkt aus Sicht der Jugendlichen.

> „[...] eigentlich war´s ganz chillig am ersten Tag. Also ich bin eingezogen, da war noch ´ne Freundin mit dabei und dann haben wir erst mal das Zimmer komplett umgestellt und dann hab ich Geld bekommen und dann bin ich einkaufen gegangen. Hilfreich am Anfang war, dass die, also wenn ich Hilfe, also wenn die gemerkt haben, dass ich Hilfe brauche, dann haben die gesagt, das, das und das kannst du so machen oder, wenn du Hilfe brauchst, sag Bescheid. Und das war halt das, was ich von meiner Mutter nicht gekriegt hab, also Unterstützung."

Als besonders unterstützendes Verhalten der Betreuer_innen wurden von den Jugendlichen folgende Beispiele genannt:

> „Am Anfang haben die mich sehr nett empfangen. Die sind alle auf mich zugekommen, die Betreuer und die Köchin."

> „Zu Beginn gab´s Grünkohl. Mit der Köchin, also mit der habe ich mich auch sofort super verstanden. Weil ich war halt sehr mit den Nerven am Ende, ich hab sehr geweint an diesem Tag und die hat mich dann halt getröstet und gesagt: ‚Kopf hoch, das ist nicht so schlimm hier.‘"

> „Also, ich glaub schon das mit dem Gruppenabend. Dass ich schon so da mitbekommen habe, was man da so bespricht und was die Anliegen der anderen sind und so. So hab ich auch die anderen ein bisschen kennengelernt."

> „Allgemein so die Betreuer. Die sind selbstbewusst, versuchen auf einen zuzukommen, versuchen einem zu helfen. In allen möglichen Situationen. Das find ich halt sehr unterstützend."

Es ist wichtig für Betreuer_innen in den Heimeinrichtungen zu beachten, dass die neu aufgenommenen Kinder und Jugendlichen zu Beginn explizite Ansprache benötigen und direkt Wege gefunden werden, sie in den Gruppenalltag zu integrieren. Dabei muss natürlich die individuelle Geschwindigkeit der Jugendlichen berücksichtigt werden.

Bei den Aufnahmeritualen, die von den Teams der Einrichtungen beschrieben werden (siehe dazu auch das Kapitel „Aufnahmeprozess aus Sicht der Mitarbeiter_innen"), werden auch Willkommensgeschenke erwähnt. Dies wurde von einem Jugendlichen als positiv für den Beginn der Aufnahme geschildert:

> *„Ja also, als ich in mein Zimmer reinkam, lag da erst mal Schokolade rum, so für mich auf dem Bett. Also das fand ich schon sehr nett."*

Insbesondere das Verhalten der anderen Jugendlichen wurde als wichtiger, hilfreicher Faktor für den Beginn der stationären Unterbringung gesehen. Hier empfanden es die Jugendlichen als sehr unterstützend, wenn die anderen Bewohner_innen direkt auf sie zukamen und sie in Aktivitäten mit einbezogen. Darüber hinaus berichten sie auch von empathischem Verhalten, besonders wenn sie zu Beginn traurig und verunsichert gewesen seien.

> *„Ja, also Leonie (Name geändert, Anm. der Autorin), die wohnt da auch schon etwas länger [...], ich saß halt auf meinem Bett und hab halt geweint, weil ich auch traurig war, und dann kam die zu mir und hat auch gesagt, dass es gar nicht so schlimm hier ist, dass es zwar auch ein paar Situationen gibt, wo man sich wirklich wünscht, wieder zu Hause zu sein oder einfach weg von der Wohngruppe, aber da hat sie gesagt, im Großen und Ganzen ist es gar nicht so schlimm, und das ist jetzt auch ehrlich so [...]"*

> *„Der erste Tag war, der war richtig gut. Ich hab direkt bei, ich hab mich direkt da mit allen angefreundet und dann hab ich direkt da bei welchen auf dem Zimmer geschlafen. Direkt am ersten Tag."*

> *„Die Jugendlichen sind alle auf mich zugekommen, haben sich halt vorgestellt und haben halt geredet, weswegen man hier ist und so. Die haben auch noch nachgeguckt, also haben auch geguckt, wie es mir geht und so."*

> *„Hab mich erst total komisch gefühlt, weil alles neu war. Am nächsten Tag war direkt schönes Wetter, und wir sind direkt schwimmen gegangen. Ich kam von der Schule und da haben die (Jugendlichen, Anm. der Autorin) mich direkt gefragt, ob ich mitkommen möchte. Also das war schon gut."*

4 Ergebnisse aus Sicht von Kindern und Jugendlichen

Das Erklären und Zeigen der Gruppe und des Stadtteils durch die anderen Jugendlichen wurde ebenfalls als sehr hilfreich erwähnt.

„Ja also die Begrüßung fand ich schon nett, die haben mir schon am ersten Tag, als ich da war, hab ich gefragt, ob mir eine aus der Gruppe vielleicht ein bisschen den Stadtteil zeigen könnte, das hat auch noch wirklich jemand gemacht. Ich fand das auch wirklich sehr nett, dadurch war ich ja nicht so verloren [...]"

„Ja, dass die, dass ich, ja von manchen, von vielen Jugendlichen Unterstützung bekommen habe. So mit Zeigen und so. Und nett aufgenommen wurde."

Diese zum Teil eher zufälligen Unterstützungsangebote der anderen Jugendlichen in einer Wohngruppe könnten noch stärker, zum Beispiel durch ein Peer-Mentoring (siehe dazu auch das Kapitel „Handlungsempfehlungen"), gefördert werden.

Beurteilung der Zimmereinrichtung

20 der befragten Jugendlichen (43 Prozent) beurteilten insbesondere die Gestaltung ihrer Zimmer als „schön", 18 (39 Prozent) als „hässlich" und 8 (18 Prozent) als „neutral". Besonders wichtig war es den Jugendlichen, einen eigenen Gestaltungsspielraum zu haben.

„Also, ich durfte Wünsche äußern, wie ich mein Zimmer haben möchte."

„Gut, das Zimmer war schon fertig, aber wir dürfen das dann immer umstellen."

Einige Jugendliche erwähnten auch als besonders positiv, dass sie die Möglichkeit hatten, eigene Möbel mitzubringen.

Eine für ihn als besonders schwierig erlebte Situation beschreibt ein Jugendlicher, der zu Beginn in ein unfertiges Zimmer kam:

„Ich hab da die ersten zwei Tage mit einer Matratze auf dem Boden schlafen müssen. Das war echt schlimm [...]"

Hier wird deutlich, dass eine angemessene Umgebung für das Ankommen des Kindes/Jugendlichen ein besonders wichtiger Aspekt ist.

Vermittlung von Regeln

Regeln für das Zusammenleben und das gewünschte Verhalten der Kinder und Jugendlichen sind ein zentraler Aspekt in Wohngruppen. Aufgrund der verschiedenen Bedürfnisse der einzelnen Bewohner_innen und des pädagogischen Auftrags der Einrichtung ist dies grundsätzlich ein wichtiges Thema. Allerdings muss ebenfalls beachtet werden, dass es gerade vielen Jugendlichen, die in eine stationäre Wohngruppe aufgenommen werden, schwerfällt, Regeln im Zusammenleben einzuhalten, beziehungsweise sie klare Richtlinien aus ihrem Elternhaus nicht kennen. So berichten drei Jugendliche:

> „Ach ja, erst mal, ja, weil ich mich nicht so gut an Regeln halten kann, hab ich gesagt ‚Scheiße, fliegst hier wieder raus, schaffst du nicht‘.“

> „Ja, manche Regeln waren schon was komisch, weil ich die von zu Hause nicht kannte.“

> „Am Tag der Aufnahme hab ich ein Blatt bekommen und das hab ich mir dann durchgelesen. Das war komisch, weil ich hatte zu Hause früher zwar Regeln, aber nicht so krasse [...].“

Zur Art der Vermittlung von Regeln berichten einige Jugendliche, dass sie diese vor allem von den Betreuer_innen, aber auch teilweise im Zusammenleben in der Gruppe mitbekommen haben.

> „Ein paar hab ich im HPG (Hilfeplangespräch, Anm. der Autorin) und von Zeit zu Zeit die anderen. Wir haben ein Gruppengespräch und da wurde mir das alles nochmal erklärt.“

> „Also, die haben nur gesagt, dass man Hausschuhe tragen muss und es gibt natürlich Regeln wie ‚kein Alkohol‘, ‚keine Drogen‘ und so was. Bei so einer Besprechung haben wir die Regeln mitbekommen.“

> „Ja, das war direkt am ersten Abend, das war, glaub ich, das Erste, nachdem ich hier ankam und mein Zimmer bezogen hatte, musste ich mit dem Betreuer in das Büro, hab da so einen vierseitigen Zettel gekriegt, so einen Bogen mit den Hausordnungen und so, die ich dann auch unterschreiben musste, und das war erst mal so richtig erschreckend, so von zu Hause kannte man keine Regeln und hier kriegt man direkt alle Regeln, war schon hart am Anfang.“

4 Ergebnisse aus Sicht von Kindern und Jugendlichen

Auch in anderen Interviews wird deutlich, dass die Regeln in schriftlicher Form vermittelt wurden. Dies wird überwiegend eher als schwierig beschrieben:

„Ja, direkt am ersten Tag wurde so Stapel Regeln [...] Ich musste die alleine durchlesen. Ich hab die nie gelesen, die Regeln."

„Mir haben die einfach so einen Zettel in die Hand gedrückt."

„Ja, also die geben uns bei Aufnahmen, also den Jugendlichen halt, so einen Stapel Blätter. Da steht alles drauf. Das soll man sich durchlesen. Ja und dann, sagen die, weiß man Bescheid."

„Ja, die hab ich mir, das nicht gelesen, ich hab mir einfach nur gemerkt, was sie halt gesagt haben und so."

„Hmm, vielleicht so die ganzen, so ein paar kleinere Regeln mit Küchendienst und alles so was. Das wurde nicht so richtig erklärt. Da musste ich selbst dahintersteigen. Das war auch so beschriftet da, aber das war auch so alles durcheinander so ein bisschen."

„In einer anderen Einrichtung (in der der Jugendliche vorher war, Anm. der Autorin) gab es direkt am ersten Tag ein richtiges Aufnahmegespräch. Es wurd´ alles erklärt, man wurd´ durchs Haus geführt [...] Das fand ich gut."

Hier wird die Verunsicherung der Kinder und Jugendlichen sehr deutlich. Gerade die schriftliche Form lässt weniger Möglichkeiten für Rückfragen und Erklärungen, die die Mitwirkungsbereitschaft der Kinder und Jugendlichen erhöhen kann. Hier ist es wichtig, die Aspekte des Vertrauens- und Beziehungsaufbaus in Verbindung und nicht unabhängig von der Regelvermittlung zu sehen. Es gelingt dadurch besser, den Sinn und die Notwendigkeit von Regelungen des Umgangs zu erläutern und hier Jugendlichen auch Raum für Fragen zu lassen.

Wichtig ist auch die Art, wie die Regeln um- und durchgesetzt werden:

„Die habe ich gar nicht mitgeteilt bekommen, die waren immer wieder geändert worden und die Erzieher halten die auch selber nicht ein. Das ist nicht so toll."

*„[...] Ja, also die Regeln, die ich mir durchgelesen habe, die fand ich eigent-
lich in Ordnung. Also unsinnig waren aber ein paar andere Regeln, fand
ich. Zum Beispiel da war mal so eine Regel, da musste man, wenn man sein
Zimmer nicht sauber gemacht hat, am Morgen, wenn man also vor der
Schule, dann hat man ein Siebtel vom Taschengeld abgezogen gekriegt."*

Im Sinne der Partizipation und Erziehung zu mündigen Bürger_innen und
Bürgern hat auch der Kinderschutzbund in seinem Programm für Eltern
„Starke Eltern – Starke Kinder" (Tschöpe-Scheffler, 2005) die Einsichtigkeit
in und das Verhandeln von Regeln als wichtigen Prozess der Erziehung
beschrieben. Natürlich müssen hier die intellektuellen Möglichkeiten der
Kinder und Jugendlichen beachtet werden und auch eine Überforderungs-
situation vermieden werden. Es kommt hier stark auf die grundsätzliche Haltung der Mitarbeiter_innen an. Eine empathische und authentische Haltung
sind wichtige Voraussetzungen. Darüber hinaus müssen die Möglichkeiten
und Grenzen des einzelnen Kindes/Jugendlichen in der jeweiligen Situation
berücksichtigt werden.

Sorgen und Ängste

Gut zwei Drittel der Jugendlichen (70 Prozent) äußerten explizite Sorgen und
Ängste im Aufnahmeprozess. Insbesondere die Angst vor einem Außensei-
ter_innenstatus in der Gruppe wurde sehr häufig genannt.

*„Angst, dass ich nicht so gut aufgenommen werde und dass ich hier den
Stress haben würde und so was."*

*„Ja [...] Und da waren trotzdem so Ängste wie: Wie sind die Leute da, wie
sieht es da aus, ist das da schlimm und so war [...]"*

*„Ja, ich hatte Angst, dass die Gruppe mich nicht aufnimmt, dass ich sozu-
sagen ein Außenseiter werde [...]"*

*„Ich hatte Angst, dass ich mich mit niemandem da richtig verstehen werde,
auch mit niemandem so klarkomme."*

*„Ja, schon irgendwie, weil, keine Ahnung, der Neue halt, man weiß halt
nicht, wie man bei den anderen Jugendlichen ankommt, ob man sich mit
denen versteht von vornherein oder nicht."*

„Ich hatte halt die Angst, dass ich nicht akzeptiert werde."

4 Ergebnisse aus Sicht von Kindern und Jugendlichen

> *„Ja, ich bin so ein ruhiger Typ und dann fällt es mir ein bisschen schwer, Kontakt aufzunehmen so. Wenn ich zum Beispiel in den Küchenraum da gehen wollte und ganz viele überall Stimmen gehört habe, hab ich kehrtgemacht. Das war schon ein bisschen einschüchternd so. Da hab ich mir also so eine ruhige Person gesucht, die so alleine war oder zu zweit oder so was. Saßen zu dritt, so ein bisschen uns unterhalten haben. Hier so zehn Leute auf einen Haufen, wenn man neu ist, ist das ein bisschen viel."*

> *„Also, ich hab mir schon gedacht: Was kommt jetzt? So dachte, schon, so ich dachte so, ja vielleicht, wenn sie keine (Menschen mit Nationalität) zum Beispiel mögen, oder so. Ich hab schon so welche Vorstellungen gehabt so."*

Darüber hinaus wurde auch mehrfach der Aspekt genannt, Angst zu haben, die Familie nicht mehr wiederzusehen beziehungsweise unter Heimweh zu leiden.

> *„Ängste, ja wegen Schule und so, weil [...] ich hatte Angst, wenn ich hier meine ganzen Kollegen verliere und meine Freundin auch [...] und ich hatte auch Schiss, dass ich meine Eltern nicht mehr wiedersehe und so und meine Geschwister auch nicht."*

> *„Erst mal hat man ja natürlich Heimweh und so, aber ich hab das ja alles freiwillig gemacht."*

Wie bereits bei den vorangegangenen Aussagen zu schwierigen und hilfreichen Aspekten im Aufnahmeprozess steht auch bei den Ängsten und Sorgen der Aspekt der sozialen Beziehungen stark im Fokus der Antworten. Es gilt ihn im Aufnahmeprozess besonders zu berücksichtigen, um den Kindern und Jugendlichen ein Gefühl von Sicherheit zu vermitteln.

Wünsche und Anregungen

Zum Abschluss des Interviews wurden alle Kinder und Jugendlichen gefragt, welche Wünsche und Anregungen sie für den Aufnahmeprozess in ihrer Wohngruppe hätten. Hier werden zum einen Wünsche hinsichtlich der Partizipation und des Beziehungsangebotes genannt. Dabei wird vor allem dem Bezugsbetreuungs- oder Mentorensystem beziehungsweise dem Starthelfer/der Starthelferin eine wichtige Bedeutung zugeschrieben. Aber auch eine mögliche Einbeziehung der anderen Mitbewohner_innen wird angesprochen.

„[...] man hätte sich die Gruppe vorher angucken können müssen, also so, dass man vorher einmal hierhin kommt, sich die Gruppe anguckt und kennenlernt hier, damit man nicht ganz so fremd ist."

„Man sollte sich am Anfang mehr um die Neuen kümmern [...] Manchmal sehen die, glaub´ ich, gar nicht, wie schlecht es manchen hier geht."

„Ja, wie halt, halt gesagt außer jetzt halt mit dem Bezugsbetreuer, dass er nicht da war."

„Also, ich finde, die hätten sich so ´nen bisschen sich mehr um uns kümmern müssen, weil es gibt ja die Mentoren, die man hat, und die haben irgendwie sich gar nicht so wirklich um mich gekümmert, so zum Beispiel, komm, wir gehen mal ein Eis essen und unterhalten uns mal darüber halt, was bei dir passiert ist."

„Bessere seelische Betreuung und zusätzlich auch keine direkte Mentorenzuteilung, sondern dass man erst mal die ganzen Betreuer kennenlernen kann und sich so eventuell einen Betreuer aussuchen könnte."

„Also, in dem anderen Heim war das eigentlich besser. Weil, da wurde viel mehr gemacht [...] Da wurde man besser aufgenommen. [...] Ja, die haben schon was mit mir gemacht. Und die haben mich so gefragt: Wie fühlst du dich jetzt?"

„Vielleicht, dass derjenige, mit dem ich dann zusammenwohn´, dass er auch dabei ist. Dass er mir dann so alles zeigt und so."

Auf der anderen Seite äußerten einige Jugendliche auch, wie wichtig gerade zu Beginn ein empathisches Vorgehen ist.

„Die fragen sofort am ersten Tag noch: Wer sind die drei wichtigsten Personen für dich? Da bin ich fast zusammengebrochen, weil mich das sehr verletzt hat. Also die Frage würde ich gar nicht am Anfang stellen."

„[...] dass sie mich nicht alle direkt belagert haben, Alter. Das war, die wollten es nur gut meinen, aber [...] ich hätte lieber meine Ruhe gehabt."

„So ein bisschen Essen hätte ich (zu Beginn der Aufnahme, Anm. der Autorin) vertragen können."

Die Betreuer_innen, die zu Beginn die Kinder und Jugendlichen empfangen, sollten individuell prüfen, welche Bedürfnisse diese haben, und versuchen, empathisch darauf einzugehen. Der überwiegende Teil der Kinder und

4 Ergebnisse aus Sicht von Kindern und Jugendlichen

Jugendlichen bevorzugt eine direkte Ansprache und Angebote, gemeinsam etwas zu unternehmen. Andere benötigen aber auch Zeit, bevor sie neue soziale Kontakte aufnehmen können.

Insgesamt gibt es noch weitere Anregungen aus den Interviews mit den Jugendlichen, die sich vor allem auf gemeinsame Unternehmungen mit den Betreuer_innen beziehen.

„Hier haben die Betreuer nicht so viel Zeit für einzelnen Jugendlichen, wenn Gesprächsbedarf da ist. Weil bei den anderen Heimen (in denen der Jugendliche vorher war, Anm. der Autorin), da gab´s für die Betreuer nicht so viel zu tun wie hier. Hier sind ständig irgendwelche Inobhutnahmen und so und dann haben die keine Zeit, sich um uns zu kümmern."

„In der Einrichtung vor der jetzigen haben die Betreuer mehr mit den Jugendlichen gemacht. Da, wo ich jetzt drin bin, da sitzen die viel mehr vor dem Computer und machen viel seltener was mit uns Jugendlichen. Machen auch sehr oft diese Übergabe. Und das finde ich nicht so toll."

„Gut ist, dass die, ja in der Einrichtung jetzt ist das halt so, dass die Betreuer halt von sich selber aus auf einen zukommen oder die Jugendlichen kommen zwar nicht alle selber auf einen zu, aber ist halt besser als in anderen Einrichtungen. Da musste man selber persönlich, also wenn man neu gekommen ist, muss man auf die Leute selber zugehen und sich vorstellen und das fand ich halt immer blöd. Und hier ist das halt eindeutig besser."

Darüber hinaus sollte in den Einrichtungen, unabhängig vom Aufnahmeprozess, über die Ausstattung und den Umgang mit neuen Medien diskutiert werden. Dies müsste entsprechend zu Beginn der Aufnahme gerade bei den älteren Jugendlichen kommuniziert werden. So sagte ein Jugendlicher:

„Ich würde gerne nur ein Laptop oder so auf dem Zimmer haben, weil, ich denk mal, heute gehört das einfach zur Jugend dazu, man so ein Gerät auf dem Zimmer zu haben, auch wenn´s nur ein kleiner Laptop ist oder so. Ja, das auf jeden Fall, weil heutzutage überall braucht man für Internet, ob es Facebook ist oder irgendwas nachgucken kann oder so. [...] Ich weiß gar nicht mehr, was bei Facebook abgeht. Ich, keine Ahnung, ich hab halt kaum noch Kontakt zur Außenwelt."

Die Ausstattung mit technischen Geräten wurde auch von weiteren Jugendlichen als positiv hervorgehoben.

„Hier kann man theoretisch eigentlich viel mehr machen. Viel viele mehr Freiheiten. Mehr Ausgang. Und wir haben hier zum Beispiel eine Wii und 'ne Playstation [...], in den anderen Heimen, da hatten wir vielleicht einen Nintendo."

Es muss auch diskutiert werden, was eine anregende Umgebung für Kinder und Jugendliche ist. Dazu zählen neben der technischen Ausstattung natürlich auch weitere freizeitpädagogische Maßnahmen, wie Ausflüge, erlebnispädagogische Angebote u. Ä.

Fazit

Aus den vorliegenden Ausführungen wird deutlich, wie Kinder und Jugendliche zweier freier Träger der Kinder- und Jugendhilfe im Ruhrgebiet den Aufnahmeprozess in eine Gruppe der stationären Heimerziehung erlebt haben. Es zeigt sich, dass sie vor allem die Berücksichtigung ihrer individuellen Bedürfnisse und ihrer Persönlichkeit als besonders wichtig empfinden („Individualität/Persönlichkeit", siehe Abb. 2). So äußern viele Kinder und Jugendliche, dass für sie zum Beispiel die Mitgestaltung des Zimmers und die Berücksichtigung ihrer Wohnortwünsche sehr zentral seien. Umgekehrt werden Gefühle von Hilflosigkeit beschrieben, wenn sie sich nicht explizit und ausreichend in den Entscheidungsprozess der Unterbringung einbezogen beziehungsweise darüber aufgeklärt gefühlt haben. Zum Beispiel bei Aufnahmen aus akuten Not- und Gefährdungssituationen äußern die Kinder und Jugendlichen, häufig nicht gewusst zu haben, was mit ihnen passiere, und vor allem, mit welcher genauen zeitlichen Perspektive sie fremduntergebracht werden sollen. Hier sollte, wie bereits mehrfach erwähnt, die geforderte Partizipation von Kindern und Jugendlichen im größtmöglichen Maß in der Praxis umgesetzt werden. Dies gilt sowohl für Träger der freien Jugendhilfe, die in der Regel stationäre Einrichtungen zur Verfügung stellen, als auch für den öffentlichen Jugendhilfeträger in Form des Jugendamtes. Die Suche nach einer geeigneten Hilfeform sollte sowohl unter pädagogisch fachlichen Gesichtspunkten erfolgen als auch die Bedürfnisse und Wünsche der Betroffenen explizit miteinbeziehen (§ 8 SGB VIII). In akuten Gefährdungssituationen (Inobhutnahmen) ist eine behutsame Aufklärung und Begleitung der Kinder und Jugendlichen unbedingt notwendig, um eine psychische Anpassung an die Situation besser zu ermöglichen.

Darüber hinaus wird in den Interviews besonders deutlich, welchen hohen Stellenwert die sozialen Bezüge haben („Bindung/Beziehung", siehe Abb. 2). Zum einen bleiben die familiären und sozialen Beziehungen gerade für die älteren Kinder und Jugendlichen auch nach der Unterbringung weiter von enormer Bedeutung. So betonen fast alle, dass eine Unterbringung im

4 Ergebnisse aus Sicht von Kindern und Jugendlichen

Sozialraum von ihnen vorgezogen würde. Das bedeutet, dass, wenn dies nicht eine akute Gefährdung für die Kinder und Jugendlichen darstellt, wohnraumnahe Formen gesucht werden sollten, um die bisherigen sozialen Bezüge (zum Beispiel auch die Schule, Nachbarn, Freunde) zu erhalten. Kinder, die aufgrund von massiven traumatischen Erfahrungen zu ihrem Schutz von ihrer Herkunftsfamilie räumlich getrennt werden müssen (siehe dazu auch das Kapitel „Handlungsempfehlungen"), sollten hinsichtlich der trotzdem erlebten Verluste sozialer Kontakte ernst genommen und unterstützt werden. Zum anderen bestehen große Ängste bezüglich der neuen sozialen Bezüge in der Wohngruppe. Gerade der Kontakt zu den anderen Jugendlichen, aber auch zu den Betreuer_innen, wird mit Skepsis gesehen und große Erleichterung geschildert, wenn die Integration in die Gruppe gut verläuft. Dies ist nachvollziehbar, da soziale Bezüge für das psychische Befinden eine wesentliche Rolle spielen, wie bereits früh von Bowlby (1951) in der Bindungstheorie postuliert wird. Dies muss gerade zu Beginn einer stationären Aufnahme entsprechend berücksichtigt werden.

Im Hinblick auf den Bereich „Versorgung und Sicherheit" (siehe Abb. 2) wird von den Kindern und Jugendlichen in den Interviews, teils auf Nachfragen, aber auch spontan das Thema „Essen" angesprochen. Viele können sich an das erste Essen in der Einrichtung erinnern oder äußern sich positiv, wenn etwas speziell für sie vorbereitet wurde (z. B. die Schokolade auf dem Bett). Dieser Bereich sollte nicht unterschätzt werden. Nahrung dient nicht nur dem Überleben, sondern auch der Regulation von Emotionen (siehe dazu auch das Kapitel „Handlungsempfehlungen"). Gerade Kinder, die in Familien eine mangelhafte Versorgung erlebt haben, zeigen Ängste der Unterversorgung auch noch im weiteren Verlauf von Fremdunterbringungen (Essen horten, zu viel Nahrung zu sich nehmen etc.) (Nienstedt & Westermann, 1998).

Bezüglich des Bereichs „Erziehung und Förderung" (siehe Abb. 2) wurde von den Kindern und Jugendlichen auf Nachfragen einiges zu der Vermittlung von Regeln erwähnt. Hier wurde besonders betont, dass einige Regeln im Zusammenleben erst einmal als befremdlich empfunden wurden. Besonders aber wurde die Art der Vermittlung als zentraler Schlüssel für das Verständnis und die Akzeptanz deutlich. Ein Großteil der interviewten Kinder und Jugendlichen empfanden eine persönliche Vermittlung und Erklärung durch Mitarbeiter_innen beziehungsweise andere Bewohner_innen als angenehm und akzeptabel. Eine rein schriftliche Erläuterung wurde von ihnen abgelehnt und nicht akzeptiert. Darüber hinaus erwähnten gerade die älteren Jugendlichen aus dem Bereich der „Förderung" das Zurverfügungstellen von Medien als wichtig. Von ihnen wurde die Möglichkeit, Spiele zu spielen, aber auch das Kontakthalten über virtuelle soziale Netzwerke besonders herausgestellt. Die Klärung der Schulsituation wurde von den Kindern und Jugendlichen im

Interview nicht direkt angesprochen. Auch wenn dies ein wichtiger Aspekt in der Hilfeplanung ist, stehen unmittelbarere Ängste und Bedürfnisse stärker im Fokus der Aufmerksamkeit der Kinder und Jugendlichen.

So sollte insgesamt berücksichtigt werden, dass die Kinder und Jugendlichen in den Hilfeplanprozess und die Unterbringung explizit miteinbezogen werden und sie dadurch ernst genommen werden. Außerdem ist zu beachten, dass die sozialen Bezüge, sowohl zu ihrer Herkunftsfamilie als auch zu den neuen Bezugspersonen, für die Kinder und Jugendlichen stark im Vordergrund stehen. Sowohl eine Kontaktgestaltung als auch eine mögliche Trauerarbeit und eine explizite Gestaltung der neuen sozialen Beziehungen sollten auch im Schlüsselprozess der Aufnahme in die stationäre Heimeinrichtung berücksichtigt werden müssen. Die Ergebnisse der Befragung der Jugendlichen werden im Kapitel „Handlungsempfehlungen" wieder aufgegriffen.

4 Ergebnisse aus Sicht von Kindern und Jugendlichen

Literatur/Webliografie

Ainsworth, M.D.S. (1963). Patterns of attachment behavior shown by the infant in interaction with his mother. Merill-Palmer Quarterly, 10, 51–58

Beyer, S. (2009). Partizipationsbereiche und Beteiligungsrechte in der stationären Erziehungshilfe. Eine Untersuchung im Verbund Kommunaler inder- und Jugendhilfe (VKKJ) Leipzig http://www.buergergesellschaft.de/fileadmin/pdf/gastbeitrag_beyer_090213.pdf (Abruf am 28.08.13)

Bowlby, J. (1951). Maternal Care and Mental Health. World Health Organization Monograph Series, No 2. Geneva

Bundesministerium für Familie, Senioren, Frauen und Jugend (Hg.) (2009). 13. Kinder- und Jugendbericht. Bericht über die Lebenssituation junger Menschen und die Leistungen der Kinder- und Jugendhilfe in Deutschland. Berlin http://www.bmfsfj.de/RedaktionBMFSFJ/Broschuerenstelle/Pdf-Anlagen/13-kinder-jugendbericht,property=pdf,bereich=bmfsfj,sprache=de,rwb=true.pdf (Abruf am 10.08.13)

Bundesministerium für Familie, Senioren, Frauen und Jugend (Hg.) (2002). 11. Kinder- und Jugendbericht. Bericht über die Lebenssituation junger Menschen und die Leistungen der Kinder- und Jugendhilfe in Deutschland. Berlin http://www.bmfsfj.de/doku/Publikationen/kjb/data/download/11_Jugendbericht_gesamt.pdf (Abruf am 10.08.13)

Bundesamt für Statistik (2009). Eingeschränkte Erziehungskompetenz häufigster Grund für Heimerziehung. Pressemitteilung. Wiesbaden https://www.destatis.de/DE/PresseService/Presse/Pressemitteilungen/2009/06/PD09_242_225.html (Abruf am 05.04.2013)

Deutsches Jugendinstitut (2006). Einordnungsschema zur „Erfüllung kindlicher Bedürfnisse". http://www.kinderschutzbund-bayern.de/fileadmin/user_upload/pdf/Login/Ehrenamt/dji_pruefboegen.pdf (Abruf am 23.12.13)

Günder, R. (2011). Praxis und Methoden der Heimerziehung. Entwicklungen, Veränderungen und Perspektiven der stationären Erziehungshilfe. Freiburg i. Br.

Mayring, P. (2002). Einführung in die qualitative Sozialforschung. Eine Anleitung zu qualitativem Denken. Weinheim

Nienstedt, M. & Westermann, A. (1998). Pflegekinder. Psychologische Beiträge zur Sozialisation von Kindern in Ersatzfamilien. Münster

Nowacki, K. (2007). Aufwachsen in Pflegefamilie oder Heim: Bindungsrepräsentation, psychische Belastung und Selbstbild bei jungen Erwachsenen. Hamburg

Nowacki, K. & Schölmerich, A. (2010). Growing up in foster families or institutions: Attachment representations and psychological adjustment of young adults. Attachment and Human Development 12, 6, 551–566

Schleiffer, R. (2009). Der heimliche Wunsch nach Nähe. Bindungstheorie und Heimerziehung. Weinheim

Schroll, B. (2007). Bezugsbetreuung von Kindern mit Bindungsstörungen. Marburg

Schwarzer, R. & Jerusalem, M. (2002). Das Konzept der Selbstwirksamkeit. Zeitschrift für Pädagogik, 44. Beiheft Selbstwirksamkeit und Motivationsprozesse in Bildungsinstitutionen. http://www.pedocs.de/volltexte/2011/3930/pdf/ZfPaed_44_Beiheft_Schwarzer_Jerusalem_Konzept_der_Selbstwirksamkeit_D_A.pdf (Abruf am 11.08.13)

Sturzenhecker, B. (2012). Partizipation geht weiter: Zu den pädagogischen Potenzialen von Demokratie in der Kinder- und Jugendhilfe. Jugendhilfe aktuell, 4, 11–14

Tschöpe-Scheffler, S. (2005). Konzepte der Elternbildung – eine kritische Übersicht. Opladen

Winker, G. & Degele, N. (2010). Intersektionalität. Zur Analyse sozialer Ungleichheiten. Bielefeld

5 Evaluationsstudie: Ergebnisse zum Aufnahmeprozess aus Sicht von Mitarbeiter_innen der stationären Jugendhilfe

Silke Remiorz, Katja Nowacki

Einleitung

> *„Selbst wenn die Jugendlichen hier schon 18 Jahre sind, brauchen die trotzdem wen, der die an die Hand nimmt und ´nen bisschen unterstützt. Besonders in der Anfangsphase."*

Die oben zitierte Aussage einer Mitarbeiterin einer der zwei in der vorliegenden Studie befragten Einrichtungen verdeutlicht, wie wichtig die Betreuer_innen für die Kinder und Jugendlichen sind bei deren Aufnahmeprozess in die jeweilige stationäre Jugendhilfeeinrichtung. So sind besonders im Aufnahmeprozess eines Kindes/Jugendlichen primär deren Bedürfnisse innerhalb dieses Prozesses zu beachten. Die Bedürfnisse eines Kindes/Jugendlichen im Prozess der Aufnahme in eine stationäre Einrichtung der Jugendhilfe, können in vier wesentliche Bereiche unterteilt werden, die eine wichtige Funktion für die Aufnahme von Kindern und Jugendlichen haben. Diese sind unter folgenden Hauptkategorien zusammengefasst: „Versorgung und Sicherheit", „Bindung und Beziehung", „Individualität und Persönlichkeit" und schließlich der Bereich der „Erziehung und der individuellen Förderung" (siehe dazu das Kapitel „Aufnahmeprozess aus Sicht von Kindern und Jugendlichen", Abb. 2). Im Zusammenhang mit den zuvor aufgeführten Bereichen stehen zweifelsfrei die Betreuer_innen in den jeweiligen stationären Jugendhilfeeinrichtungen

5 Ergebnisse aus Sicht von Mitarbeiter_innen

den Kindern und Jugendlichen zur Erfüllung der vier Hauptkategorien helfend und unterstützend zur Seite. Die besondere Betreuung der Kinder und Jugendlichen in der Anfangsphase des Aufnahmeprozesses gehört zu den Schlüsselaufgaben einer stationären Jugendhilfeeinrichtung. Der zentrale Fokus liegt folglich auf dem Kind/Jugendlichen. Zum Aufnahmeprozess gehören neben dem Einzug des Kindes/Jugendlichen weitere wichtige Aspekte.

So können folglich zwei Perspektiven in der alltäglichen Arbeit innerhalb von Heimeinrichtungen herausgestellt werden: die Perspektive der Kinder und Jugendlichen als Hilfesuchende und die Perspektive der Mitarbeiter_innen als Helfende. Die Partizipation der Mitarbeiter_innen am Aufnahmeprozess einer stationären Einrichtung der Hilfen zur Erziehung ist gegenwärtig ein weitgehend unerforschtes Feld. Aus der psychologischen Forschung ist allerdings bekannt, dass eine partizipative Beteiligung von Mitarbeiter_innen im Allgemeinen zu mehr Arbeitszufriedenheit führt und das Potenzial der Beteiligten besser ausschöpft (Frey et al., 2010; Frey, Gerkhardt & Fischer, 2008).

In der vorliegenden Untersuchung, in der Mitarbeiter_innen von zwei Jugendhilfeeinrichtungen im Ruhrgebiet zum Aufnahmeprozess befragt wurden, stellen sich folgende größere Bereiche heraus, unter denen die Antworten zusammengefasst werden können. An erster Stelle steht der eigentliche Aufnahmeprozess und damit verbundene Vorgespräche und ggf. Probewohnen. Außerdem ist der gesamte Bereich der Informationsvermittlung und des Informationsaustausches innerhalb der jeweiligen Einrichtung und mit anderen beteiligten Institutionen, zum Beispiel den Jugendämtern, von enormer Wichtigkeit für die Befragten. Schließlich kann der Bereich vorhandener Unterstützungsangebote für die Kinder und Jugendlichen ihre Einteilung in die jeweilige Wohngruppe sowie die Umsetzung des Bezugserziehungssystems herausstellen. Abschließend ist die Frage nach der Zufriedenheit der Mitarbeiter_innen innerhalb der jeweiligen Einrichtung für einen gelingenden Aufnahmeprozess von großer Bedeutung.

Die herausgestellten Ergebnisse sollen auch dazu dienen, die partizipative Beteiligung von Mitarbeiter_innen an der Entwicklung von Handlungsempfehlungen aufzuzeigen, um den Aufnahmeprozess und den weiteren Verlauf des Aufenthaltes von Kindern und Jugendlichen in der stationären Jugendhilfe bestmöglich zu gestalten.

Ableitung der Fragestellung

Betreuer_innen und Betreuer haben für Kinder und Jugendliche im Auf-nahmeprozess in eine stationäre Jugendhilfeeinrichtung eine zentrale Bedeu-tung. Sie sind die vermittelnden Personen vor Ort und begleiten die Kinder/ Jugendlichen persönlich. Ihre Einstellungen und Vorschläge sind im Sinne einer humanistischen Personalführung (Peus & Frey, 2009) in die Entwick-lung von Konzepten mit einzubeziehen. Daraus ergibt sich die vorliegende Fragestellung nach der Einschätzung des Aufnahmeprozesses aus Sicht der Mitarbeiter_innen. Die Mitarbeiter_innen von zwei verschiedenen Trägern der stationären Jugendhilfe wurden zum Aufnahmeprozess in ihrer jeweili-gen Einrichtung befragt. Im Wesentlichen sollten sie herausstellen, wie der Aufnahmeprozess aus ihrer persönlichen Einschätzung heraus abläuft und wo Veränderungen angeregt werden sollten.

Stichprobe

In der vorliegenden Stichprobe wurden insgesamt 48 Mitarbeiter_innen von zwei verschiedenen Einrichtungen der stationären Jugendhilfe aus dem Ruhrgebiet zu ihren individuellen Erfahrungen im Aufnahmeprozess von Kindern und Jugendlichen befragt. Von den 48 Befragten waren 25 weibli-chen Geschlechts (52 Prozent) und 23 männlichen Geschlechts (48 Prozent). Die befragten Mitarbeiter_innen waren zum Zeitpunkt der Datenerhebung durchschnittlich 31,10 Jahre alt (Minimum 20 und Maximum 50 Jahre) und arbeiteten im Durchschnitt 2,82 Jahre in der jeweiligen Einrichtung (Minimum drei Monate und Maximum acht Jahre). Die meisten gaben eine Fachhoch-schulreife beziehungsweise ein Abitur als ihren höchsten Bildungsabschluss an (n=30, 62,5 Prozent). 13 Mitarbeiter_innen (27,1 Prozent) hatten einen Fachhochschulabschluss (Bachelor oder Diplom), drei (6,25 Prozent) die Fach-oberschulreife und zwei (4,15 Prozent) einen Masterabschluss. Die Befrag-ten ordneten sich folgenden Berufsgruppen zu: 27 Erzieher_innen (56,25 Prozent), sieben Diplom Sozialarbeiter_innen (14,6 Prozent), vier Diplom Sozialpädagog_innen (8,3 Prozent), zwei Diplom Pädagog_innen (4,2 Pro-zent), drei Student_innen (6,25 Prozent), eine Diplom Kunsttherapeutin (2,1 Prozent), eine Auszubildende (2,1 Prozent), eine Lehrerin (2,1 Prozent), eine Praktikantin (2,1 Prozent) und zwei Hauswirtschaftskräfte (4,2 Prozent). Außerdem wurde nach den bisherigen Berufsstationen vor der aktuellen Ein-stellung in die jeweilige Jugendhilfeeinrichtung gefragt, wobei Mehrfachnen-nungen möglich waren. Die meisten Nennungen entfielen mit 27 Angaben (39,1 Prozent) auf die Arbeit in der Jugendhilfe (Jugendamt, Sozialpäda-gogische Familienhilfe oder andere Jugendhilfeeinrichtungen). Darauf folgten 18 Nennungen (26,1 Prozent) auf ein begonnenes beziehungsweise abgeschlossenes Studium, die Arbeit in einer anderen Subeinrichtung des

5 Ergebnisse aus Sicht von Mitarbeiter_innen

jeweiligen Jugendhilfeträgers oder die Befragten machten keine Angaben. Zehn Nennungen entfielen auf die Arbeit in einer Kindertageseinrichtung (14,5 Prozent), sechs Nennungen entfielen auf eine Ausbildung im Handwerk oder in der Verwaltung (8,7 Prozent), jeweils drei Nennungen (je 4,35 Prozent) auf die Arbeit mit Menschen mit Assistenzbedarf und der Ableistung eines Anerkennungsjahres in der jeweiligen Einrichtung oder einer äquivalenten Einrichtung der Jugendhilfe und jeweils eine Nennung entfiel auf die Ableistung des Zivildienstes beziehungsweise des Wehrdienstes (je 1,45 Prozent).

Instrument und Datendurchführung

Für die vorliegende Stichprobe wurde ein Interviewleitfaden konstruiert, welcher die Erfahrungen und Einstellungen der Mitarbeiter_innen von stationären Jugendhilfeeinrichtungen bezüglich des Aufnahmeprozesses von Kindern und Jugendlichen in die jeweilige Einrichtung erfassen und evaluieren sollte. Der Leitfaden wurde zudem an die Strukturen der jeweiligen Jugendhilfeeinrichtung angepasst. Konzipiert wurde der vorliegende Fragebogen auf der Grundlage der Ergebnisse der Befragung der Kinder und Jugendlichen zu deren Erfahrungen bezüglich des Aufnahmeprozesses in die jeweilige stationäre Einrichtung der Jugendhilfe (siehe dazu das Kapitel „Aufnahmeprozess aus Sicht von Kindern und Jugendlichen"). Der Interviewleitfaden enthält 18 offene Fragen zu folgenden zentralen Themenkomplexen bezüglich des Aufnahmeprozesses von Kindern und Jugendlichen in stationäre Jugendhilfeeinrichtungen:

1. **Absprachen innerhalb des Teams bezüglich der Aufnahme von Kindern und Jugendlichen:** Ein besonderer Fokus wird hierbei auf die Absprachen im Team bzgl. der Aufnahmesituation von Kindern und Jugendlichen in die jeweilige stationäre Jugendhilfeeinrichtung gelegt. Die zentralen Fragen sind hierbei, ob es einen prototypischen Aufnahmeprozess gibt, wann und wo die Abläufe für den Aufnahmeprozess an andere Teammitglieder weitergegeben werden, ob einzelne Teammitglieder besonders auf die Aufnahme vorbereitet werden und wo der Aufnahmeprozess für die jeweiligen Mitarbeiter_innen und stationären Jugendhilfeeinrichtungen anfängt.

2. **Aufnahmesituation:** In diesem Fragenkomplex ist es von Bedeutung herauszustellen, ob Kinder und Jugendliche aufgrund ihres unterschiedlichen Alters einen unterschiedlichen Aufnahmeprozess durchlaufen. Ferner geht es darum abzufragen, ob es besondere Rituale und Unterstützungsangebote innerhalb der Aufnahmesituation für das Kind oder den Jugendlichen gibt und wer nach der Einschätzung der Mitarbeiter_innen bei der Aufnahme dabei sein sollte.

3. **Prozess vor der Aufnahme und Elternarbeit:** Hierbei stehen vor allem die Informationen über ein eventuelles Probewohnen beziehungsweise ein Vorgespräch mit dem jeweiligen Jugendlichen im Vordergrund des Fragenkomplexes. Ferner geht es darum herauszustellen, wie die Einteilung der Kinder und Jugendlichen in die jeweiligen Wohngruppen erfolgt. Außerdem sollen die Mitarbeiter_innen aufzeigen, inwiefern die jeweiligen Einrichtungen die Herkunftsfamilien und andere soziale Kontaktpersonen in den Vorbereitungs- beziehungsweise Aufnahmeprozess des Kindes und Jugendlichen miteinbeziehen.

4. **Evaluation des Aufnahmeprozesses:** In den dazugehörigen Fragen geht es darum herauszustellen, inwieweit die jeweiligen Einrichtungen den Aufnahmeprozess der Kinder und Jugendlichen evaluieren und woran die jeweiligen Mitarbeiter_innen merken, dass ein Kind oder Jugendlicher den Aufnahmeprozess abgeschlossen hat.

5. **Bezugserziehungssystem und Verbesserungsvorschläge:** Die befragten Mitarbeiter_innen sollen in diesem Fragenkomplex angeben, wie die konkrete Umsetzung des Bezugserziehungssystems in der jeweiligen Jugendhilfeeinrichtung erfolgt, wie zufrieden die jeweiligen Mitarbeiter_innen mit dem Aufnahmeprozess der Kinder und Jugendlichen sind und welche Verbesserungsvorschläge sie haben.

Die Gruppeninterviews wurden mit Hilfe des zuvor dargestellten halbstandardisierten Leitfadeninterviews durchgeführt und dauerten im Schnitt eine Stunde. Die Datenerhebung wurde durch jeweils eine beziehungsweise zwei in Interviewführung geschulte Mitarbeiter_innen der Fachhochschule Dortmund durchgeführt. Anwesend waren zwei bis sechs Mitglieder eines Teams, wobei teilweise die Teamleitung, aber nicht die Einrichtungsleitung der jeweiligen Jugendhilfeeinrichtung anwesend war. Den befragten Mitarbeiter_innen wurde die Anonymität der Daten gegenüber der Einrichtungsleitung und bei Veröffentlichung zugesichert. Die Durchführung erfolgte in den offiziellen Teamräumen der jeweiligen Einrichtung. Die Interviews wurden mit Hilfe eines Diktiergerätes aufgezeichnet und anschließend transkribiert und anonymisiert.

Ergebnisse

Die durchgeführten Interviews wurden für einen Jugendhilfeträger vor ihrer inhaltlichen Analyse transkribiert (Mayring, 2002). Dies ermöglicht es, die erhobenen Daten besonders ausführlich auszuwerten und zu analysieren. Angelehnt an die qualitative Inhaltsanalyse nach Mayring (2002) erfolgte nach der Transkription der durchgeführten Interviews eine Einteilung der Inhalte in ein Kategoriensystem. Die Analyse und Kategorisierung erfolgte nach den drei von Mayring (2002) vorgeschlagenen Aspekten der qualitativen

Inhaltsanalyse: der Zusammenfassung der Daten, der Explikation und der Strukturierung der Ergebnisse. Die Ergebnisse der durchgeführten Interviews des anderen Jugendhilfeträgers wurden stichwortartig festgehalten und später in einem Fließtext für das jeweilig befragte Team zusammengefasst. Die dargestellten Ergebnisse sind folglich eine Zusammenfassung der Ergebnisse aller befragten Teammitglieder von zwei freien Trägern der öffentlichen Jugendhilfe.

Folgende vier Hauptkategorien wurden anhand des vorliegenden Datenmaterials gebildet: Kategorie 1: Aufnahmeprozess, Vorgespräche und Probewohnen, Kategorie 2: Informationsfluss und Kooperation, Kategorie 3: Unterstützungsangebote, Einteilung und Bezugserziehungssystem und Kategorie 4: Zufriedenheit der Mitarbeiter_innen. Die Anonymität der befragten Teammitglieder wurde durch eine Durchnummerierung der einzelnen Teams gewährleistet, die nicht weitergegeben wurde. Einzelne Aussagen konnten so folglich nicht den jeweiligen Personen zugeordnet werden.

Ergebnisse zu dem Aufnahmeprozess, den Vorgesprächen und dem Probewohnen

Im Folgenden werden die Ergebnisse zum Aufnahmeprozess von Kindern und Jugendlichen in die jeweilige Jugendhilfeeinrichtung aus Sicht der befragten Mitarbeiter_innen dargestellt. Ferner folgen die Angaben zu eventuell stattfindenden Vorgesprächen sowie einem Probewohnen.

Ergebnisse zu Absprachen im Team

Die befragten Mitarbeiter_innen der beiden Jugendhilfeinrichtungen gaben an, dass im Vorfeld der Aufnahme von Kindern und Jugendlichen in ihre jeweilige Einrichtung strukturierte Absprachen bezüglich der bevorstehenden Aufnahme getroffen werden. Dabei werden zum Beispiel Belegungsinformationen, Urlaubsplanungen der Mitarbeiter_innen u. Ä. als strukturelle Informationen abgefragt. Als Hilfestellung dienen unter anderem vorgefertigte Ordner, in denen Formulare wie zum Beispiel Stammdatenblätter abgeheftet sind, in welche die zu erfassenden Daten der Kinder und Jugendlichen eingetragen werden. Ferner enthalten diese Ordner Einverständniserklärungen der Sorgeberechtigten sowie Qualitätsmanagementbögen, welche die Aufnahme der Kinder und Jugendlichen zusätzlich erfassen und evaluieren sollen. Alle Informationen, die über ein Kind oder einen Jugendlichen vorhanden sind, werden durch die Gesamtleitung der Einrichtung, die Leitung der jeweiligen Wohngruppe oder durch das zuständige Jugendamt an alle Teammitglieder weitergegeben.

„In der Regel werden die Informationen an die Teamleitung, also an mich, herangetragen, dass es irgendwelche Anfragen gibt. Dann werden die zu irgendwelchen Informationsgesprächen eingeladen und danach oder davor, je nachdem, erfolgt ein Transfer ins Team."

Dieser Informationsaustausch geschieht laut Angaben der befragten Mitarbeiter_innen reziprok, das bedeutet, dass die jeweiligen Leitungen die Eindrücke der Teammitglieder ebenfalls mitgeteilt bekommen. Ferner wird versucht, entsprechend den vorhandenen Ressourcen in der jeweiligen Einrichtung, ein kurzes Anamnesegespräch mit dem zuständigen Jugendamtsmitarbeiter oder der zuständigen Jugendamtsmitarbeiterin während der Aufnahme durchzuführen, um möglichst viele Informationen über das Kind oder den Jugendlichen zu bekommen. Einige Mitarbeiter_innen gaben jedoch an, dass in der jeweiligen Wohngruppe, in der sie aktuell arbeiten, kein explizites Aufnahmekonzept für die Kinder und Jugendlichen vorhanden sei.

„Es gibt keine richtige, also jetzt für uns erkennbare Vorgehensweise, in der wir irgendwie involviert wären. Und wenn, dann nur durch Zufall. Also meistens geht es über die Teamleitung, aber in den meisten Fällen eigentlich nur über die Gesamtleitung."

Ferner äußerten sich Mitarbeiter_innen einzelner Teams zudem dahingehend, dass sie es sogar bevorzugen, keine Absprachen im Team bezüglich der Aufnahme von Kindern und Jugendlichen zu treffen. Als Grund dafür gaben sie unter anderem an, dass sie unvoreingenommen gegenüber dem Kind oder dem Jugendlichen auftreten möchten und diesem dadurch einen neutralen Einstieg in das Leben in der jeweiligen Einrichtung ermöglichen wollen. Dennoch gaben sie auch an, dass es einen strukturellen Rahmen gibt, an den sie sich im Fall einer Aufnahme eines Kindes oder Jugendlichen halten.

„Wirklich feststehende Absprachen existieren nicht. Aber es ist ja klar, dass man eine Akte anlegt und diesen Aufnahmebogen ausfüllt. Und naja, dass vorher das Zimmer schön gemacht wird, dass Kontakt vorher aufgenommen wird, aber das sind so Selbstverständlichkeiten, die sich mit der Zeit eigentlich eingespielt haben."

Diese Aussage eines Teams zeigt, dass Teams, die kein explizit festgeschriebenes Aufnahmekonzept besitzen, dennoch eine gewisse Strukturierung des Aufnahmeprozesses für Kinder und Jugendliche aufweisen und anwenden.

5 Ergebnisse aus Sicht von Mitarbeiter_innen

Schilderung eines prototypischen Aufnahmeprozesses

Im zweiten Schritt sollten die befragten Mitarbeiter_innen der beiden Jugendhilfeeinrichtungen einen prototypischen Aufnahmeprozess schildern. Fast alle Befragten beschrieben einen ähnlichen Ablauf. Vor der eigentlichen Aufnahme eines Kindes oder eines Jugendlichen in die Einrichtung bekommt diese einen Anruf von der Geschäftsleitung, der Regionalleitung oder direkt vom Auftraggeber, also dem Jugendamt, in dem ein Kind oder ein Jugendlicher angekündigt wird. Nach der Ankündigung werden die bestehenden Ressourcen geprüft und es wird versucht, das Zimmer des Kindes oder des Jugendlichen für seinen Einzug vorzubereiten. In einigen Fällen werden dem Kind oder dem Jugendlichen ein Stofftier und/oder Süßigkeiten als Willkommensgruß auf das Kopfkissen gelegt. Nun kommt es zu einem Aufnahmegespräch mit dem Kind oder dem Jugendlichen, dieses wird in den überwiegenden Fällen durch einen Betreuer/eine Betreuerin durchgeführt, der/die zum Zeitpunkt der Aufnahme des Kindes/Jugendlichen im Dienst ist. In dem Aufnahmegespräch wird versucht, alle Formalien gemeinsam mit dem Kind/Jugendlichen abzuarbeiten. Dort wird unter anderem das sogenannte Stammdatenblatt ausgefüllt (es enthält in der Regel unter anderem Angaben zur Person und zur Herkunftsfamilie) und eine kurze Sozialanamnese durchgeführt. Im nächsten Schritt erhält das Kind/der Jugendliche die Regeln der Einrichtung. Jugendliche in kleineren Wohngruppen erhalten zu diesem Zeitpunkt meist auch die Schlüssel für ihre Unterkunft. Nach der Abarbeitung der Formalien bekommt das Kind/der Jugendliche eine Führung durch die Einrichtung. Dabei wird ihm auch sein Zimmer gezeigt. Im Anschluss daran lernt das Kind/der Jugendliche die anderen Mitbewohner_innen der Einrichtung kennen. In den ersten Tagen nach dem Einzug des Kindes/Jugendlichen wird versucht, ihm einen Mentor/eine Mentorin beziehungsweise eine Starthelferin/einen Starthelfer zur Seite zu stellen, diese/r kommt aus dem Betreuungsteam. Gemeinsam mit diesem wird dann unter anderem auch das bezogene Zimmer umgestaltet beziehungsweise eingerichtet. Ferner wird am Tag des Einzugs des Kindes/Jugendlichen versucht, diesem den Einstieg so angenehm wie möglich zu gestalten. Einzelne Maßnahmen sind zum Beispiel, dem Kind/Jugendlichen sein Lieblingsessen zu kochen oder einen Ausflug zu organisieren. In einigen Gruppen sind die Kinder/Jugendlichen in den ersten Tagen nach der Aufnahme von allen Diensten innerhalb der Gruppe befreit, um sich zunächst mit dem neuen Umfeld auseinanderzusetzen.

Kritisch angemerkt wurde von vielen Mitarbeiter_innen, dass der Informationsfluss über das Kind/den Jugendlichen häufig schwierig sei und oftmals wichtige Informationen erst Tage oder Wochen nach dem Einzug in die aktuelle Einrichtung gelangen.

„[...] manchmal sind wir halt total gut vorbereitet und wir wissen, was auf uns zukommt, und manchmal ist das überhaupt nicht so, dann kommen da auf einmal Dinge raus, von denen man vorher irgendwie nichts wissen konnte. So dass zum Beispiel in (Name der Stadt, Anm. der Autorin) irgendwie `ne Krise ist und dann einer hierhin muss, und dann rennt man halt den Infos hinterher, nachdem der Jugendliche dann halt schon hier ist. Manchmal müssen wir uns die Infos einfach auch erarbeiten, weil irgendwie sonst nix da ist [...]."

Einige Befragte nannten auch den Aspekt, dass ein Kind/Jugendlicher im Idealfall in Begleitung zur Aufnahme in die Einrichtung komme. Dies ermögliche einen gezielten Informationsaustausch und die Mitarbeiter_innen der Einrichtung bekämen bereits einen ersten Eindruck über das bisherige Lebensumfeld des Kindes/Jugendlichen. In einigen Fällen gab es bereits vor dem Einzug des Kindes/Jugendlichen eine erste Kontaktaufnahme in Form eines Vorgesprächs, ganz selten auch ein Probewohnen. Ein Team schildert einen prototypischen Aufnahmeprozess in eine der beiden Jugendhilfeeinrichtungen wie folgt:

„Anruf bei der Jugendhilfeleitung, [...], Anfrage, ob ein Platz frei ist, der (Einrichtungsleiter, Anm. der Autorinnen) wird sich dann an die Teamleitung wenden und halt nachhören, ob halt Platz in der Gruppe ist, wenn er nicht einfach selbst beschließt, dass ´nen Platz frei ist. Dann kommt es zu einem Informationsgespräch, entweder im Rahmen dessen oder man macht noch mal ´nen Termin, da wird sich dann die Wohngruppe angeschaut, dann werden erste Basisfragen geklärt. Und dann wird im Prinzip auch ein Termin zur Aufnahme festgelegt."

Die Gesamtleitung einer der beiden Einrichtungen der stationären Jugendhilfe schilderte einen prototypischen Aufnahmeprozess aus ihrer Sicht vor der eigentlichen Aufnahme eines Kindes/Jugendlichen in die Einrichtung. So wird beschrieben, dass sich zunächst das Jugendamt oder ein anderer Träger der Jugendhilfe meldet und den Sachverhalt des Kindes/Jugendlichen schildert. Daraufhin wird auf seine Initiative ein Treffen mit allen am Aufnahmeprozess beteiligten Personen organisiert, um das weitere Vorgehen für den Aufnahmeprozess zu besprechen. Laut Aussage der Einrichtungsleitung ist zu diesem Zeitpunkt noch nicht klar, wer genau an diesem Treffen teilnimmt. Manchmal seien dies ausschließlich die zuständigen Mitarbeiter_innen des Jugendamtes und/oder die Mitarbeiter_innen der Vorgängereinrichtung. Die Einrichtungsleitung äußerte zudem, dass sie sich wünschen würde, dass das Kind/der Jugendliche beim ersten Kontakt mit der neuen Einrichtung dabei ist. Dies sei jedoch häufig nicht der Fall, da bei diesen Treffen häufig nur die

5 Ergebnisse aus Sicht von Mitarbeiter_innen

zuständigen Jugendamtsmitarbeiter_innen oder ggf. die Eltern des Kindes/ Jugendlichen an den ersten Gesprächen teilnehmen. Das Treffen diene, laut Aussage der Einrichtungsleitung, dazu, die allgemeine Problemlage des Kindes/Jugendlichen zu erfassen und herauszustellen, in welcher persönlichen Situation sich das Kind/der Jugendliche befinde, wo es sich in der Zukunft sehe und welches Ziel die Hilfemaßnahme verfolge beziehungsweise was erreicht werden solle. Zur Dokumentation dieses Vorgangs werde von der Einrichtungsleitung ein Formblatt herangezogen, um die Eckdaten des Kindes/Jugendlichen zu erfassen. Darin würden auch Kontaktpersonen und die wichtigsten Ansprechpartner_innen des Kindes/Jugendlichen festgehalten. Des Weiteren stellte die Einrichtungsleitung heraus, dass in einigen Fällen eigentlich kein Platz für das Kind/den Jugendlichen in einem der vielen Häuser der Einrichtung sei und die Herausforderung darin bestünde, überhaupt einen geeigneten Platz zu finden. Häufig bestünde jedoch schon am Tag des Treffens für das Kind/den Jugendlichen die Möglichkeit, ein Haus zu besichtigen, um einen ersten Eindruck von der Einrichtung zu bekommen. Manchmal sei jedoch auch nach der ersten Besichtigung noch nicht klar, wo das Kind/der Jugendliche eventuell einziehen soll. Dies stelle sich in einigen Fällen erst später heraus. Die Einrichtungsleitung gab zudem an, dass sie es als wichtig empfindet, dass die Teamleiter_innen der jeweiligen Häuser bei dem ersten Gespräch mit dabei seien, um sich auch einen Eindruck über das Kind/den Jugendlichen zu verschaffen. Dies sei nur in Ausnahmefällen nicht so. Die Teamleiter_innen bereiteten das Kind/den Jugendlichen teilweise auf die Hausordnung der jeweiligen Wohngruppe vor und beantworteten Fragen des Kindes/Jugendlichen. Bezüglich des weiteren Vorgehens äußerte sich die Einrichtungsleitung wie folgt.

„Wenn dann alle weitgehenden Fragen gestellt und beantwortet sind, geht's darum, den Einzugstermin zu klären. Häufig ist es so, dass man sagen kann, ein Zimmer ist frei, wir können jetzt frei miteinander vereinbaren, dann ist es auch so. Dann geb ich an die jeweiligen Gruppenverantwortlichen die entsprechenden Verabredungen weiter. Und dann wird vom Haus der Einzug geplant und organisiert."

Die Einrichtungsleitung bereitet also in dem Fall die Aufnahme so weit vor, bis deutlich wird, in welche Gruppe das Kind/der Jugendliche einziehen kann, und delegiert dann die konkrete Arbeit auf das jeweilige Team.

Unterschiede im Alter der Kinder/Jugendlichen bei der Aufnahme

In Bezugnahme auf eine eventuelle Unterscheidung im Aufnahmeprozess in Abhängigkeit vom Alter des Kindes/Jugendlichen wurde von den befragten Mitarbeiter_innen darauf hingewiesen, dass sich die Vorgehensweisen nicht sehr unterscheiden. Es würde versucht, jedes Kind/jeden Jugendlichen angelehnt an die Formalien der Einrichtung ganz individuell aufzunehmen und auf dessen Bedürfnisse einzugehen. Eine Unterscheidung findet nach den Aussagen der Mitarbeiter_innen lediglich in der Gesprächsführung mit den Kindern/Jugendlichen statt. Außerdem wurde darauf hingewiesen, dass sich unter anderem die Ausgeh- und Zubettgehzeiten unterscheiden und Jugendliche mehr in den Aufnahmeprozess einbezogen werden als Kinder. Als Beispiel wurde hierbei unter anderem die individuelle Gestaltung des eigenen Zimmers genannt. Ein weiteres Beispiel ist der Übergang der Jugendlichen zwischen der Minderjährigkeit und der Volljährigkeit und den damit verbundenen rechtlichen Grundlagen.

„Der einzige Unterschied ist vielleicht halt die Schweigepflichtentbindung, wo bei Minderjährigen halt noch die Eltern oder die Leute, die für die Erziehung zuständig sind, unterschreiben müssen und bei den 18-Jährigen können das die Jugendlichen selber. Ansonsten werden die alle gleich behandelt.“

Ergebnisse zur Weitergabe von Abläufen

Die Geschehnisse des jeweiligen Aufnahmeprozesses sowie die jeweiligen Tages-, Wochen-, Monats- und/oder Quartalsdokumentationen sind in den zuvor genannten Berichten für jedes Kind/jeden Jugendlichen festgehalten. Ferner gibt es Übergabebücher, in denen die aktuellen Geschehnisse zu jedem Kind/Jugendlichen, welches/r zurzeit in der Einrichtung lebt, festgehalten sind. Diese dienen laut Aussagen der meisten Befragten dazu, den Betreuer_innen einen kurzen Überblick über die vergangenen 24 Stunden zu geben. Zudem wurde berichtet, dass es neben den schriftlichen auch mündliche Übergaben in den jeweiligen Einrichtungen gebe. Diese würden vor allem in den Dienstbesprechungen durchgeführt, die außerdem dazu dienten, Alltagspläne zu besprechen und zu gestalten sowie Kinder und Jugendliche, die neu in die Einrichtung eingezogen sind, dem gesamten Team vorzustellen.

5 Ergebnisse aus Sicht von Mitarbeiter_innen

„Es gibt eine feste Verfahrensanweisung, da ist das eigentlich ziemlich detailliert geschildert, wie eine Aufnahme stattzufinden hat. Was vorher gemacht wird und was nachher zu geschehen hat. Der Transfer ins Team findet halt auch in den Teambesprechungen statt oder per Mail an alle."

Diese Aussage eines befragten Teams stellt heraus, dass es dort eine starke Strukturierung des Aufnahmeverfahrens gibt und möglichst alle Teammitglieder in die Abläufe einer Aufnahme eines Kindes/Jugendlichen miteingebunden werden oder zumindest Informationen über die Abläufe erhalten. Ein anderes Team bestätigt dieses Verfahren und sagt dazu:

„Es gibt ja so Qualitätsmanagement-Unterlagen, die alle ausgefüllt werden müssen, aber für gewöhnlich läuft es, wenn es um die Infoweitergabe an den nächsten Dienst geht, über eine ausführliche Übergabe. Der, der das Aufnahmegespräch gemacht hat, schickt ´ne E-Mail an alle rum, damit alle den Jugendlichen so schnell wie möglich ‚auf dem Schirm' haben. Es gibt ja auch so ´ne Stammdatenbank, wo man dann zusätzlich auch noch jeden Tag die Erfahrungen des Tages mit dem Jugendlichen festhalten muss."

Einige Mitarbeiter_innen merkten jedoch an, dass in ihrem Team die Abläufe für den Aufnahmeprozess der Kinder/Jugendlichen nicht festgehalten werden, da eine schriftliche Dokumentation von Handlungsanweisungen in diesem Team noch nicht eingeführt worden sei. Als weitere Anmerkung vieler Mitarbeiter_innen wurde festgehalten, dass ihnen häufig die Zeit dazu fehle, Informationen an die anderen Betreuer_innen weiterzugeben. Dabei fühlten sich die Befragten häufig alleingelassen und merkten an, dass sie sich häufig Informationen eigenständig erarbeiten müssten.

Ergebnisse zur Vorbereitung der Betreuer_innen auf die Aufnahme

Die Betreuer_innen werden durch die Gesamtleitung, die Regionalleitung oder durch die Teamleitung auf die Aufnahme vorbereitet. Dies geschieht durch die Weitergabe aller Informationen über das Kind/den Jugendlichen. Außerdem wird das aufzunehmende Kind/der aufzunehmende Jugendliche von der Gesamtleitung, der Regionalleitung oder durch die Teamleitung in den jeweiligen Teamsitzungen vorgestellt und besprochen. Ferner wird darauf geachtet, dass bei der Aufnahme eines Kindes/Jugendlichen meist zwei Betreuer_innen im Dienst sind, die die Aufnahme gemeinsam durchführen können.

„An dem Tag selbst gibt es innerhalb des Teams auch einen kleinen infor-
mellen Austausch zwischen den Kollegen, na ja, und die Teamsitzung vor
der Aufnahme ist natürlich auch total wichtig, da wird auf jeden Fall auch
konkret über den Jugendlichen gesprochen."

Auch an dieser Stelle merkten einige Mitarbeiter_innen der beiden Jugend-
hilfeeinrichtungen an, dass bei spontanen Aufnahmen, zum Beispiel im
Rahmen von Inobhutnahmen, natürlich keine Vorbereitung auf das Kind/den
Jugendlichen möglich sei. Einige der Befragten schilderten, dass häufig nur
ein Anruf von der Gesamtleitung oder der Regionalleitung erfolge, mit der
Anweisung, dass ein Kind/Jugendlicher sofort aufgenommen werden müsse.
Ein Team gab an, dass es sich bewusst nicht auf ein neues Kind/einen neuen
Jugendlichen vorbereite, um ihm unvoreingenommen zu begegnen. Jedes
Kind/jeder Jugendlicher solle die Chance haben, bei „null" zu starten.

„Obwohl ich es manchmal echt ganz schön finde, wenn ich vorher nicht
`ne komplette Akte habe, sondern wenn ich einen Jugendlichen einfach
erstmal so kennenlernen kann, ohne vorher zu wissen, was für ein böser,
böser Junge er doch ist, oder so. Ich lese die Akten eigentlich erst eine
Woche nachdem die da sind. Es ist ja auch wichtig, sich ein eigenes Bild zu
machen und nicht in Schubladen zu denken."

Anzumerken ist, dass die Mitarbeiter_innen dieses Teams im weiteren
Verlauf des Interviews angaben, dass wichtige Informationen zum Beispiel
über den Gesundheitszustand selbstverständlich im Vorfeld eingeholt und
beachtet werden, um das Wohl des Kindes/Jugendlichen nicht zu gefährden.
Dieses Vorgehen wird auch bei Günder (2011) diskutiert.

Ergebnisse zu den Besonderheiten innerhalb der Aufnahme

Die Befragten gaben an, dass einer Betreuerin/einem Betreuer, die/der die
Mentorenschaft beziehungsweise die Rolle der Starthelferin/des Starthel-
fers übernimmt, der Rücken freigehalten werde, um zu gewährleisten, dass
diese/r sich um die Aufnahme des Kindes/Jugendlichen kümmern könne.
Ferner gaben einige Befragte an, dass für die Kinder/Jugendlichen zu deren
Einzug in die Einrichtung ein sogenanntes „Willkommenspaket" bereitgestellt werde. Dieses bestehe aus einem Willkommenskuchen oder Keksen,
dem Lieblingsessen zur ersten warmen Mahlzeit, einem Namensschild und
einem Foto des Kindes/Jugendlichen an dessen Zimmertür. Außerdem gaben
die befragten Mitarbeiter_innen an, den Einzug des Kindes/Jugendlichen so
angenehm wie möglich zu gestalten.

5 Ergebnisse aus Sicht von Mitarbeiter_innen

„Wir haben da halt dieses besondere Ritual, dass wir das Zimmer gut herrichten, dem Jugendlichen dann auch ein kleines Willkommensschild hinlegen und ihm ´nen paar Süßigkeiten geben. Säfte, Getränke, damit er erst mal so ´ne Basis hat, hier ankommt und immer setzten wir auch noch ein kleines Kuscheltier auf sein Bett, das erfreut viele, auch wenn die Jugendlichen das auch nicht immer zeigen."

Zu den Besonderheiten gehört auch, dass die Kinder/Jugendlichen die Gruppenangebote der Einrichtung sofort nutzen können und sie möglichst zeitnah die Einrichtung, die anderen Bewohner_innen sowie die Betreuer_innen kennenlernen. Dies wird auch in der folgenden Aussage deutlich:

„Selbst wenn die Jugendlichen hier schon 18 Jahre halt´ sind, brauchen die trotzdem wen, der die an die Hand nimmt und ´nen bisschen unterstützt. Besonders in der Anfangsphase."

Diese Aufgaben übernehmen neben den anderen Mitbewohner_innen in der Einrichtung vor allem die Mentor_innen beziehungsweise Starthelfer_innen. Ein Team merkte jedoch an, dass die Vermittlung der Regeln und Abläufe direkt im Aufnahmegespräch überfordernd auf die Kinder/Jugendlichen wirken könnte. Ferner würde auch das Unterschreiben eines Vertrags bezüglich der Zimmerregeln am ersten Tag der Aufnahme eher überfordernd wirken und sollte überdacht werden. Dies hat sich auch in der Befragung der Kinder und Jugendlichen gezeigt (siehe dazu das Kapitel „Aufnahmeprozess aus Sicht von Kindern und Jugendlichen").

Ergebnisse zu Vorgesprächen und zum Probewohnen

Die befragten Mitarbeiter_innen der beiden Jugendhilfeeinrichtungen gaben an, dass es ein bis zwei Wochen vor der eigentlichen Aufnahme normalerweise ein Vorgespräch mit dem Kind/Jugendlichen sowie eventuell den Herkunftseltern und der/dem zuständigen Sachbearbeiterin/Sachbearbeiter vom Jugendamt gebe. Falls es zu keinem Vorgespräch komme, finde in jedem Fall unabhängig davon ein Aufnahmegespräch mit dem Kind/Jugendlichen statt. Nach Angaben der befragten Mitarbeiter_innen gibt es in einigen Fällen auch vorherige Kontakte des Kindes/Jugendlichen mit der Einrichtung beziehungsweise der Gruppe, zum Beispiel bei einem gemeinsamen Essen oder Ausflug. In anderen Fällen komme das Jugendamt gemeinsam mit dem Kind/Jugendlichen im Vorfeld der Unterbringung in die Einrichtung, um diese zu besichtigen.

„Also, grundsätzlich gibt es für jeden Jugendlichen einen Besichtigungstermin, meistens mit dem Jugendamt zusammen, und die gucken sich dann hier die Einrichtung an. Dieser Termin wird auch genutzt, um ein Vorgespräch zu führen, na ja, und eigentlich ist es grundsätzlich so, dass die Jugendlichen, wenn die hier aufgenommen werden, wohnen die hier auf Probe."

In Bezug auf ein eventuelles Probewohnen gaben die meisten befragten Teams an, dass es nur vereinzelt dazu komme. Auch eine Teilnahme an Ferienfreizeiten sei vor der eigentlichen Aufnahme eher die Ausnahme. Häufig fänden Sofortaufnahmen statt, bei denen ein Probewohnen oder ein Vorgespräch meistens unmöglich sei. Ein befragtes Team betont, dass ein Probewohnen in höchstens zwei von 100 Fällen stattfinde. Einige kritische Stimmen merkten zudem an, dass es zwar theoretisch eine Probezeit gebe, diese in den allermeisten Fällen jedoch nicht angewandt würde.

„Ansonsten gibt es zwar die ausgesprochene, aber nicht angewandte Probezeit von acht Wochen, aber ich habe noch nicht erlebt, dass irgendwelche Teilnehmer vorzeitig oder während der Probezeit gehen mussten. Es wäre daher sehr wünschenswert, wenn die Probezeit definitiv ernster genommen würde. Wenn es eine Regel gibt, die nicht benutzt wird, dann hat sie definitiv auch keinen Sinn für mich. Also, das gibt wirklich keinen Sinn."

Fast alle befragten Mitarbeiter_innen gaben an, dass sie es für wünschenswert halten würden, eine ausgesprochene Probezeit für Kinder/Jugendliche ernst zu nehmen und diese ggf. auch zu nutzen, um Kinder/Jugendliche, die nicht in das Konzept der Einrichtung passen würden oder andere Probleme aufwiesen, in eine andere Einrichtung weiterzuvermitteln.

Ergebnisse zum Informationsfluss und zur Kooperation

In diesem Abschnitt erfolgt die Darstellung der Ergebnisse zum Informationsfluss und der Kooperation innerhalb der jeweiligen Einrichtung und der Kooperation mit Externen. Dabei stehen vor allem der Informationsfluss über die Kinder/Jugendlichen sowie die Kooperation mit den Herkunftseltern im Vordergrund.

Ergebnisse zum Informationsfluss über die Kinder und Jugendlichen

Die ersten Informationen über die Kinder/Jugendlichen erhalten die befragten Mitarbeiter_innen von der Gesamtleitung, der Regionalleitung, der Teamleitung oder der/dem zuständigen Jugendamtsmitarbeiterin/-mitarbeiter oder ggf. von der Einrichtung, in der das Kind/der Jugendliche vor dem Einzug in die aktuelle Einrichtung gelebt hat. Häufig werden die Informationen auch von den zuständigen Mitarbeiter_innen der allgemeinen sozialen Dienste an die Einrichtung weitergegeben, wenn diese bereits vor der Unterbringung ambulant in der betroffenen Familie tätig waren. Eine weitere wichtige Informationsquelle für die Einrichtung sind die Kinder/Jugendlichen selbst. Diese können durch das gemeinsame Ausfüllen von Fragebögen und des Stammdatenblatts wichtige Informationen über sich und ihre Herkunftsfamilie an die Einrichtung weitergeben. Bei Kindern würden häufig, laut Angaben der befragten Mitarbeiter_innen, die Herkunftseltern in einem Elterngespräch (persönlich oder telefonisch) zu ihrem Kind befragt. Ein befragtes Team gab an, dass es zusätzlich zu diesen Gesprächen noch Elternnachmittage anbiete, um einerseits einen regelmäßigen Kontakt zu dem Kind/Jugendlichen zu ermöglichen und andererseits dadurch auch weitere Informationen über das Kind/den Jugendlichen zu erhalten.

Ein anderes befragtes Team gab an, dass eine intensive Elternarbeit auch wirklich sehr abhängig von der Motivation der einzelnen Mitarbeiter_innen sei. Hier ist jedoch anzumerken, dass sich die Struktur in dem befragten Team dahingehend verändert, dass sehr viel Wert auf die Biografiearbeit mit den Kindern/Jugendlichen gelegt werde.

> *„Wir machen hier eine intensive Elternarbeit im Rahmen der systemischen Beratung und da wird dann halt auch Genogrammarbeit gemacht und da ist die Elternarbeit, glaub ich, schon sehr, sehr intensiv."*

Einige Teams gaben jedoch an, dass es häufig nur mündliche Informationen über die Familie gebe, die nicht schriftlich fixiert seien. Darüber hinaus hätten sie manchmal den Eindruck, dass sie insbesondere bei schwierigen Kindern und Jugendlichen, zum Beispiel mit starker Aggressivitätsproblematik, keine umfassenden Informationen erhielten. Ferner gaben die befragten Mitarbeiter_innen an, dass es häufig schwierig sei, Informationen direkt von den betroffenen Sorgeberechtigten zu erhalten.

Ergebnisse zum Einbezug der Herkunftseltern und anderer sozialer Kontaktpersonen

Die befragten Mitarbeiter_innen legen explizit sehr viel Wert darauf, die Herkunftsfamilien der Kinder und Jugendlichen in die alltägliche Arbeit innerhalb der Einrichtung mit einzubeziehen. Eine intensive und gute Zusammenarbeit sei, laut Aussagen der befragten Mitarbeiter_innen, ein wichtiger Faktor für eine funktionierende Kooperation zwischen der Einrichtung und der Herkunftsfamilie. Im Idealfall würden demnach die Herkunftseltern bereits zu Beginn der Hilfe in den Prozess einbezogen. So sollten diese an den Hilfeplangesprächen sowie an etwaigen Elternnachmittagen teilnehmen. Die befragten Teams gaben zudem an, dass Besuche bei den Herkunftsfamilien zu Hause außerdem erwünscht seien, diese jedoch häufig aufgrund von Zeitmangel nicht durchführbar seien. Die Geschwisterkinder der untergebrachten Kinder/Jugendlichen werden außerdem gerne in den Kontakt miteinbezogen. Diese können zum Beispiel besonders in der Anfangsphase der Unterbringung eine wichtige unterstützende Rolle spielen. In Bezug auf akute Aufnahmen im Rahmen von Inobhutnahmen gemäß § 41 SGB VIII gaben die befragten Mitarbeiter_innen an, dass sie in diesen Fällen die Herkunftseltern bei der eigentlichen Aufnahme in die Einrichtung nur ungern beiwohnen ließen.

> *„Die Eltern finde ich teilweise schwierig, es kommt da echt auf den Fall an, in den meisten Fällen würde ich wirklich sagen, Einbezug ja, aber es gibt natürlich auch [...] Fälle, wo das nicht günstig wäre, das habe ich auch schon erlebt, dass das ziemlich kontraproduktiv war und es günstiger gewesen wäre und wir hätten gesagt, komm, wir nehmen erst den Jungen, wenn er angekommen ist und sich sein Zimmer eingerichtet hat und eigentlich runtergekommen ist, um dann 'nen Besuchskontakt zu vereinbaren, dass das echt günstiger wäre."*

So sollten diese bei der Inobhutnahme, wenn dies die Gefährdungssituation zulasse, einen Zettel mit Kontaktdaten bekommen, auf dem sie erfahren, wann und wie sie Kontakt mit der Einrichtung beziehungsweise mit ihrem Kind aufnehmen können. Bei der Frage danach, wer bei der Aufnahme in die Einrichtung aus Sicht der befragten Mitarbeiter_innen der beiden Jugendhilfeeinrichtungen dabei sein sollte, kam es zu folgenden Aussagen: der/die zuständige Sachbearbeiter/Sachbearbeiterin vom Jugendamt, ein Mitarbeiter/eine Mitarbeiterin der Einrichtung, der/die eventuell die Mentorenschaft beziehungsweise die Rolle des Starthelfers/der Starthelferin übernimmt, ein Mitarbeiter/eine Mitarbeiterin aus der Einrichtung, in der das Kind/der Jugendliche ggf. vorher gelebt hat, ggf. der/die Personensorgeberechtigte, der Vormund, die Teamleitung der Einrichtung, ggf. die Regional- und/

oder die Gesamtleitung, das Kind/der Jugendliche selbst und ggf. die Herkunftseltern oder eine andere wichtige Bezugsperson des Kindes/Jugendlichen. Häufig handelt es sich jedoch um sehr schnelle Aufnahmen, sodass laut Aussage der Befragten, häufig nicht die Möglichkeit gegeben ist, dass viele Personen der Aufnahme beiwohnen. Die Anwesenheit der Eltern wird von den befragten Mitarbeiter_innen kritisch diskutiert, da je nach Situation der Familie dies eine Belastung für die Jugendlichen darstellen könne. Hier wird also deutlich, dass prinzipiell viel Wert auf Elternarbeit gelegt wird, aber auch die Grenzen der Einbeziehung gesehen werden, insbesondere wenn dies eine Belastung für die Kinder und Jugendlichen darstellt.

Ergebnisse zu Unterstützungsangeboten, der Einteilung der Kinder und Jugendlichen in die jeweilige Gruppe und zum Bezugserziehungssystem

Im Folgenden werden die Ergebnisse zu den Unterstützungsangeboten für die Kinder und Jugendlichen in den jeweiligen Jugendhilfeeinrichtungen aus Sicht der befragten Mitarbeiter_innen dargestellt. Ferner folgen die Angaben zur Einteilung der Kinder und Jugendlichen in die jeweilige Gruppe und Angaben zum Bezugserziehungssystem.

Ergebnisse zu Unterstützungsangeboten während der Aufnahme

Die befragten Mitarbeiter_innen der jeweiligen Jugendhilfeeinrichtungen gaben an, dass sie den Kindern und Jugendlichen stets ein Gesprächsangebot machen würden, um diese besonders in der Anfangszeit gezielt zu unterstützen. Ferner gaben viele der Befragten an, dass sie am ersten Abend den Kindern/Jugendlichen die Möglichkeit bieten würden, alle anderen Mitbewohner_innen in einer gezielten Vorstellungsrunde beim Abendessen kennenzulernen. Jugendliche hätten außerdem die Möglichkeit, Freunde zum Übernachten einzuladen, um sich die Eingewöhnungsphase in ihrem neuen Wohnumfeld so angenehm wie möglich zu gestalten. Eine der beiden befragten Einrichtungsleitungen beschreibt die besondere Unterstützung für die Kinder und Jugendlichen in ihrer Einrichtung wie folgt:

„Aber klar ist, dass ich den Jugendlichen anbiete, sie können auch Tante, Oma, Onkel, ganze Familienverbände mitbringen oder einen Freund, Freundin, Hund oder was auch immer, um sich besser trennen zu können. Das machen wir schon. Wird aber nur begrenzt wahrgenommen."

Außerdem wurde von den befragten Mitarbeiter_innen angemerkt, dass insbesondere Jugendliche die Möglichkeit haben, therapeutisch betreut zu werden. Es wird zudem versucht, möglichst schnell Strukturen im neuen

Sozialraum zu implementieren. Hierzu zählt zum Beispiel den Kindern und Jugendlichen einen Hausarzt in der Nähe der Einrichtung zu suchen, damit bei etwaigen Arztterminen keine langen Anfahrtswege notwendig sind. Innerhalb der jeweiligen Einrichtungen gibt es jedoch, nach Aussage der Mitarbeiter_innen, keine festen Rituale, die einem Kind/Jugendlichen bei der Aufnahme helfen. Eine individuelle Betreuung durch einen Mitarbeiter oder eine Mitarbeiterin, welche ggf. auch die Mentor_innen- beziehungsweise Starthelfer_innenrolle einnehmen, ist von besonderer Bedeutung, diese können zum Beispiel am ersten Tag dabei helfen, gemeinsam mit dem Kind/Jugendlichen dessen Zimmer einzuräumen. Auch wurde die gegenseitige Unterstützung der Kinder/Jugendlichen untereinander als besonders hilfreich für die Kinder/Jugendlichen in der Anfangsphase herausgestellt. Eine Einrichtung gab an, einen Begleithund zu besitzen, welcher auch als therapeutisch-unterstützende Maßnahme in der Anfangsphase des Einzugs der Kinder/Jugendlichen genutzt werde. Es wurde zudem festgehalten, dass ein Kind/Jugendlicher in der Anfangsphase neue Kleidung bekomme, wenn diese benötigt würde. Kleinkinder bekommen meist eine Erstausstattung an Kleidern.

Ergebnisse zur Vorbereitung der Mitarbeiter_innen auf das neue Kind/den neuen Jugendlichen

Eine Aussage einer befragten Mitarbeiterin beschreibt die direkte Vorbereitung auf das Kind/den Jugendlichen sehr treffend:

> *„Wenn ein Kind oder ein Jugendlicher in die Einrichtung einzieht, gucken wir, was es braucht."*

Wenn jedoch ein Kind/Jugendlicher mit einer speziellen Erkrankung oder einem speziellen Störungsbild in die Einrichtung kommt, bereite sich das Team gezielt vor. Dies geschehe durch zum Beispiel die Recherche in Fachbüchern, Fortbildungen u.a. Ferner würden in Teamsitzungen und durch intensive Übergaben wichtige Informationen ausgetauscht. Nach dem Einzug bestehe zudem die Möglichkeit, in Fallsupervisionen über das Kind/den Jugendlichen zu sprechen. Eine gezielte Auseinandersetzung mit dem Kind/Jugendlichen selbst finde jedoch erst im Verlauf seines Aufenthaltes statt. In diesem Kontext finde eine zeitintensive „Eins-zu-eins-Betreuung" statt. Ein Team äußerte jedoch, wie bereits weiter oben erläutert, dass es die Berichte über das Kind/den Jugendlichen nicht zuließen, ihm möglichst unvoreingenommen gegenüberzutreten. Dies würde jedoch hintenangestellt, wenn ein Kind/Jugendlicher therapeutische Maßnahmen benötigt, da diese für

5 Ergebnisse aus Sicht von Mitarbeiter_innen

seine weitere Entwicklung wichtig seien. Die Unvoreingenommenheit wird als Grundlage für ein neutrales Auftreten gegenüber dem Kind/Jugendlichen gesehen.

Ergebnisse zur Einteilung der Kinder und Jugendlichen in die Wohngruppen

Die Einteilung der Kinder/Jugendlichen in die jeweilige Wohngruppe erfolge aufgrund der vorhandenen Ressourcen, also dort, wo gerade Platz ist. Die befragten Mitarbeiter_innen gaben zudem an, dass die Einteilung der Kinder und Jugendlichen häufig durch die Gesamtleitung oder die Regionalleitung erfolge. Auch wurde herausgestellt, dass die zuständigen Jugendämter gezielt Anfragen bei bestimmten Wohngruppen der beiden freien Träger stellten. Der Leiter einer der beiden Jugendhilfeeinrichtungen beschreibt die Vorgehensweise bei der Einteilung der Kinder und Jugendlichen wie folgt und bestätigt die Aussagen seiner Mitarbeiter_innen:

„Natürlich ein bisschen danach, wo Platz ist. Also, nicht ein bisschen, also ganz klar danach, ne. [...] Und dann oft nach dem, wie ich Menschen wahrnehme, versuche ich schon, sie in das eine oder andere Haus zu bringen. [...] Hängt also viel daran, wie Plätze frei sind."

Wenn ein Kind/Jugendlicher einer Wohngruppe zugeteilt wurde und nach einiger Zeit nicht mehr in die Wohngruppe passt, wird versucht innerhalb der Einrichtung das Kind/den Jugendlichen in eine andere Wohngruppe zu vermitteln.

Ergebnisse zur Umsetzung des Bezugserziehungssystems

Alle befragten Teams geben an, dass es Mentor_innen beziehungsweise Starthelfer_innen für jedes Kind/jeden Jugendlichen gibt, welche primär als Kontaktperson für die Ämter, zum Beispiel bei Hilfeplangesprächen, Schulen, Ärzten usw. zuständig seien. Ferner seien die für ein Kind/einen Jugendlichen zuständigen Mitarbeiter_innen auch mit der Dokumentation über das Kind/ den Jugendlichen betraut. Die Mentor_innen beziehungsweise Starthelfer_innen begleiteten das Kind/den Jugendlichen zudem gezielt durch die ersten Tage in der Einrichtung. Wenn das Kind/der Jugendliche und der/die jeweilige Mentor/Mentorin beziehungsweise Starthelfer/Starthelferin einen Draht zueinander entwickelten, würde das bestehende Vertrauensbündnis aufrechterhalten. Falls dies jedoch nicht so ist, ist es für die befragten Mitarbeiter_innen wichtig herauszustellen, dass dieses Bündnis aufgebrochen werden könne und das Kind/der Jugendliche sich seinen Mentor/seine

Mentorin selbst aussuchen könne. In einer der beiden Jugendhilfeeinrichtungen betonten die befragten Teams, dass es bei ihnen Mentorentage gebe, an denen individuelle Ausflüge mit dem Kind/Jugendlichen stattfänden.

Ergebnisse zur Zufriedenheit der Kinder und Jugendlichen sowie der Mitarbeiter_innen

Im Folgenden geht es darum herauszustellen, wie die Zufriedenheit der Kinder/Jugendlichen sowie die der einzelnen Mitarbeiter_innen in Bezug auf den Aufnahmeprozess in die Einrichtung von den befragten Mitarbeiter_innen individuell eingeschätzt wird.

Ergebnisse zur Erfassung der Zufriedenheit der Kinder und Jugendlichen

Ein wichtiger Aspekt in der Erfassung der Zufriedenheit der Kinder und Jugendlichen sind die alle zwei Monate stattfindenden Teamabende bei den Jugendlichen beziehungsweise die Kinderteamsitzungen bei den Kindern. Dort haben die Kinder beziehungsweise Jugendlichen die Möglichkeit, Verbesserungsvorschläge zu machen und ggf. ihren Unmut zu äußern. Eine weitere Möglichkeit zur Evaluation der Zufriedenheit der Kinder und Jugendlichen sehen die befragten Mitarbeiter_innen in der alltäglichen Nachtrunde, in der die Kinder und Jugendlichen die Möglichkeit haben, ihre Zufriedenheit oder Unzufriedenheit über den Tag oder andere Situationen zu äußern. Die Gespräche über die Zufriedenheit/Unzufriedenheit des Kindes oder Jugendlichen werden im sogenannten Übergabebuch und/oder in den Tages-, Wochen-, Monats- oder Quartalsberichten festgehalten. In einer der beiden Einrichtungen erfolgt zudem eine gemeinsame Abfrage über die Zufriedenheit der Kinder/Jugendlichen über ein elektronisches Evaluationssystem, das sogenannte Pädagogische Evaluations System (PädSy).

> „Da gibt es jetzt nichts Schriftliches, soweit ich weiß. Eigentlich nur in Einzelgesprächen, denn der Bezugsbetreuer ist da schon halt angehalten, mal kritischer nachzufragen. Und die Befindlichkeit abzutasten und das wird dann auch ins Team weitergegeben. Also im Grunde nur durch Gespräche, es gibt jetzt keinen Fragebogen oder so was. Auf lange Sicht kann man für uns nur PädSy nennen, aber das ist eher allgemein und nicht nur auf den Aufnahmeprozess bezogen."

Zudem gaben die befragten Mitarbeiter_innen der beiden Jugendhilfeeinrichtungen an, dass sie die Zufriedenheit beziehungsweise Unzufriedenheit der Kinder/Jugendlichen an deren individuellem Verhalten beobachten könnten. Hierzu dienen folglich auch die Mentorentage, welche in einer der

5 Ergebnisse aus Sicht von Mitarbeiter_innen

beiden Jugendhilfeeinrichtungen durchgeführt werden. Hier können die Mitarbeiter_innen das allgemeine Wohlbefinden oder den Unmut des Kindes/Jugendlichen gemeinsam reflektieren. Eine Mitarbeiterin einer Jugendhilfeeinrichtung führte an:

> *„Die Kinder beschweren sich auch so."*

Dies zeigt, dass die Mitarbeiter_innen davon ausgehen, dass eine konkrete Rückmeldung seitens der Kinder und Jugendlichen über ihren allgemeinen Gefühlszustand unabhängig von gezielten Nachfragen zu erwarten ist. Einige der befragten Teams geben an, dass sie die Zufriedenheit der Kinder und Jugendlichen jedoch nicht gezielt erfassen würden, da bisherige Versuche, diese zu erfassen, gescheitert seien, zum Beispiel die Einrichtung eines Kummerkastens. Die Teams, die angaben, die Zufriedenheit der Kinder und Jugendlichen zurzeit noch nicht schriftlich zu erfassen, gaben an, dies in Zukunft zumindest mündlich anzustreben.

> *„Es wäre eigentlich ziemlich wichtig, dies zu tun, es ist ja auch eine Evaluation der eigenen Arbeit. Wenn sich jetzt 20 Jugendliche komplett unwohl fühlen, dann müssten wir halt wirklich etwas ändern."*

Individuell sollte jedoch mehr auf jedes einzelne Kind/jeden einzelnen Jugendlichen geachtet werden, sagten einige Teams. Es sei die Aufgabe eines jeden Mitarbeiters und einer jeden Mitarbeiterin, so die Anmerkung der Befragten, die Zufriedenheit beziehungsweise Unzufriedenheit eines Kindes/Jugendlichen mit diesem zu reflektieren. Nach dem Grundsatz der Empathie sollte jedem Kind/Jugendlichen die Möglichkeit geschaffen werden, sich dann zu äußern, wenn es/er das möchte. Eine Abweisung beziehungsweise ein Verweis auf einen viel späteren Zeitpunkt sei dabei laut Aussage der Befragten nicht erstrebenswert. Ferner wird angemerkt, dass es wichtig sei, eine Art Lebensbuch für die Kinder/Jugendlichen anzulegen, um deren individuelle Geschichte und die Erlebnisse innerhalb der Einrichtung festzuhalten. Dies würde zusätzlich die Zufriedenheit beziehungsweise Unzufriedenheit des Kindes/Jugendlichen erfassen. Am Verhalten der Kinder und Jugendlichen könne außerdem festgestellt werden, ob sie in der Einrichtung angekommen seien, zum Beispiel durch das Austesten von Grenzen oder das besondere Einrichten des Zimmers.

Ergebnisse zur Erfassung der Zufriedenheit der Teams

Als letztes Ergebnis wird die Erfassung der Zufriedenheit der Teams dargestellt. Dabei handelt es sich um Verbesserungsvorschläge, welche die Teams im Zuge der durchgeführten Interviews entwickelt haben. Als wichtigsten Aspekt nennen die befragten Mitarbeiter_innen die Notwendigkeit der Verbesserung des Informationsflusses und Austauschs zwischen dem Jugendamt, der Gesamtleitung sowie der Regionalleitung und der jeweiligen Wohngruppe. Viele der befragten Teams äußern ihren Unmut über die derzeitige Aufnahmesituation der Kinder/Jugendlichen. Hier ein Beispiel:

„Ich persönlich finde es momentan eigentlich ganz okay, aber manchmal fehlen halt so ein paar Informationen, die dann viel zu wenig an uns herangetragen werden. Und es sich erst viel, viel später bemerkbar macht, was eigentlich fehlt. Das ist manchmal so eine Sache, die mich wirklich stört. Ich hätte da gerne wirklich so einen Katalog, das ist der Jugendliche X, das ist seine Lebensgeschichte Y und dann weiß ich auch, okay, damit kann ich was anfangen, und nicht: Das ist der Name, der ist soundso alt, kommt da her und mehr weiß man nicht. Da fragt man sich dann so ein bisschen, was da noch alles so dahintersteckt. Ich denke, von der theoretischen Grundlage her ist unser Konzept gar nicht so schlecht, aber von der praktischen Umsetzung her hakt es manchmal [...]"

Ferner wird angemerkt, dass gewünscht wäre, einen konkreten Ansprechpartner/eine konkrete Ansprechpartnerin von Seiten der Einrichtungsleitung zu haben, die im Fall einer Aufnahme für die befragten Mitarbeiter_innen greifbar sei. Des Weiteren äußerten die befragten Mitarbeiter_innen den Wunsch nach mehr Partizipation bezüglich des Zeitpunkts der Aufnahme eines Kindes/Jugendlichen sowie des Kindes/des Jugendlichen selbst.

„Man müsste einfach mal in der Lage sein, Nein sagen zu dürfen. Aber im Moment hat man wieder so den Eindruck, ein freies Bett darf nicht kalt werden. Die Jugendlichen werden ja dennoch aufgenommen, es ist ja jetzt nicht so, dass wir irgendwen nicht aufnehmen würden. Was ist mit der Probezeit etc., das sind ja alles Aspekte, die man mal ansprechen müsste. Es könnte ja alles runder laufen für uns, dann wäre es für uns stressfreier und auch für die Jugendlichen."

Diese Aussage unterstreicht den oft entscheidenden Gesichtspunkt der Wirtschaftlichkeit für die freien Jugendhilfeträger. Diese sind natürlich darauf angewiesen, Kinder und Jugendliche bei sich aufzunehmen, um die finanzielle Stabilität ihrer Einrichtung zu sichern (Hensen, 2006). Dies kann manchmal aber das Gruppengefüge negativ verändern oder die Ressourcen für einzelne Kinder/Jugendliche beschneiden. Dies wird noch gravierender bei zeitweiser Überbelegung in einzelnen Wohngruppen. Dieser Umstand soll nach dem Wunsch der Befragten in zukünftigen Aufnahmeverfahren berücksichtigt werden. Dabei steht das Wohl der anderen Gruppenmitglieder im

Vordergrund, dieses sollte bei der Aufnahme eines Kindes/Jugendlichen im Vorfeld stets geprüft werden. Abschließend wurde von vielen Teammitgliedern angemerkt, dass eine strukturierte Gestaltung des Aufnahmeprozesses und die Ausarbeitung eines Aufnahmekonzepts unbedingt erwünscht seien.

Fazit

Die oben ausführlich dargestellten Ergebnisse der Befragung von 48 Mitarbeiter_innen von zwei stationären Einrichtungen der Jugendhilfe verdeutlichen, dass die Aufnahme eines Kindes/Jugendlichen in eine Heimeinrichtung viel mehr beinhaltet als nur den kurzfristigen Prozess am Aufnahmetag selbst. Das Kind/der Jugendliche steht im Mittelpunkt der Aufnahme, es gibt darüber hinaus aber weitere Prozesse, an denen das betroffene Kind/der betroffene Jugendliche nicht direkt beteiligt ist. Dazu gehört zum Beispiel die Auseinandersetzung der Mitarbeiter_innen mit den strukturellen Vorgaben seitens der stationären Jugendhilfeeinrichtung selbst. So werden sie beispielsweise angehalten, vorgefertigte Formulare während des Aufnahmeprozesses im Zuge des Qualitätsmanagements und zur Erfassung der individuellen Lebensgeschichte des Kindes/Jugendlichen auszufüllen. Außerdem sollen auch die internen Hausregeln beim Aufnahmegespräch an die Kinder/Jugendlichen weitergegeben werden. Vor dem Aufnahmegespräch soll nach Möglichkeit bereits ein Vorgespräch mit dem betroffenen Kind/Jugendlichen geführt werden. Dies ist aufgrund flexibler Strukturen innerhalb der befragten Jugendhilfeeinrichtungen häufig schwierig, sodass die zuständigen Betreuer_innen das Kind/den Jugendlichen häufig erst am Tag der Aufnahme kennenlernen. Dennoch wird im Zuge der Auswertung der Ergebnisse deutlich, dass dabei das Kind/der Jugendliche im Vordergrund steht. Es wird versucht, mit den häufig schwierigen Umständen rund um den Einzug in die Einrichtung bestmöglich zum Wohl des Kindes/Jugendlichen umzugehen. Das Kind/der Jugendliche soll sich, nach Wunsch der befragten Mitarbeiter_innen, vorrangig wohlfühlen und während der Anfangsphase besonders unterstützt werden. Die jeweiligen individuellen Unterstützungsangebote sind innerhalb der Einrichtung nicht explizit erfasst, jedoch bekommen die Kinder/Jugendlichen nach Aussage der befragten Mitarbeiter_innen ein individuelles „Willkommenspaket" bereitgestellt, um ihnen den Einzug so angenehm wie möglich zu gestalten. Neben den als sehr positiv zu bewertenden Aspekten der individuellen Betreuung der Kinder/Jugendlichen durch die Betreuer_innen ergaben die durchgeführten Interviews jedoch auch kritische Anmerkungen zum Aufnahmeprozess seitens der Mitarbeiter_innen. So wurde herausgestellt, dass sie sich im Zuge der Partizipation mehr Mitspracherecht zum Beispiel im Bereich der Entscheidung über die Aufnahme eines Kindes/Jugendlichen in die Einrichtung wünschen oder dass theoretisch bestehende Regeln, wie zum Beispiel ein sechs- bis achtwöchiges Probewohnen, tatsächlich in einigen Fällen auch umgesetzt würden. Weitere Anmerkungen entfielen auf einen besseren Informationsfluss zwischen allen beteiligten Kooperationspartner_innen und vor allem auch innerhalb der Jugendhilfeeinrichtung selbst. Ferner sprachen sich die befragten Mitarbeiter_innen dafür aus, mehr Mitspracherecht innerhalb der einzelnen Prozesse des Aufnahmeverfahrens zu erhalten. Dies würde nach ihren Aussagen auch die individuelle Zufriedenheit am Arbeitsplatz erhöhen. Die hier aufgeführten Ergebnisse werden im Kapitel „Handlungsempfehlungen" aufgegriffen und diskutiert.

Literatur/Webliografie

Frey, D., Nikitopoulos, A., Peus, C., Weisweiler, S. & Kastenmueller, A. (2010). Unternehmenserfolg durch ethikorientierte Unternehmens- und Mitarbeiterführung. In: U. Meier & B. Sill (Hg.). Führung.Macht.Sinn. (S. 637–657). Regensburg

Frey, D., Gerkhardt, M. & Fischer, P. (2008). Erfolgsfaktoren und Stolpersteine bei Veränderungen. In: R. Fisch, A. Müller & D. Beck (Hg.). Veränderungen in Organisationen (S. 281–300). Wiesbaden

Günder, R. (2011). Praxis und Methoden der Heimerziehung: Entwicklungen, Veränderungen und Perspektiven der stationären Erziehungshilfe. Freiburg i. Br.

Hensen, G. (2006). Markt und Wettbewerb in der Jugendhilfe. Ökonomisierung im Kontext von Zukunftsorientierung und fachlicher Notwendigkeit. Weinheim

Mayring, P. (2002). Einführung in die qualitative Sozialforschung: Eine Anleitung zu qualitativem Denken. Weinheim

Peus, C. & Frey, D. (2009). Humanism at work: Crucial organizational cultures and leadership principles. In: H. Spitzeck, M. Pirson, W. Amann, S. Khan & E. von Kimakowitz (Eds.), Humanism in Business (p. 220–278). Cambridge

6 Leon: Fallvignette zum Aufnahmeprozess in die stationäre Erziehungshilfe aus Sicht eines öffentlichen Trägers der Jugendhilfe

Nathalie Kompernaß

Einleitung

Mit der nachfolgenden Fallvignette von „Leon" wird der Fragestellung nachgegangen, inwiefern Vertreter_innen der öffentlichen Träger der Jugendhilfe mit der betroffenen Familie sowie weiteren relevanten beteiligten Fachkräften einen Aufnahmeprozess in eine stationäre Jugendhilfemaßnahme positiv gestalten können. Hierbei wird insbesondere auch die Zusammenarbeit mit einem freien Träger der Jugendhilfe hervorgehoben, dessen Mitarbeiter_innen den intensiven, regelmäßigen Kontakt zu Leon halten konnten. Nach einleitender Darstellung der Familiensituation wird im Hauptteil der Hilfeprozess zunächst komprimiert dargestellt und anschließend herausgearbeitet, welche Faktoren für den Aufnahmeprozess zentral und unterstützend waren. Im Schlussteil wird resümiert, welche Aspekte des vorgestellten Falles angesichts der Komplexität der Problemlagen von Familien nicht generalisierbar, aber förderlich sind für die Tätigkeit des Allgemeinen Sozialen Dienstes im Rahmen der Aufnahme eines Jugendlichen in eine stationäre Hilfe zur Erziehung.

Grundlage der Fallvignette sind zum einen die chronologisch geführten Fallakten, zum anderen die Erfahrungswerte der Autorin als zuständige Fachkraft für die Familie seitens des Allgemeinen Sozialen Dienstes des öffentlichen Trägers der Jugendhilfe (Jugendamt) über einen Zeitraum von vier Jahren.

6 Fallvignette zum Aufnahmeprozess

Ergänzend werden die Aussagen der sorgeberechtigten Mutter sowie des Jugendlichen herangezogen, die im Rahmen eines Interviews im Nachgang der Fremdplatzierung protokolliert wurden.

Die Fallakten setzen sich zusammen aus der fundierten, strukturierten und detaillierten Dokumentation eigener Tätigkeit wie Aktenvermerken, Anamnesebögen, Teamvorlagen/-protokollen und Hilfeplänen, im Kontext damit den Entwicklungsberichten und Hilfeplanvorlagen des beauftragten freien Trägers sowie Unterlagen von externen Institutionen wie Zeugnissen und dem Gutachten zum AO-SF-Verfahren (Verordnung über die sonderpädagogische Förderung, den Hausunterricht und die Schule für Kranke; Ausbildungsordnung gemäß § 52 Schulgesetz NRW). Das Interview mit dem betroffenen Jungen und seiner Mutter wurde ein Jahr nach Aufnahme in die Wohngruppe durch eine Praktikantin im Allgemeinen Sozialen Dienst, Studentin der Pädagogik, durchgeführt und die Ergebnisse wurden im Einvernehmen mit den Beteiligten an die Mitarbeiter_innen des öffentlichen und des freien Trägers weitergegeben. Als Erhebungsmethode wurde die Vorgehensweise eines halbstrukturierten Interviews auf der Basis eines Gesprächsleitfadens gewählt. Dieses Interview gibt für die Fallvignette wertvolle und authentische Hinweise auf die subjektive Wahrnehmung und Einschätzung der Familie zum Verlauf der Hilfeplanung und der Entscheidung zum Wechsel des jungen Menschen in ein stationäres Setting als Ergebnis eines Konsenses der Ziele der Familie auf der einen und des Auftrages der Träger der Jugendhilfe auf der anderen Seite.

In der Fallvignette wird der Fokus auf den Jungen „Leon" gerichtet und zur Komprimierung auf die Darstellung der Situation seiner Schwester verzichtet, die aus systemischer Sicht selbstverständlich grundsätzlich zu beachten ist, für die konkrete Thematik des Aufnahmeprozesses von Leon in eine Wohngruppe aber keine vordergründige Rolle spielte. Der Fall ist so weit anonymisiert dargestellt, dass die wesentlichen Aspekte für den Verlauf – insbesondere im Hinblick auf die Aufnahme – deutlich werden, aber Rückschlüsse auf die tatsächliche Familie ohne Kenntnis weiterer Fakten nicht möglich sind.

Fallvignette: Familie T.

Leon war zum Zeitpunkt des Übergangs aus seiner Familie in die stationäre Jugendhilfe 13 Jahre alt. Er lebte mit seiner 45 Jahre alten alleinerziehenden Mutter und seiner achtjährigen Schwester in einer Dreizimmerwohnung. Sein Vater lebte seit sechs Monaten erstmals im gleichen Mietshaus mit sechs Parteien. Die Mutter hat die alleinige elterliche Sorge für beide Kinder inne.

Leon

Leon fiel zu Beginn der Betreuung durch die Jugendhilfe im Alter von neun Jahren durch ein hohes Maß an Passivität und Ängstlichkeit auf – hier sei exemplarisch benannt, dass seine Mutter ihm mit einer Schale die Haare ausspülte, da er als Kleinkind von seinem Vater mit der Dusche erschreckt worden war und seitdem Angst vor Wasser hatte, oder dass er anfing zu weinen, als er auf einer Schaukel saß und aufgefordert wurde, die Füße vom Boden zu heben, da er Angst hatte zu fallen. Er wirkte einsilbig, abwartend in Gestik und Mimik eingeschränkt und war motorisch nicht altersgerecht entwickelt.

Zum Zeitpunkt der Aufnahme in eine stationäre Heimgruppe war ein erfolgreicher dreijähriger Prozess von ambulanten und teilstationären Hilfen vorangegangen, welche im Folgenden skizziert werden. Die Stärkung von Leons Selbstwertgefühl war ein zentrales Thema der Hilfeplanung gemäß § 36 SGB VIII. Die gemeinsame Erarbeitung dieses Ziels und die Entwicklung von Lösungswegen im Hilfeverlauf intensivierten den Veränderungswillen und die Umsetzung zur Aufnahme in ein stationäres Setting. Die häuslichen Schwierigkeiten machten es schließlich notwendig Leon stationär unterzubringen, um ihn zum einen vor Gewalt zu schützen (Kindeswohlgefährdung), aber zum anderen auch seine Persönlichkeitsentwicklung nachdrücklich zu fördern und ihn darin zu stärken, seinen eigenen Bedürfnissen nachzukommen, das System der Herkunftsfamilie zu verlassen und sich zu verselbstständigen.

Die Eltern: Herr B. und Frau T.

Der 44 Jahre alte Herr B. ist Vater beider Kinder und seit über 17 Jahren Partner von Frau T., der Mutter. Er ist nie offiziell dem Haushalt zugehörig gewesen. Beide Eltern sind im gleichen Stadtteil aufgewachsen und haben – ebenso wie ihre eigenen Eltern – in ihrem Leben Wohnorte in einem Radius von zwei Kilometern gehabt.

Die Mutter hat einen Hauptschulabschluss, aber keine Ausbildung, und hat bis zwei Jahre vor Leons Geburt in einer Heißmangel gearbeitet. Seitdem ist sie durchgängig arbeitslos und im Sozialleistungsbezug.

Frau T. ist groß und extrem schlank, kleidet sich einfach in Jeans und T-Shirt, ist sehr blass und in ihrer Gestik fahrig. Sie ist körperlich in schlechter Verfassung, sieht extrem dünn aus und wirkt permanent angespannt und erschöpft. Den Verdacht auf Essstörungen beziehungsweise Alkoholabusus, der durch die Fachkräfte geäußert wird, weist sie vehement von sich. Die genannten Symptome seien aus ihrer Sicht stressbedingt. Frau T.s verbale Ausdrucksfähigkeit ist eingeschränkt: Sie spricht häufig zum Zwecke der Rückversicherung über ihre Aussagen oder Handlungen, dies meist in Hauptsätzen. Dagegen kann sie sich schriftlich fehlerfrei ausdrücken, was ihr reduzierter

Redestil nicht vermuten lässt. Ihr Habitus ist von Resignation geprägt; sie hat kaum außerfamiliäre Außenkontakte und wirkt sehr einfach strukturiert, zurückhaltend und ängstlich.

Der Vater stammt aus dem sogenannten bildungsfernen Milieu, hat keinen Schulabschluss, ist funktionaler Analphabet und hat insgesamt kognitiv deutliche Defizite. Frau T. regelt für ihn organisatorische Dinge, zum Beispiel den Schriftverkehr mit diversen Gläubigern. Herr B. ist im Garten- und Landschaftsbau in Vollzeit berufstätig und kommt seinen Verpflichtungen im Beruf zuverlässig nach. Der Unterhalt für seine drei Kinder musste jedoch eingeklagt werden. Herr B. ist etwa so groß wie Frau T., hat im Gegensatz zu ihr eine hohe Körperspannung und nimmt – anders als sie – häufig direkten Blickkontakt auf.

Frau T. und Herr B. sind seit ihrer späten Adoleszenz ein Paar, wobei es zwischenzeitlich immer wieder Parallelbeziehungen auf Seiten des Vaters gegeben hat. Aus einer ist ein Sohn im Alter zwischen Leon und dessen Schwester hervorgegangen, was als Thema offen ist, zu dem jedoch keinerlei Kontakte bestehen. Die Beziehung zwischen den Kindeseltern ist konfliktbehaftet; es werden täglich verbale Streitigkeiten per Telefon oder in der direkten Auseinandersetzung auch in Anwesenheit der Kinder ausgetragen, was diese als bedrohlich wahrnehmen. Seitens der Eltern gibt es eine klare Rollenzuweisung von Leon als „Mamakind" und seiner Schwester als „Papakind". Die langjährigen Partnerschaftskonflikte der Eltern haben, in Überstimmung mit Brody (1998), negative Auswirkungen auf die Beziehung der Geschwisterkinder untereinander. Leon und seine Schwester leben weitgehend „nebeneinander her"; wenn sie im Kontakt sind, ist dieser regelhaft mit verbalen Auseinandersetzungen konnotiert.

Leon und Herr B. als einzige männliche Akteure im Gesamtsystem haben keine (positive) Beziehung zueinander. Herr B. präsentiert sich als Vater mit distanziert-beziehungsabweisender Einstellung. Er zeigt die Wahrnehmung seines Sohnes allenfalls durch abwertende Bemerkungen über dessen Gewicht und darüber, dass er eine Förderschule besucht. Umgekehrt meidet Leon den Kontakt zu seinem Vater.

Die Mutter parentifiziert und überfordert Leon, der für sie Erwachsenenstatus hat. Insgesamt sind in der Familie keine Generationsgrenzen erkennbar. Frau T. zeigt wenig eigeninitiatives Interesse an Leon, ist aber durchaus in der Lage, ihm Stolz zum Beispiel auf schulische Leistungen verbal rückzumelden. Körperkontakt ist im gesamten Familienverbund kaum zu beobachten.

Erweiterte Ursprungsfamilie

Die Großväter der Kinder sind bereits vor 20 Jahren verstorben und zur Groß-mutter väterlicherseits besteht kein Kontakt. Die Beziehung zwischen der Großmutter mütterlicherseits und Frau T. ist ambivalent. Die Großmutter hat drei Schwestern, zwei davon sind nach Süddeutschland verzogen – beide mit abgeschlossener Ausbildung und je zwei Töchtern, die sich im Studium befin-den. Eine weitere Schwester lebt ebenfalls im Stadtteil in fußläufiger Nähe zur Familie T. Sie hat eine 42-jährige alkoholkranke Tochter (Cousine von Frau T.), die auch in der unmittelbaren Nachbarschaft wohnt. Deren zehnjährige Tochter ist zu diesem Zeitpunkt bereits seit drei Jahren in einer Pflegefamilie dauerhaft fremduntergebracht; ihr zweijähriger geistig behinderter Sohn lebt seit Geburt beim Vater Herrn D., der in derselben Straße wohnt wie Familie T. Zu diesem hat Leon einen regelmäßigen und positiven Kontakt. Anson-sten lebt die Familie im Sozialraum hinsichtlich nachbarschaftlicher Kontakte sowie der Nutzung der vorhandenen Angebote für Familien isoliert.

Die Kommunikation und Interaktion innerhalb der Großfamilie ist in der intergenerativen Sicht als dysfunktional zu qualifizieren. Die intrafamiliale Kommunikation verläuft distanzlos, ohne die Wahrung der kognitiven, emo-tionalen und altersgemäßen Möglichkeiten und Grenzen des Gegenübers und ist häufig destruktiv. Insgesamt ist die starke und prägende Rolle der untereinander konkurrierenden Großtanten und Großmutter einerseits sowie der sich unterordnenden und sich gegenseitig diskreditierenden Frau T. und ihrer Cousine andererseits sowie die tatsächliche Abwesenheit der Väter im System auffällig. Familie T. bewegt sich hier im permanenten Span-nungsfeld von willkürlicher Abwertung einerseits und materieller Zuwen-dung und Aufmerksamkeit andererseits. Die Großmutter mütterlicherseits übernimmt sporadisch und nicht verlässlich in ihren Zusagen versorgende Funktionen wie Fahrdienste und Einkäufe; sie bringt – allerdings nie als eige-ninitiatives Angebot, sondern immer auf wiederholte Nachfragen oft erst kurz vor dem angefragten Termin – Frau T. angesichts ihrer Schwierigkeiten, öffentliche Verkehrsmittel zu nutzen, zu Arztterminen und erledigt mit ihr größere Lebensmitteleinkäufe. Eine der in Süddeutschland lebenden Groß-tanten, Frau A., kommt zwei- bis dreimal jährlich für mehrere Tage zu Besuch, unternimmt verschiedene Aktivitäten mit den Kindern und unterstützt Frau T. in der Haushaltsorganisation.

Wohnsituation

Die ca. 80m² große Dreizimmerwohnung in der zweiten Etage an einer Hauptverkehrsstraße ist karg und mit z.T. defekten Möbeln eingerichtet. Es sind Matratzen, jedoch keine Betten für die Kinder vorhanden, Frau T. schläft auf dem hierfür nicht geeigneten Sofa. Bis auf den Couchtisch gibt es für

Leon keinen Platz, um die Hausaufgaben zu erledigen. Vom Flur gehen Bad und Küche, von dieser Leons Zimmer, Wohnzimmer sowie das Zimmer seiner Schwester ab. Die Zuordnung der Schlafgelegenheiten ist nicht immer klar. Die Wohnung ist permanent überheizt und insgesamt wenig strukturiert. Es fehlt Stauraum, zum Beispiel sind saubere und schmutzige Wäsche in Ermangelung von Schränken und Wäschekörben nicht getrennt. Es gibt zwei Fernseher, dafür aber kaum Spielmaterial. Der Pflegezustand ist hinsichtlich der Hygiene ausreichend, Schäden und Mängel an Tapeten und Mobiliar werden jedoch nicht behoben. Ausstattung und Atmosphäre sind nicht dahingehend anregend, dort Sozialkontakte zu pflegen, indem beispielsweise Gleichaltrige zum Spielen eingeladen werden können.

Chronologischer Verlauf der Hilfen zur Erziehung

Familie T. ist dem örtlichen Jugendamt am Punkt der stationären Aufnahme von Leon seit etwa 3,5 Jahren bekannt. Auslöser für den Kontakt war ein Hinweis der von Leon ab der dritten Klasse besuchten Schule mit dem Förderschwerpunkt Lernen. Diese hatte angesichts der Tatsache, dass Leon mit Schuleingang dort durch ein ungepflegtes Erscheinungsbild sowie unvollständige Materialien auffiel, Kontakt zur Schulsozialarbeiterin als Mitarbeiterin des Jugendamtes aufgenommen, die keinen Kontakt zur Familie herstellen konnte.

Nachdem permanente morgendliche Verspätungen, nicht vorhandenes Frühstück, fehlendes Arbeitsmaterial, nicht gemachte Hausaufgaben und die Tendenz, sich in den Pausen Richtung Innenstadt zu absentieren, um sich mit Fastfood zu versorgen, zunahmen und die Eltern nicht erreichbar waren, wurde im vierten Schuljahr nach den Herbstferien seitens der Klassenlehrerin Kontakt zur zuständigen Sachbearbeiterin des Allgemeinen Sozialen Dienstes aufgenommen. Elterngespräche waren zu diesem Zeitpunkt nicht erfolgt. Die Mutter hatte lediglich an einem Elternabend teilgenommen und dort einen schlechten Eindruck aufgrund ihres Äußeren hinterlassen. Angesichts des Untergewichts und des Hautbildes wurde seitens der Schule auf eine (ehemalige) Drogenabhängigkeit rückgeschlossen.

In Absprache wurde die Einladung zum Elterngespräch durch die Klassenlehrerin mit der Ankündigung, dass eine Vertreterin des Jugendamtes zum Zwecke der gemeinsamen Entwicklung von Problemlösungsstrategien teilnehmen werde, an die Kindesmutter versandt. Diese kam zum genannten Termin in Begleitung ihrer Tante, Frau A., die die Gesprächsführung für ihre Großnichte im Wesentlichen übernahm. Sie machte deutlich, dass Leon seiner Mutter immer mehr über den Kopf wachse. Er halte sich nicht an Regeln und zeige keinerlei Respekt vor seiner Mutter, sondern bevormunde und beleidige diese. Der Eindruck der Schule, dass der Junge sich weitgehend allein versorge, sei leider richtig. Frau T. habe Tendenzen in Richtung einer Sozialphobie. Der einzige aktive verbale Beitrag von Frau T. erfolgte an dieser Stelle, als sie erklärte, gravierende Ängste vor großen Menschenansammlungen zu haben und nicht in der Lage zu sein, öffentliche Verkehrsmittel zu benutzen.

Frau T. schilderte in den nachfolgenden Hausbesuchen, die zuverlässig eingehalten und bei denen sie sich öffnen und auch Leon gut erreicht werden konnte, ihr Erleben als angespannte, nicht durchsetzungsstarke, schreiende, die Kinder vor dem Fernseher „parkende" Mutter. Sie habe, so ihre Aussage, große Defizite im Aufstellen und Umsetzen von Regeln und mittlerweile einen hohen Leidensdruck durch die Intervention von Schule und Jugendamt: zum einen, da sie sich schäme und große Schwierigkeiten habe, selbstständig Kontakt zu fremden Personen und Institutionen aufzunehmen, und zum anderen durch Leon, da dieser „nicht gehorche", sie bloßstelle und seine Schwester „mitziehe". Ihr Ziel sei eine „ruhigere Stimmung" zu Hause, Übersicht über den Haushalt zu bekommen und für Leon vor allem eine soziale Einbindung und langfristig einen Schulabschluss zu erreichen. Die Fehlzeiten, damit verbunden kein kontinuierliches Lernverhalten und die unzureichende Förderung durch die Familie sowie die nicht vorhandene Integration Leons in die Klassengemeinschaft beziehungsweise sonstige Gruppen wurden als Schwerpunktthemen von ihr erkannt.

Mit Leon konnten seine Wünsche und Vorstellungen besprochen werden. Er äußerte, zu Hause klare Strukturen zu vermissen und, obwohl er gern dorthin gehe, weil es immer „viel Neues" gebe, sich wegen der anderen Kinder in der Schule nicht wohlzufühlen, da er „anders" sei. Er könne nicht gut auf andere zugehen und kenne viele Beschäftigungen gar nicht, die den anderen Kindern Spaß machten, wie Schwimmen oder Fußball. Er schaffe es aber gut, allein mit dem Bus zu fahren und den Schulweg zu bewältigen. Seine Mutter könne das nicht. Nach Hause mitbringen wolle er niemanden, da dort „alles nerve" und er sowieso am liebsten fernsehe. Wenn ihm langweilig werde, streune er in der Gegend herum, das merke von der Familie sowieso niemand.

Bei Frau T. konnte Problemeinsicht dahingehend erarbeitet werden, dass Leon trotz eigener kindlicher Bedürfnisse bei der Mutter eine Erwachsenenfunktion innehabe und demzufolge absolut altersinadäquate Freiheiten und gleichzeitig Regelungsbefugnisse in der Familie habe.

Deutlich wurde bei Mutter und Sohn der Wunsch zur Veränderung ihrer Lebenssituation mit professioneller Hilfe, sodass konkrete Maßnahmen angeboten werden konnten. Die höchst angstbesetzte Wahrnehmung des

6 Fallvignette zum Aufnahmeprozess

Jugendamtes als reine Eingriffsbehörde konnte im Beratungsprozess verändert werden, sodass es auch als Vermittler erzieherischer Handlungskompetenz gesehen werden konnte.

Es wurde als Hauptziel einer Hilfe zur Erziehung die Unterstützung der Erziehungsfähigkeit der Mutter festgestellt. Diese sollte durch eine aufsuchende Hilfe für die gesamte Familie realisiert werden, ebenso wie parallel dazu die Förderung der Sozialkompetenzen und der Selbstwertstärkung von Leon. Insofern wurde die Kombination einer Hilfe gemäß § 29 Sozialgesetzbuch VIII (SGB VIII) in Form des Besuchs der Sozialen Gruppenarbeit von Leon beim öffentlichen Träger mit einer ambulanten Unterstützung in Form einer Sozialpädagogischen Familienhilfe (gemäß § 31 SGB VIII) eingesetzt, durchgeführt von einem freien Träger der Jugendhilfe. Die SPFH wurde ergänzt durch eine von dem öffentlichen und einem freien Träger der Jugendhilfe speziell für Familie T. entwickelte niederschwellige Hilfeform eines Organisierten Familientrainings = OFT (zugeordnet nach § 27 Abs. 2 SGB VIII), das im Nachgang zu einem Regelangebot des freien Trägers avancierte. Frau T.s Ziele waren die Unterstützung in der Alltagsstrukturierung und Haushaltsführung, welche schwerpunktmäßig im OFT durchgeführt wurde, sowie die Stärkung und Aktivierung in ihren pädagogischen Mitteln und die Sensibilisierung für die Bedürfnisse und Anforderungen der Kinder im erzieherischen Bereich, speziell in Bezug auf Leon die Regel- und Grenzsetzung. Dies wurde als Schwerpunktthema der Sozialpädagogischen Familienhilfe bewusst durch eine männliche Fachkraft mit einer Zusatzausbildung zum Anti-Aggressivitäts- und Coolnesstrainer© (nach der Methode von Jens Weidner, 1997, 2004) geleistet. Als Hauptziel wurde die Unterstützung der Erziehungsfähigkeit definiert, darunter Handlungsziele in gemeinsam mit den Beteiligten auswertbaren Kategorien mit entsprechenden Indikatoren zur Bemessung der Erreichung geclustert und diese im Freitext durch Zitate von Frau T. und Leon präzisiert und im Hilfeplanprotokoll fixiert.

Nach etwa einem Jahr der Gewährleistung dieses Settings wurde deutlich, dass die personellen Wechsel der Bezugspersonen in der Sozialen Gruppenarbeit der Stadt sich nachteilig auf Leons Entwicklung auswirkten und er Schwierigkeiten hatte, den Verlust seines ersten Bezugspädagogen dort zu kompensieren. Darüber hinaus bestand der Bedarf konkret an einer Versorgung in der Mittagssituation – und insgesamt an einer intensiveren Betreuungsform für Leon, sodass ein Wechsel in die Tagesgruppe des ambulant bereits tätigen freien Trägers mit einem entsprechend höheren Betreuungsschlüssel ermöglicht wurde, um die Hilfe „aus einer Hand" ohne zusätzliche Schnittstellen und Reibungsverluste zu gewährleisten. Zu diesem Zeitpunkt zeichnete sich ab, dass die Kindesmutter zu einer eigenständigen angemessenen Wahrnehmung der Erziehungsverantwortung ohne Jugendhilfemaßnahmen nicht in der Lage sein würde, Leon hingegen jede Aufmerksamkeit durch Pädagog_innen sowie durch die Peergroup aufsaugte und angemessen einforderte und in der neuen Hilfeform große Entwicklungsschritte machen und persönliche Erfolge erzielen konnte. Insofern wurde analog zu dieser inhaltlichen Verschiebung des Fokus zugunsten von Leon diesem auch formal Rechnung getragen und mit dem Wechsel in die Tagesgruppe das Organisierte Familientraining zunächst auf ein Minimum reduziert und die Sozialpädagogische Familienhilfe eingestellt. Angesichts des Alters und der guten pädagogischen Erreichbarkeit Leons wurden nach einem Vierteljahr Fachleistungsstunden in Form einer Annexleistung in Personalunion einer Mitarbeiterin der Tagesgruppe genehmigt, um mit Leon im Einzelsetting an seinem zentralen Ziel der Ich-Stärkung zu arbeiten. Zu diesem Zeitpunkt wurde nach dem Rollenvorbild zweier männlicher Sozialarbeiter in der Sozialen Gruppenarbeit wie in der Sozialpädagogischen Familienhilfe nun eine weibliche Bezugsperson eingesetzt, um Leon die Erfahrung einer im Alltag präsenten starken empathischen Frau neben seiner Klassenlehrerin, deren Rolle wiederum u.a. durch das Abfragen von Leistungen determiniert ist, zu ermöglichen.

Auslösende Ereignisse für die Aufnahme in die stationäre Maßnahme

Anlass für ein akutes Krisengespräch, das ca. drei Jahre nach Einsetzen der Hilfe zur Erziehung stattfand, war eine verbale Auseinandersetzung mit seinem Vater, welche Leon am Folgetag in der Schule thematisierte. Aufgrund der sichtlich hohen Belastung Leons, der in Gegenwart seiner Lehrerin anfing zu weinen, kontaktierte diese die Mitarbeiter des freien Trägers sowie die Sachbearbeiterin. Es wurde umgehend ein Termin in der Schule vereinbart. Leon berichtete, dass am Vorabend sein Vater in der mütterlichen Wohnung gewesen sei wie an fast jedem Abend. Er sei ihm gegenüber massiv ausfallend geworden, habe ihn als „fettes Schwein" und „Versager" beleidigt und ihn im Flur an ihm vorbeigehend angerempelt. Die Situation sei für ihn nicht mehr lange erträglich. Seit sein Vater im gleichen Haus wohne, sei die Stimmung in der Familie wieder angespannter. Er fühle sich nicht mehr wohl. Die Leon angebotene Inobhutnahme konnte er für sich nicht als Option annehmen. Sein Wunsch deckte sich mit dem Auftrag des Jugendamtes, die Gefährdung aufzuklären. Somit wurde zunächst mit der sorgeberechtigten Mutter und im Nachgang das gemeinsame Gespräch gesucht.

Frau T. wurde zu Hause angetroffen und zeigte sich überrascht über die Darstellung der Situation. Sie habe den Vorfall nicht mitbekommen und sei verwundert, dass Leon so verletzt reagiere, er „kenne seinen Vater und seine Art" ja schließlich. Mit zunehmender Konfrontation mit ihrer Pflicht, Leon vor derartigen Ausbrüchen zu schützen, bagatellisierte Frau T. den Vorfall

6 Fallvignette zum Aufnahmeprozess

und äußerte schließlich, Leon würde ja auch zum Lügen neigen, vielleicht sei das ja alles gar nicht (so) passiert. Leon verließ das Gespräch an dieser Stelle sichtlich frustriert, äußerte aber deutlich, dass er im Haushalt verbleiben wolle. Nachdem er den gemeinsamen Rahmen mit seiner Mutter verlassen hatte, blieb er aber im Kontakt zu den Fachkräften und war in seinem Zimmer gesprächsbereit und offen. Ihm wurden seine Optionen über den Bereitschaftsdienst des öffentlichen wie des freien Trägers der Jugendhilfe verdeutlicht. Darüber hinaus wurde der Mutter aufgetragen, hier für eine klare räumliche Trennung zu sorgen und den Vater bis zu einem Klärungsgespräch nicht in die Wohnung zu lassen sowie hier bedarfsweise Unterstützung durch Polizei und Bereitschaftsdienst zu aktivieren. Dem Vater konnte im Hausflur diese Maßnahme zur Verhinderung einer Gefährdungssituation lediglich mitgeteilt werden; zu einer Diskussion und Klärung war er nicht bereit. Er sagte zu, die gesetzte Grenze zu wahren, da er „sowieso keinen Bock auf die alle" habe und „keinen Stress mit dem Amt" wolle. Die Einhaltung dieser Schutzvereinbarung wurde über einen abendlichen Kontrolltermin abgesichert.

Ein Krisengespräch wurde einige Tage später mit der Familie und den beteiligten Mitarbeiter_innen aus der Tagesgruppe sowie der pädagogischen Leitung und der Sachbearbeiterin geführt. Es wurde eine klare Rollentrennung vereinbart, in der die Bezugspädagogin als Beistand für Leon und Unterstützung seiner Position „gegen" gefährdende Vorstellungen der Eltern (Baumann, 2010) fungierte. Darüber hinaus nahmen teil, der pädagogische Leiter des freien Trägers als ehemaliger ambulanter Betreuer und somit Vertrauensperson für Leon und Frau T. sowie die Sachbearbeiterin des Allgemeinen Sozialdienstes (ASD) des Jugendamtes als Anbieterin von geeigneter und erforderlicher Hilfe einerseits, jedoch ebenso in der Funktion der Ausübung des staatlichen Wächteramtes im Sinne des Art. 6 Abs. 2 Satz 2 Grundgesetz wie § 1 Abs. 2 SGB VIII andererseits. Leon wurde an diesem Gespräch beteiligt und sein Ziel der grundlegenden Veränderung seiner Lebenssituation entsprechend mit ihm vorbereitet.

Hierzu fanden „terminierte" Gespräche konkret zum Thema mit seiner Mentorin im Einzelsetting wie auch gemeinsam mit der pädagogischen Leitung des freien Trägers statt. Darüber hinaus wurde er parallel seitens der ASD-Sachbearbeiterin in der Tagesgruppe besucht und informiert, welche alternativen Möglichkeiten zu den ihm bekannten Hilfeformen das Jugendamt ihm in seiner Situation bieten könne beziehungsweise welche Modifikationen bekannter Hilfeformen möglich seien. Auch wurde mit ihm angesprochen, inwiefern nach seinen Vorstellungen in der Gesprächsführung und Moderation seine Beteiligung gewährleistet und ein konstruktiver Austausch in formaler und inhaltlicher Hinsicht im Sinne des § 8 SGB VIII möglich werden kann. Neben diesen geplanten und organisierten pädagogischen

Interventionen trugen zu Leons Entscheidungsfindung auch weitere Kontakte bei. So kommentierte eine schulisch erfolgreiche ältere ehemalige Nachbarstochter, die im Verselbstständigungsbereich der Einrichtung lebte, da sei es „gar nicht so schlecht". Bei einem zufälligen Zusammentreffen auf dem Schulweg mit seinem ehemaligen Leiter der Sozialen Gruppenarbeit konnte Leon für sich die Gelegenheit nutzen, eine Rückmeldung zu seiner sichtlich positiven Entwicklung in den letzten Monaten seit dem letzten Kontakt von einer vertrauten, jedoch im aktuellen Prozess außenstehenden Person zu erhalten. Ihm wurde durch eine zwischenzeitlich in einen anderen Bereich gewechselten Mitarbeiterin des freien Trägers, die er ebenfalls zufällig traf, seine Entwicklung gespiegelt: von einem ängstlichen und schüchternen Kind hin zu einem Jugendlichen, der sich selbstständig durch Telefonate mit und persönliche Vorstellung bei fremden Erwachsenen um einen Praktikumsplatz bemühe, in der Tagesgruppe als „Pate" für Jüngere fungiere und sich sportlich in jedem Bereich vom Schwimmen bis Schach ausprobiere. Sein „Nennonkel" Herr D. äußerte laut Leon, dass dieser froh sein könne, wie viele „Menschen vom Fach sich im Gegensatz zu seinen Eltern aktiv um ihn kümmern und sich Gedanken machen" und der Vergleiche zu seiner eigenen Heimerfahrung in der 80er-Jahren zog, in der er subjektiv empfunden nach der Vernachlässigung und Gewalt im Elternhaus auf Desinteresse beim Jugendamt und bei seinen Betreuer_innen in der Einrichtung gestoßen sei.

Letztlich war die Akkumulation aus gezielter sozialarbeiterischer Beratung einerseits und zufälligen Begegnungen Leons andererseits dahingehend zielführend, ihn in seinem Entschluss zu bestätigen und zu ermutigen, selbigen basierend auf seinem im Hilfeverlauf erarbeiteten Potenzial an Sicherheit und Stabilität zum Ausdruck zu bringen.

Das Krisengespräch, in dessen Folge es schließlich zur stationären Unterbringung kam, wurde in den Räumen der Tagesgruppe durchgeführt. Leon sollte nicht durch die für ihn belastende Atmosphäre in der mütterlichen Wohnung blockiert werden, auch hätte dies angesichts der Notwendigkeit der Beteiligung des Vaters an der Klärung eine Kontraindikation dargestellt bezüglich der Vereinbarung, die Wohnung als Schutzraum zu definieren und ihn dort nicht willkommen zu heißen. Auch wurde das Jugendamt als geeigneter Ort ausgeschlossen angesichts der nach wie vor erheblichen und in der aktuellen Situation wieder deutlich aktivierten Ängste der Kindesmutter. Somit wurde bewusst ein für die Eltern neutraler bis positiver, für Leon klar parteilicher Raum eröffnet.

Thematisiert wurde zur Eröffnung des Krisengesprächs durch die ASD-Sachbearbeiterin zunächst die aktuelle Gefährdungslage durch die verbalen Attacken des Vaters Leon gegenüber. In diesem Kontext wurde auch kritisiert und klar als Rückschritt benannt, dass seit dem Einzug des Vaters ins Haus erneut die Gesundheitsfürsorge vernachlässigt würde (nicht erfolgte Kontrolluntersuchungsvereinbarungen bei Orthopäden, Augen- und Zahnarzt, kein Einholen der bereits vorliegenden Verordnungen über Einlagen und eine Brille), die schulischen Belange nur rudimentär geregelt würden (letztlich wurde Leon lediglich monetär ausgestattet, um Material zu kaufen, Lehrer, Leistungsstand und Stundenplan waren der Mutter unbekannt) und dass Frau T. nur sehr schwer erreichbar sei.

Es wurden in der Diskussion ausschließlich Bagatellisierungsstrategien der Eltern offenbar, die die Verantwortung für ihr aktives grenzüberschreitendes Handeln (Vater) beziehungsweise den nicht gewährleisteten Schutz und unzuverlässige Fürsorge durch Passivität (Mutter) letztlich Leon zuschoben.

Leon war insgesamt gut in der Lage, diese (erwartete und somit im Vorfeld mit ihm durch die Mentorin im Rollenspiel erprobte) Reaktion seiner Eltern auszuhalten und dem entgegen seine Sicht darzustellen, dass sich bei seinen Eltern keine Veränderung eingestellt habe. Er äußerte im Gespräch: „Ihr guckt nur nach euch, und wie es mir geht, ist euch egal. Und was ich auch mache, es ist immer falsch. Das war immer so und seit dem Abend ist das einfach klar für mich, dass das nicht aufhört." An diesem Punkt des Gesprächs begann Frau T. zu weinen. Leon konnte insofern gestützt werden, dass zum einen die akute Problematik in dieser Form schon seit Jahren immer wieder Thema war, jedoch von Leon als selbstverständlich hingenommen worden war, er aber nunmehr in der Lage sei, seine Bedürfnisse nach Schutz und Anerkennung wahrzunehmen und klar zu formulieren, dass er schnellstmöglich in eine Wohngruppe ziehen und nicht mehr zur Mutter zurück, sondern nach einer Ausbildung in eine eigene Wohnung ziehen möchte. Zum anderen wurde seitens der ASD-Sachbearbeiterin unmissverständlich darauf hingewiesen, dass neben der akuten Auseinandersetzung die negative Entwicklung in den vorangegangenen Wochen sowie die in allen Kontakten zum Helfer_innensystem demonstrierte mangelnde Problemeinsicht und Problemkongruenz sowie abnehmende Hilfeakzeptanz und Kooperationsbereitschaft der Sorgeberechtigten und -verpflichteten selbst hinsichtlich minimaler Anforderungen ein Indikator sei für nicht ausreichende Ressourcen und einen ausgeschöpften Hilfeprozess im Bereich der ambulanten und teilstationären Maßnahmen mit dem Ziel der Unterstützung der Erziehungsfähigkeit. Die Mitarbeiter_innen des öffentlichen und freien Trägers positionierten sich eindeutig dahingehend, dass Gefährdungsschutz und adäquate Förderung Leons nur außerhalb des mütterlichen Haushaltes wirksam sichergestellt werden können und eine nicht vorhandene Mitwirkung der sorgeberechtigten Kindesmutter konsequent zu einer Anrufung des Familiengerichtes seitens des Jugendamtes führen würde. Herr B. wurde in diesem Moment lautstark aggressiv, so äußerte er: „Das hab ich dir ja immer gesagt, die nehmen dir dann doch nur die Kinder weg", und verließ den Raum. Frau T. blieb schweigend im Raum, sodass ihr noch einmal durch den pädagogischen Leiter des freien Trägers sowie die Sachbearbeiterin die Handlungsmöglichkeiten der Beteiligten komprimiert transparent gemacht werden konnten. Schlussendlich wurde ihr ein Antrag auf Gewährung von stationärer Jugendhilfe ausgehändigt und ihr aufgetragen, sich hierzu Gedanken zu machen und sich nach spätestens drei Tagen definitiv zu äußern. Leon äußerte sich eindeutig dahingehend, nicht in Obhut genommen werden zu wollen und – da keine dringende (akute) Gefahr ersichtlich war – konnte das Weiterbestehen der Schutzvereinbarung vereinbart werden, welches erneut durch einen abendlichen Hausbesuch kontrolliert wurde.

Zwei Tage nach dem Krisengespräch kam Leon mit dem unterschriebenen Antrag auf stationäre Hilfen zur Erziehung in die Tagesgruppe. Nachfolgend konnte mit Leon, seiner Mutter und der Sachbearbeiterin ein Reflexions- und Perspektivgespräch im Rahmen eines Hausbesuchs geführt werden, in dem die weitere Vorgehensweise konkretisiert wurde.

Im leitfadengestützten Interview erklärte Frau T., in diesem Gespräch sei für sie klar geworden, dass „der Leon nicht mehr bei uns sein will, weil er einfach rausgewachsen ist". Dass sie es nicht richtig schaffe „ihm was zu bieten" und sein Vater kein Vater sei, sondern „selbst ein Kind und mit dem Ärgern nicht aufhört und das den Leon nervt", sei ja immer Thema gewesen, aber ihr Sohn sei so „stark und richtig wie ein Großer" gewesen, dass ihre Entscheidung eindeutig gewesen sei, ihm die Möglichkeit auszuziehen zu geben: „Das ist ja seine Chance und ein Richter hätte da auch nichts anderes gesagt als das Jugendamt." Und die Wohngruppe habe „schön, groß und freundlich ausgesehen, gar nicht wie so 'n Kinderknast, und die Leute da wie gute Menschen", da habe sie „ihren Frieden damit" machen können.

Formaler Ablauf der Hilfegewährung im Jugendamt

Nach der Auftragserteilung der Sorgeberechtigten in Form der Antragstellung erfolgte die Erstellung der Teamvorlage als fundierte Entscheidungsgrundlage für die methodisch strukturierte Fallberatung im Regionalteam. Dieses setzt sich zusammen aus den Fachkräften des sozialräumlich organisierten Allgemeinen Sozialen Dienstes, qualitativ ergänzt durch je einen Vertreter des Pflegekinderdienstes, der Jugendgerichtshilfe sowie des Ambulantes Dienstes, wodurch eine interne multiperspektivische Erörterung sichergestellt ist. Das Team ist somit bereicherndes wie entlastendes Element als „Mittel zur Erhöhung von Komplexität (indem es Differenzierungen gibt)" und „(...) Reduktion von Unsicherheit (indem es neue Einsichten liefert und Lücken schließt" zu verstehen (Böwer, 2012, S: 160–161).

6 Fallvignette zum Aufnahmeprozess

Voraussetzungen für die formalisierte schriftliche Teamvorlage im Fall T. waren die bereits erfolgte Anamnese und Fallrecherche gemeinsam mit dem familiären System sowie den Einschätzungen anderer professioneller Helfer_innen aus der bereits erbrachten Leistung mit dem Ziel der Wiederherstellung der Erziehungsfähigkeit, aus der valide Bewertungen über Ressourcen und Bedarfe abgegeben werden konnten. Dem Regionalteam wird somit zwei Tage vor dem wöchentlichen Beratungstermin eine sozialpädagogische Diagnose zur Verfügung gestellt, in der die individuelle Lebenssituation dargestellt ist, die vorhandenen Problemlagen definiert und Hypothesen zu Ursachen gebildet sind sowie die Effektivität bisheriger Maßnahmen als Methoden zur Gegensteuerung chronologisch aufgeführt und die Kooperationsbereitschaft und Hilfeakzeptanz der Familie als System sowie der einzelnen Familienmitglieder dargestellt sind.

Auf der Basis eines gemeinsamen Fallverständnisses wird die pädagogisch geeignete und erforderliche Maßnahme unter Berücksichtigung der finanziellen Ressourcen sowie bei Fremdunterbringungen unter dem Primat der Ortsnähe erörtert. Die beratene Leistung wird in der hierarchischen Abfolge zunächst von der Koordination des Allgemeinen Sozialen Dienstes und anschließend von der Leitung des Fachdienstes Familienhilfe sowie der Fachbereichsleitung auf Plausibilität und Effizienz geprüft.

Nach abschließender Entscheidung und erfolgter Genehmigung wird mit der Information der Hilfeempfänger_innen und deren Zustimmung zur geplanten Maßnahme die Auswahl des Anbieters vorgenommen, sofern der die erforderlichen konzeptionellen Rahmenbedingungen vorhaltende Leistungserbringer nicht in der Teamberatung konkretisiert wurde.

Im Rahmen des Paradigmenwechsels von der bestehenden Maßnahmeorientierung hin zu einer Ergebnisorientierung kristallisierte sich in der Teamberatung die bereits im Vorfeld der Antragstellung im Rahmen der Hilfeplanung zunehmend sich abzeichnende Umstellung der Hauptrichtung der Hilfe weg von der Unterstützung der Erziehungsfähigkeit, heraus. Es wurde konstatiert, dass die Ergebnisqualität der Hilfe, durch die Stärkung der Erziehungskompetenz der erziehungsverantwortlichen Personen die Entwicklungsbedingungen des jungen Menschen in der Familie zu verbessern, die Ressourcen der Familie zu erweitern, damit wieder eine dem Entwicklungsstand des Kindes respektive Jugendlichen angemessene Erziehung, Versorgung und Förderung ohne professionelle Hilfen möglich ist, durch das Maßnahmesetting nicht in ausreichender Weise erlangt werden konnte. Es wurde angesichts der Nichterreichung der Ziele im Hilfeplan in den Modulen der Förderung eines positiven Erziehungsverhaltens, der Verbesserung der familiären Beziehungen sowie der Gesundheitsfürsorge und der Zusammenarbeit der Kindesmutter mit Institutionen eine Beendigung der bisherigen Hauptzielsetzung der Unterstützung der Erziehungsfähigkeit und Modifikation zu einer Leons Bedürfnissen entsprechenderen Hauptzielausrichtung diskutiert. Hierbei ging es insbesondere um die Gewährleistung seiner Bedürfnisse nach Sicherheit, angemessenen Sozialkontakten und Förderung seines Selbstbewusstseins (Maslow, 2002).

Wie in der Einleitung bereits aufgezeigt steht Leon im Zentrum der Fallbetrachtung. Dennoch soll an dieser Stelle nicht unerwähnt bleiben, dass im Sinne einer systemischen Betrachtung auch die Situation von Leons Schwester strukturiert und kritisch beleuchtet und ebenso entsprechende Wege zur Steigerung ihrer Lebensqualität erläutert und entschieden wurden.

Ergebnis der Teamberatung war die kurzfristige Unterbreitung eines Angebotes zur dauerhaften Lebensform außerhalb der Familie, in der Schutz und Sicherheit, Konstanz und Stabilität als Basis einer Ausschöpfung der Entwicklungspotenziale Leons für seine weitere Perspektive Richtung Verselbstständigung gewährleistet werden.

Konkrete Vorbereitung und Umsetzung der Aufnahme in das stationäre Setting

Nach dem positiven Bescheid seitens des öffentlichen Trägers der Jugendhilfe zur Antragstellung durch die Mutter, die durch eine angesichts des bestehenden alleinigen Sorgerechtes formal nicht notwendige, aber „symbolische" Signatur durch den Vater untermauert wurde, wurde der Familie der Vorschlag zum Verbleib beim vertrauten Leistungserbringer – konkret in der Heimatstadt respektive im bekannten Sozialraum – offeriert, der sich mit dem der Familie deckte und für den sie sich somit unter der Prämisse der Wahrung des Wunsch- und Wahlrechtes gemäß § 5 SGB VIII konsensuell entschied.

Mit Leon und seiner Familie wurde somit ein Kennenlerntermin in der Wohngruppe mit seiner Mentorin aus der Tagesgruppe, einem Mitarbeiter der Wohngruppe und der Leon langjährig vertrauten Leitungskraft des freien Trägers sowie der ASD-Sachbearbeiterin vereinbart. Nach Günder (2011) sind gut vorbereitete und strukturierte Aufnahmegespräche elementar, um eine positive Atmosphäre zu vermitteln, Raum für Fragen und Annäherung zu geben, Ängste und Vorurteile abzubauen. Mit Einverständnis von Frau T. wurde Leons Tante, Frau A., kontaktiert, die für einige Tage anreiste, während derer sie im Austausch mit den Fachkräften des freien Trägers blieb. Sie begleitete Mutter und Sohn und war durch entsprechende telefonische Absprachen mit der ASD-Sachbearbeiterin im Vorfeld gut in der Lage, den Vorstellungstermin im familiären Rahmen vor- und nachzubereiten und Leon gegenüber anderen Familienmitgliedern in seiner Entscheidung zu stützen.

6 Fallvignette zum Aufnahmeprozess

Innerhalb des Systems „freier Träger" konnten insofern Synergien genutzt werden, als durch den pädagogischen Leiter des freien Trägers, der die Familie ursprünglich persönlich im operativen ambulanten Bereich zu Beginn der Jugendhilfemaßnahme betreut hatte und anschließend durchgehend in den Hilfeplangesprächen sowie für Leon wegen der räumlichen Nähe seines Büros im Haus der von Leon besuchten Tagesgruppe präsent war, die Vernetzung der einzelnen Teams und der Informationsfluss untereinander organisiert und sichergestellt wurden sowie eigene Erfahrungen und Sichtweisen einfließen konnten. Für die engagierte Klassenlehrerin konnte durch die Mitarbeiter_innen von Tages- und Wohngruppe größtmögliche Transparenz über die neuen Lebensbedingungen, die Alltagsstruktur, das Regelwerk sowie die konkreten Ansprechpartner_innen für Leon nach dem Wechsel hergestellt werden. Für Leon war ein schonender sukzessiver Übergangsprozess möglich, in den er aktiv gestaltend involviert war. Er hatte ein Mitspracherecht hinsichtlich seiner Zimmereinrichtung und wurde an einige Freizeitaktivitäten und die Koch-AG der Wohngruppe bereits im Vorfeld des endgültigen Umzugs angebunden.

Dieser wurde zum Ende der unmittelbar folgenden Sommerferien, die zwei Wochen nach dem Erstgespräch begannen, organisiert. Leon bekam zunächst die Möglichkeit, sich von der Tagesgruppe, von der er knapp zwei Jahre profitiert hatte, in der noch gemeinsam geplanten Ferienfreizeit zu verabschieden und nach der ersten Woche in der Wohngruppe mit dieser ebenfalls einige Tage Ferienfreizeit zu verbringen, was sich sehr günstig auf den Start in der Gruppe auswirkte. Leon konnte sich gut in die Gruppe sozial integrieren, stabile Bezüge zu den Mitarbeiter_innen aufbauen und seine Position finden sowie weiterhin regelmäßig und motiviert die Schule besuchen. Diese frühe Entwicklung gab erste Hinweise beziehungsweise Indikatoren für die positive Prognose hinsichtlich der Erreichung der Standards der Ergebnisqualität des Hauptziels der Hilfe.

Ein Ersthilfeplangespräch wurde im Anschluss in der Einrichtung geführt. Inhaltlich wurde hier als Hauptziel die Einleitung und Begleitung einer dauerhaften Lebensform außerhalb der Familie mit Herkunftsfamilie und Helfer_innensystem einvernehmlich festgelegt mit dem alters- und entwicklungsadäquat mittelfristigen Ziel des Übergangs zum Hauptziel der Verselbstständigung zunächst vom Lebensmittelpunkt der Wohngruppe.

Abschließend ist zu konstatieren, dass die infrastrukturelle Ressource des konstruktiven und tragfähigen Arbeitsbündnisses der drei beteiligten Institutionen (öffentlicher und freier Jugendhilfeträger sowie die Schule), in diesem Fall mit hoher Kontinuität der zuständigen Personen, von Leon im gesamten

Entwicklungsverlauf wie hinsichtlich der Entscheidung, eine Fremdplatzierung mit entsprechender Stärkung und Unterstützung als Ziel zu formulieren, gut genutzt werden konnte.

Der Fall Leon unter dem Gesichtspunkt der Kindeswohlgefährdung

Im gesamten Fallverlauf wurde durch keine der aktuell involvierten beziehungsweise der langjährig schon im Vorfeld der Betreuung durch den Allgemeinen Sozialen Dienst und Einleitung von Hilfen zur Erziehung zahlreichen beteiligten Institutionen eine Meldung über eine Kindeswohlgefährdung in Sinne des § 8a SGB VIII (z. B. durch Schulen, Kindergarten, Frühförderstelle) gemacht. Im Rahmen der Anamnese erklärte der Kindergarten, welcher zunächst Leon und parallel wie im Anschluss an seinen Besuch seine Schwester über eine Zeitspanne von insgesamt sieben Jahren betreut hatte, der Sachbearbeiterin gegenüber, frühzeitig eine „komplette Überforderung" der Mutter binnen kürzester Zeit erkannt zu haben. Die beteiligten Stellen hatten angesichts der Ängste der Mutter vor dem Jugendamt davon Abstand genommen dieses einzuschalten und den Weg gewählt, Frau T. durch die Übernahme von Aktivität in Versorgung, Betreuung und Erziehung zu unterstützen und partiell zu ersetzen. Arzttermine der Kinder wurden grundsätzlich durch die Erzieher_innen ohne die Mutter durchgeführt; auch die Vorstellung bei Optiker und Orthopädietechniker zur Anfertigung von Einlagen für Leons Schwester erfolgte in Abwesenheit der Mutter. Ebenso wurden die Kinder ohne Rücksprache mit der Mutter mit gespendeter Kleidung ausgestattet und deren häufig nicht passende beziehungsweise trotz Waschen stark nach Rauch riechende Kleidung entsorgt. Eine Problematisierung der Missstände gegenüber der Mutter erfolgte nach Angaben der Integrationskraft im Kindergarten nach einigen Anläufen nicht mehr: Man habe resigniert, da die Mutter dies ohnehin nicht verstanden geschweige denn umgesetzt hätte in ihrem Phlegma und ihrer Ängstlichkeit vor neuen Situationen, da habe man die Aufgaben für die Kinder übernommen, „einer muss es ja machen, es muss ja weitergehen".

Mit der Einleitung der ambulanten und teilstationären Betreuung konnte eine verbindliche und positive Vernetzung der Jugendhilfe mit dem System „Schule" erzielt werden. Der gegenseitige fachliche Austausch in regelhaften Helfer_innenkonferenzen und gemeinsam mit der Familie in deren Partizipation fördernden Hilfeplangesprächen als operatives Element der Steuerungsverantwortung des Allgemeinen Sozialen Dienstes sowie im alltäglichen telefonischen Kontakt der Tagesgruppe zur Schule zu Wahrnehmungen, Einschätzungen, gegenseitigen Aufträgen und zur Vergegenwärtigung von Handlungsoptionen wurde von allen professionellen Kräften als bereichernd empfunden. Vor allem erlebte Leon, wie er mehrfach darstellte, den regelmäßigen Austausch der Akteur_innen als „beruhigend" und hilfreich im Sinne einer Orientierung und Verlässlichkeit für ihn. Für Leon war neben den in ihren Rollen eher statischen Komponenten der Klassenlehrerin und der Sachbearbeiterin das Team des freien Trägers elementar wichtig. Er war hier gut in der Lage, die Veränderung der Rolle von der Unterstützung des Gesamtfamiliensystems hin zu einer Unterstützung für ihn mit seinen individuellen Wünschen, Ängsten und Zielen wahrzunehmen, die ihn in der den Wechsel des Lebensmittelpunktes initiierenden akuten Gefährdungssituation sowie auch in der latenten Gefährdungslage für sein Wohlergehen wahrnahmen und für ihn eintraten. Leon konnte in dem leitfadengestützten Interview ein Jahr nach der Aufnahme in die Wohngruppe beschreiben, wie hilfreich er es empfunden habe, dass alle in seinem Alltag relevanten Personen (Lehrerin und Bezugspersonen des freien Trägers) und auch das Jugendamt, das ja „wichtig ist, weil das alles regelt und aufschreibt", an einem Strang gezogen und ihn unterstützt hätten. Es sei gut gewesen zu wissen, dass auch bei einem Umzug weg von der Familie diese Personen weiterhin für ihn da seien, sodass er für sich das Ziel eines Lebens außerhalb des familiären Kontextes habe entwickeln können: „Hauptsache, ich musste nicht in eine andere Stadt, wo ich mich nicht auskenne, und die Schule wechseln. Und das Haus von der Gruppe und die Betreuer da kannte ich ja auch schon." Das regelhaft schwerpunktmäßig auf politischer Ebene formulierte Postulat einer „Verantwortungsgemeinschaft" für Kinder und Jugendliche von öffentlicher und freier Jugendhilfe sowie der Gruppe der Berufsgeheimnisträger_innen ist auf der Fallebene für Leon Lebensrealität.

Gerade in Bezug auf den aktuellen Auslöser für das Krisengespräch und die Entscheidung aller Beteiligten über den Maßnahmewechsel wird deutlich, dass die Kernaufgabe, -kompetenz und -leistung des Jugendamtes grundsätzlich auch ohne explizite Benennung die Einschätzung von Kindeswohlgefährdung und diesbezügliche Gefahrenabwehr ist. Obwohl es sich hier nicht um eine „offizielle" schriftliche Meldung nach reglementiertem Vorlauf des institutionellen Kooperationspartners Schule handelte, sondern um den telefonischen Appell der Lehrerin zu einem kurzfristigen Gespräch im Zuge der langjährigen engen Zusammenarbeit, läuft das so veranlasste Arbeitsgeschehen parallel zu dem das laufende Hilfeplanverfahren prägenden – eindeutig als der einer Gefährdungsrisikoeinschätzung mit entsprechenden Schritten in der weiteren Bearbeitung und einem das Kindeswohl gewährleistenden Abschluss. Dieser wirkt sich entsprechend auf die Ausgestaltung der laufenden Hilfen zur Erziehung aus. In beiden Prozessen ist die Partizipation des Kindes beziehungsweise Jugendlichen-sofern im Kontext des § 8aSGB VIII wie ebd. verankert eine Miteinbeziehung nicht den wirksamen Schutz in Frage stellt- „Qualitätsmerkmal der Kinder- und Jugendhilfe, weil sie eine elementare Voraussetzung für das Fallverstehen und das Gelingen der Hilfe darstellt" (Rätz-Heinrich, Schröer & Wolff, 2009, S. 222).

Diskussion

Der Fall T. steht exemplarisch für die Stärkung und Bemündigung eines jungen Menschen im Hilfeprozess, sodass dieser zu einer echten Partizipation in der Lage ist und durch seine aktive Mitwirkung aktiver (Mit-)Gestalter des Geschehens wird.

Daraus resultiert die Gewissheit über das Erfordernis, die Partizipation von Kindern und Jugendlichen selbstverständlich und grundsätzlich sicherzustellen, sie als Adressat_innen ernst zu nehmen, mitzunehmen, aufzuklären, kurz: die Geduld zu haben, zu warten und mit ihnen zu arbeiten, bis diese „so weit sind". Hier als Fachkraft im Allgemeinen Sozialen Dienst auf der einen Seite die Sicherstellung des Kindesschutzes zu gewährleisten und ein im Wortsinn „waches", also jederzeit aufmerksames Wächteramt zu leben sowie auf der anderen Seite routiniert und sicher zu arbeiten und dies auch für Klient_innen sowie Netzwerkpartner_innen auszustrahlen, ohne gerade auch in langen und komplexen Fallbetreuungen angesichts vermeintlich sicherer Prognosen in Gewohnheiten und vorschnelle Urteile zu verfallen. „Arbeit im Allgemeinen Sozialen Dienst erfordert Gegensätzlichkeiten zu vereinbaren" (Petry, 2013, S. 435). Den Anspruch an umfassende sozialarbeiterische Kompetenz als Mitarbeiterin beziehungsweise Mitarbeiter des öffentlichen Trägers der Jugendhilfe zu erfüllen ist angesichts der steigenden Quantität der Fallzahlen, dem breiten Aufgabenspektrum, der Pluralisierung von Lebenssituationen und den wachsenden Anforderungen an Qualität und Fachlichkeit der Arbeit im Allgemeinen Sozialen Dienst eine große Herausforderung.

„Am Umgang mit der Anforderung, die Adressaten der Kinder und Jugendhilfe an allen sie betreffenden Entscheidungen zu beteiligen, wird besonders deutlich, wie schwierig es für Fachkräfte sein kann, die richtige Balance zwischen den widersprüchlichen Anforderungen zu finden. Partizipation braucht die Stärke der Fachkräfte, die sich dem Spannungsfeld, in dem sie handeln, bewusst sind, die die Unsicherheiten, die mit Erziehungsprozessen verbunden sind, aushalten und produktiv wenden können" *(Pluto, L., 2008, S. 200).*

Darüber hinaus gilt es gerade als Fachkraft beim öffentlichen Träger das Spannungsfeld auszuhalten, zum einen die vorhandenen finanziellen Mittel in angemessener Form einzusetzen und dem Erfüllen notwendiger formaler Standards Genüge zu tun und im Idealfall häufig fehleranfällige EDVgestützte Dokumentationssysteme als Unterstützung des Arbeitsprozesses zu verstehen und zu nutzen, zum anderen inhaltlich verschiedenste Prozesse mit einem hohen Maß an Fallverstehen und Methodenkompetenz zu steuern und durchzuführen.

Gerade im Zuge einer Aufnahme eines Kindes oder Jugendlichen in ein stationäres Setting, die einerseits einen tiefen Einschnitt in die Biografie eines jungen Menschen und die Dynamik einer Familie bedeutet, andererseits erhebliche finanzielle Ressourcen im Haushalt eines Fachdienstes innerhalb der Kommune bindet und entsprechend zu rechtfertigen ist, ist die Verantwortung für die Mitarbeiter_innen im Allgemeinen Sozialen Dienst trotz der Gelegenheit zu fachlichem Diskurs im Team einerseits wie auch Reflexion mit Leitung andererseits besonders hoch. In hochkomplexen, nicht schematischen oder linearen Prozessen in Familien zielgerichtet und zielsicher, überprüfbar und messbar die „richtige Intervention zur richtigen Zeit" zu tätigen und gelingende Hilfeverläufe aktiv zu steuern und zu gestalten bedarf hoher sozialarbeiterischer Qualität.

Trotz der Absicht, in fachlicher Hinsicht Risiken zu senken, die Handlungssicherheit, Orientierung und Verbindlichkeit in der Arbeit des Allgemeinen Sozialen Dienstes durch entsprechende Handbücher und Workflows zu visualisieren und zu strukturieren wie eine klare Profilierung im Rahmen von Qualitätsentwicklung als Team solidarisch, konsequent und überzeugt auszufüllen und darüber hinaus gemeinsam weiterzudenken, kann auch gerade durch das teilweise per Dienstanweisung verankerte Gebot der Einhaltung standardisierter Prozesse die subjektive Wahrnehmung von Druck und Einengung bei Mitarbeiter_innen entstehen. Dies ist gerade in Phasen struktureller und/oder personeller Defizite innerhalb der Verwaltung, die die Arbeit des Allgemeinen Sozialen Dienstes nachhaltig beeinträchtigen, der Fall. Personelle Engpässe, mangelnde Zeitkontingente, Fluktuation angesichts befristeter und unsicherer Arbeitsverhältnisse oder zu früher beziehungsweise zu langwieriger Belastung im Allgemeinen Sozialen Dienst, Zergliederung zusammenhängender Tätigkeitsfelder und Bürokratisierung und Überregulierung ohne eine authentische, reflektierte, er- und geschlossene Berufsidentität und fachliche Positionierung eines Teams des Allgemeinen Sozialen Dienstes verhindern eine motivierte, kontinuierlich hochwertige und fachkompetente Arbeit für die Klient_innen. Auch der Umgang mit dem ausdifferenzierten und spezialisierten Angebot freier Träger, die betriebswirtschaftlich versiert agieren, und die damit zusammenhängenden Anforderungen, eine Übersicht über den Markt zu haben, Aushandlungsprozesse zu führen und diese – neben der konkreten Einzelfallarbeit – zu dokumentieren und innerhalb der Administration zum Beispiel gegenüber Leitungsinstanzen wie den Kolleg_innen der wirtschaftlichen Jugendhilfe darzustellen und ggf. verteidigen zu müssen verlangt sozialpädagogischen Fachkräften Managementkompetenzen und Durchsetzungsvermögen nicht nur in der Einzelfallarbeit mit Klient_innen sowie anderen Berufsgruppen, sondern auch innerhalb der eigenen Administration ab.

Somit sind eigene, individuelle Ansprüche an professionelles berufliches Wissen und Handeln, Vorgaben der Organisation sowie vielfältige Erwartungshaltungen von außen in ihrer Heterogenität wahrzunehmen, einzuordnen und dieser Belastung standzuhalten, ohne in Agonie zu verfallen, sondern motiviert das eigene Selbstverständnis, die eigene Fachlichkeit, Leistungsstärke und Kompetenz in der Aufgabenvielfalt und dem Facettenreichtum des Allgemeinen Sozialen Dienstes, idealerweise eingebunden in eine diese Bestrebung fördernde Struktur, weiter zu entwickeln und die eigene Rolle aktiv zu gestalten.

Im Überbau einer gesamtgesellschaftlichen Atmosphäre permanenter Beschleunigung und dem abnehmendem Empfinden von Selbstwirksamkeit erscheint es wichtig, speziell Kindern und Jugendlichen in ihrer Entwicklung die Chance zu persönlichem Wachstum und Bemündigung zu geben, gerade wenn sie in ihrem familiären Umfeld diesbezüglich nicht gefördert oder gar gehindert werden. Der Prozess der Transition, hier konkret der Aufnahme in eine Wohngruppe, ist als besonders sensible Phase zu qualifizieren.

„Es geht hierbei oft um nicht weniger als darum, eine biographische Wende bei den Adressatinnen und Adressaten einzuleiten: vom hilflosen Ausgeliefertsein zu einer aktiven Lebensgestaltung, von der Abhängigkeit zur Eigeninitiative, vom Einzelkämpfertum zur Koproduktion oder von kurzfristigen Notlösungen zu längerfristigen Bewältigungsstrategien" *(Deutscher Verein für öffentliche und private Fürsorge e. V., 2006).*

Übertragen auf das System des Allgemeinen Sozialen Dienstes wirkt das Postulat von Geduld und Ruhe, welches keinesfalls mit Jugendämtern häufig vorgeworfener Passivität und Gleichgültigkeit zu verwechseln ist, sicherlich zunächst illusorisch angesichts des unverändert hohen Handlungsdrucks und wachsender fachlicher Anforderungen sowie allenfalls stagnierender personeller und sinkender finanzieller Ressourcen.

Fazit/Schlussfolgerung

Ziel des Artikels ist es, an einem Fallbeispiel deutlich zu machen, dass Kinder und Jugendliche beteiligt werden müssen, ggf. gestärkt werden müssen eigene Wege zu gehen, ohne sich „schuldig" zu fühlen, wenn sie ihre Familie verlassen. Außerdem wird deutlich, dass die sichtbare Kooperation zwischen den verschiedenen Professionen, wie im Bundeskinderschutzgesetz seit

2012 auch gesetzlich verankert, als Unterstützung und Hilfe von den Betroffenen wahrgenommen werden kann. Gerade für Kinder und Jugendliche, die in ihrer Biografie diese Erfahrung nicht oder nur in einem für sie negativ besetzten Sinn gemacht haben, ist das Erleben (für sie) starker Erwachsener, die weiterhelfen und unterstützen können, elementar wichtig.

Der Fall „Leon" kann als Beispiel fungieren für die Notwendigkeit und den Erfolg eines „langen Atems" der beteiligten Fachkräfte, für eine Intervention ohne blinden Aktionismus, sondern vielmehr getragen von aufmerksamer Beobachtung und Empathie der einzelnen im gesamten Hilfeverlauf relevanten Mitarbeiter_innen, und für einen gegenseitigen Austausch der unterschiedlichen Professionen. Begünstigende Wirkfaktoren waren hier bilanzierend neben der Professionalität und Interaktionskompetenz der Fachkräfte deren Kontinuität und vor allem die Prozesswahrnehmung Leons, der auf der Basis einer guten Arbeitsbeziehung emotional stabilisiert, sozial integriert und in seinen Identitätsprozessen so unterstützt wurde, und sich in seinen Interessen beteiligt und berücksichtigt fühlte (ISA, 2009).

Mit dem Vertrauen in die Kompetenz und das aufrichtige Interesse an seinem Lebensweg, mit den Erfahrungen von Halt, Respekt und Unterstützung konnte die Entscheidung der bis dato größten Zäsur in seinem Leben, dem Auszug aus seinem Elternhaus, entsprechend vorbereitet und begleitet werden. Durch diesen klaren und verbalisierten Entschluss zu einer dauerhaften Unterbringung waren die nächsten Schritte in ein selbstständiges und autonomes Leben überhaupt erst möglich. Die Erweiterung seiner Handlungsoptionen und die Nutzung seines Entwicklungspotenzials blieben als positive und basale Erfahrungen für Leon auf seinem weiteren Lebensweg elementar wichtig.

Für Leon konnte seine Kompetenzerweiterung transparent und nachprüfbar gemacht werden durch konkrete Zielformulierungen in standardisierten und auswertbaren Zielkategorien, die für den steuernden öffentlichen Träger der Jugendhilfe frühzeitiges und planerisches Vorgehen basierend auf handlungsleitenden, operationalisierten und überprüfbaren Zielen ermöglichte. Ergänzt wurden diese durch Zitate und eigene Formulierungen Leons mit einem für ihn hohen Maß an Wiedererkennungswert und Identifikationsfolie, die Motivation und Verbindlichkeit durchgängig erhöhten. Die Förderung von Compliance im Sinne von Kooperation mit Leon im Rahmen des Hilfeverlaufs durch Information, Erschließen von und Orientierung an eigenen Ressourcen wie auch externen Unterstützern, das Erleben von Selbstwirksamkeit und Befähigung waren prägende Merkmale, die im Prozess als wesentlich erachtet werden.

Perspektivisch werden als nachweisliche Effekte der Jugendhilfe Leons gesteigertes Selbstbewusstsein, seine sich fortschreitend ausdehnenden persönlichen Handlungsmöglichkeiten, Fähigkeiten zur Selbstsorge und Selbstbestimmung und seine Einbindung in ein soziales Netz im weiteren Verselbständigungsprozess mit der nötigen Struktur wie auch Empathie pädagogisch gefördert werden. Auf dieser Basis wird der nächste absehbare Entwicklungsschritt des Übergangs ins Erwachsenenleben, dieses in Form der eigenverantwortlichen Lebensführung und des Wohnens außerhalb eines Gruppenkontextes und letztlich außerhalb des Systems öffentlicher Jugendhilfe, gut erreichbar sein.

Abschließend bleibt somit zu konstatieren, dass die (planmäßige) Aufnahme in ein stationäres Setting in der Dynamik als Umbruchsituation profitiert von intensiver Beziehungsarbeit und dem richtigen Timing der öffentlichen und freien Jugendhilfe wie ihrer Partner, damit den betroffenen Kindern und Jugendlichen Ängste und Schuldgefühle genommen und ihnen vielmehr der Freiraum und das Maß an Verantwortungsübernahme möglich ist, das sie tragen können und das sie dringend benötigen, um im Anschluss an die Fremdunterbringung im Idealfall als mündige Erwachsene sicher im Leben stehen und die besonderen Herausforderungen als „Care leaver" (Thomas & Sievers, 2012) meistern zu können.

Literatur

Baumann, M. (2010). Kinder, die Systeme sprengen. Hohengehren

Böwer, M. (2012). Kindeswohlschutz organisieren. Weinheim und Basel

Brody, G. (1998). Sibling relationship quality: Its causes and consequences. Annual Review of Psychology 49, 1–24

Deutscher Verein für öffentliche und private Fürsorge e. V. (2006). Empfehlungen. DV 35/07/05 AF II

Günder, R. (2011). Praxis und Methoden der Heimerziehung. Freiburg i. B.

ISA (2009). Praxishilfe zur wirkungsorientierten Qualifizierung der Hilfen zur Erziehung. Wirkungsorientierte Jugendhilfe Bnd. 9. Münster

Maslow, A. H. (2002). Motivation und Persönlichkeit. Reinbek

Petry, U. (2013) Belastung und Entlastung bei der Arbeit in kommunalen Sozialen Diensten. Zeitschrift für Kindschaftsrecht und Jugendhilfe 11/2013, 435–440

Pluto, L. (2008) Partizipation zwischen Bedenken und positiver Utopie – Sichtweisen von Fachkräften auf Beteiligung, Forum Erziehungshilfen H.4, 09/08, 196–200

Rätz-Heinrich, R., Schröer, W. & Wolff, M. (2009). Lehrbuch Kinder- und Jugendhilfe. Grundlagen, Handlungsfehler, Strukturen und Perspektiven. Weinheim und München

Thomas, S. & Sievers, B. (2012). Nach der stationären Erziehungshilfe: Care Leaver in Deutschland. Zwischenbericht für die Stiftung Jugendmarke. IgfH/Universität Hildesheim

Weidner, J. (1997). Gewalt im Griff, Band 1. Weinheim

Weidner, J. (2004). Gewalt im Griff, Band 3. Weinheim

7 Handlungsempfehlungen für den Aufnahmeprozess in eine stationäre Einrichtung der Jugendhilfe

Katja Nowacki

Einleitung

Die Aufnahme eines Kindes oder Jugendlichen ist ein Schlüsselprozess in der Planung und Durchführung einer stationären Maßnahme der Hilfe zur Erziehung nach § 34 SGB VIII und bedarf entsprechender Aufmerksamkeit durch alle beteiligten Personengruppen. Kinder und Jugendliche kommen in der Regel aus schwierigen Lebenslagen, wie zum Beispiel Armut oder schwierigen familiären Verhältnissen (BGW, 2012; Rauschenbach et al., 2009), in eine für sie unbekannte Situation. Die bestehenden Unsicherheiten und Ängste sollten berücksichtigt werden, damit die Maßnahme erfolgreich durchgeführt werden kann. Häufig entscheidet sich bereits am ersten Tag, ob eine Maßnahme das Wohl eines Kindes oder Jugendlichen fördert (Gintzel, 1998). Die Kinder und Jugendlichen kommen mit großen Ängsten in die Einrichtung (siehe dazu auch das Kapitel „Aufnahmeprozess aus Sicht von Kindern und Jugendlichen") und es besteht häufig die Gefahr, dass sie sich einsam und nicht angenommen fühlen (Günder, 2011). Entsprechend wichtig ist die Planung von Unterstützungsmaßnahmen bei stationären Maßnahmen der Hilfen zur Erziehung unter Einbeziehung der Eltern und des Kindes/Jugendlichen sowie möglicher weiterer beteiligter Personengruppen. Eine individuelle Planung sowie die Partizipation der beteiligten Personengruppen können zum Gelingen der Maßnahme entscheidend beitragen und rechtfertigen

7 Handlungsempfehlungen für den Aufnahmeprozess

eine genaue Auseinandersetzung mit dem Aufnahmeprozess, insbesondere durch die Mitarbeiter_innen der öffentlichen, aber auch der freien Träger der stationären Jugendhilfe.

Die Träger stationärer Maßnahmen von Hilfen zur Erziehung, dies sind in der Regel in Deutschland eher freie Träger der Jugendhilfe (BGW, 2012), sollten Kriterien zur Aufnahme eines Kindes oder Jugendlichen entwickeln, um einen bestmöglichen Einstieg in den Hilfeprozess zu gewährleisten. Bei der Entwicklung und Überarbeitung von Kriterien sollten alle in Abb. 1 in der Einleitung zu diesem Buch genannten Personengruppen berücksichtigt werden. Die Leitung der stationären Einrichtung der Jugendhilfe wird die Überarbeitung und Strukturierung des Prozesses veranlassen, aber die Einbeziehung der weiteren Beteiligten ist essenziell. Insbesondere die Kinder und Jugendlichen und auch die Betreuer_innen der Einrichtung müssen an der Entwicklung von Standards im Aufnahmeprozess beteiligt werden. In den Kapiteln „Aufnahmeprozess aus Sicht von Kindern und Jugendlichen" und „Aufnahmeprozess aus Sicht von Mitarbeiterinnen und Mitarbeitern" wurden die Ergebnisse einer Befragung der beiden Personengruppen in zwei Einrichtungen der stationären Jugendhilfe dargestellt. Wie bereits in der Einleitung erwähnt, sind im Falle einer Maßnahme der Hilfen zur Erziehung nach § 27 SGB VIII die Sorgeberechtigten, also in der Regel die leiblichen Eltern, die vornehmlichen Hilfeempfänger_innen. Da aber die Kinder und Jugendlichen, insbesondere bei der Aufnahme in eine stationäre Einrichtung, am stärksten von der Veränderung ihrer Lebenssituation betroffen sind, sollten ihre Interessen im Schlüsselprozess der Aufnahme hier im Vordergrund stehen. Dabei sollten vor allem die Bedürfnisse der Kinder und Jugendlichen berücksichtigt werden, die im Kapitel „Aufnahmeprozess aus Sicht von Kindern und Jugendlichen" in der Abb. 2 dargestellt und erläutert wurden. Hier geht es um die vier Bereiche „Versorgung und Sicherheit", „Bindung und Beziehung", „Individualität und Persönlichkeit" und „Erziehung und Förderung".

Aus den Interviews mit den Kindern und Jugendlichen sowie den Mitarbeiter_innen stationärer Einrichtungen der Hilfen zur Erziehung (siehe Kapitel 4 und 5 „Evaluationsstudie") sowie theoretischen und praktischen Überlegungen sollen im Weiteren generelle Handlungsempfehlungen für den Aufnahmeprozess in eine stationäre Einrichtung der Jugendhilfe abgeleitet werden. Hierbei steht die Planung der ersten Zeit der Unterbringung durch den Träger der stationären Hilfe zur Erziehung im Vordergrund. Aber insbesondere die Veranlassung und Planung der Hilfemaßnahme liegt beim fallzuständigen öffentlichen Träger der Jugendhilfe und die wichtigen Aspekte hierzu sollen zu Beginn berücksichtigt werden.

Planung der Aufnahme in eine stationäre Jugendhilfeeinrichtung

Wichtige Aspekte bei der Planung einer stationären Maßnahme der Hilfen zur Erziehung (Jugendhilfe) ist die Auswahl einer geeigneten Einrichtung, die so weit wie möglich partizipativ mit den Kindern und Jugendlichen und deren Familien (§§ 5 und 8 SGB VIII) erfolgen sollte (siehe dazu auch das Kapitel „Partizipation"). Außerdem ist es wichtig, den Familien – und hier auch den Kindern und Jugendlichen selber – die vorgesehenen Ziele, die Dauer und die Perspektive der Maßnahme zu erläutern.

Auswahl der Einrichtung

Bei der Auswahl einer geeigneten Einrichtung muss die fallzuständige Person des örtlichen, in der Regel öffentlichen Trägers zwischen den Punkten „Schutz und Sicherheit" und „Bindung und Beziehung" abwägen. Hier gilt es, eine **familiennahe Unterbringung**, die von vielen Kindern und Jugendlichen in den vorliegenden Interviews gewünscht wurde, hinsichtlich eines möglichen Gefährdungsrisikos zu prüfen. Kinder und Jugendliche, die zum Beispiel durch Familienangehörige misshandelt oder sexuell missbraucht wurden, könnten durch eine familiennahe Unterbringung den Täter_innen weiter ausgesetzt sein und retraumatisiert werden (Krüger & Reddemann, 2009; Nienstedt & Westermann, 1998) oder auch durch die Täter_innen beeinflusst werden, ggf. sogar Aussagen gegen diese zurückzuziehen. Auch könnten Familien, die mit der stationären Unterbringung nicht einverstanden sind, versuchen, trotz gerichtlicher Auflagen das Kind aus der Einrichtung zu nehmen. Sind diese Gefährdungen nicht gegeben, sollte das Kind oder der Jugendliche in Wohnraumnähe untergebracht werden. Der regelmäßige Kontakt zur Familie, aber auch zu Freund_innen und möglicherweise die Kontinuität in der Schule und in den Freizeiteinrichtungen können dem Kind den Umgang mit der veränderten Lebenssituation erleichtern. Dies wurde in den Interviews (siehe auch das Kapitel „Aufnahmeprozess aus Sicht von Kindern und Jugendlichen") deutlich. Auch ist die Arbeit mit der Herkunftsfamilie leichter, insbesondere für die mögliche Vorbereitung einer Rückführung. Insgesamt sollte also, wenn es aufgrund von Ressourcen möglich und nicht aufgrund von Gefährdung bedenklich ist, die Unterbringung in einer Einrichtung in Sozialraumnähe (Hinte & Treeß, 2011) erwogen werden. Hierbei müssen das Kind/der Jugendliche und auch die nächsten Angehörigen, vor allem die ggf. noch sorgeberechtigten Eltern, in die Wahl mit einbezogen werden („Wunsch- und Wahlrecht", § 5 SGB VIII). Bei der Wahl des Hilfesettings sollten flexible Konzepte (Klatetzki, 1995) berücksichtigt werden (Nowacki, 2012). Je nach Ressourcen und Bedürfnissen der jeweiligen Familien unter Berücksichtigung des Punktes „Individualität und Persönlichkeit" (siehe dazu die Abb. 2) sollten Aspekte der **Herkunft, des kulturellen Hintergrunds, des Geschlechts** und weiterer Persönlichkeitsmerkmale Berücksichtigung finden. So könnte die Aufnahme eines türkischen Mädchens in eine stationäre Einrichtung der Hilfe zur Erziehung den Verlust der Ehre für die Familie bedeuten, da sie im Heim sexuelle Kontakte zu Jungen haben könnte (Toprak & Nowacki, 2012). Für die Arbeit mit Familien mit Migrationshintergrund können interkulturelle Kompetenzen der Mitarbeiter_innen wichtig sein. Das bedeutet zum Beispiel, dass sie sensibilisiert sind für den Stellenwert der Familie an sich, für die Klärung innerfamiliärer Probleme oder auch für andere Umgangsformen zwischen Frauen und Männern (Toprak, 2009). Im Sinne eines Diversity Managements (Krell & Sieben, 2007) könnte unter anderem die Beschäftigung von Mitarbeiter_innen aus verschiedenen Kulturkreisen, zum Beispiel auch aus dem türkischen, umgesetzt werden (Toprak & Nowacki, 2012).

Darüber hinaus sollten weitere individuelle Faktoren der Kinder und Jugendlichen berücksichtigt werden, die für die erfolgreiche Durchführung einer Maßnahme der Hilfe zur Erziehung hilfreich sein können. So sollten **Vorlieben und Neigungen** des Kindes oder Jugendlichen erfragt werden (z. B. ob ein Tier o. Ä. mit in die Einrichtung genommen werden darf bzw. dort Tiere sind) und entsprechend überlegt werden, inwieweit dies bei der Auswahl der Einrichtung eine Rolle spielt. Inzwischen gibt es einige stationäre Einrichtungen, die gezielt tiergestützte Pädagogik (Vernooij & Schneider, 2008) einsetzen (z. B. SOS Kinderdorf, o.J.).

Aber auch aus Sicht der aufnehmenden Einrichtung gibt es wichtige Aspekte zur Auswahl der passenden Hilfe zur Erziehung. Insbesondere von den Mitarbeiter_innen wurde der Wunsch geäußert, klare Kriterien zu haben, welche Jugendlichen in die Einrichtung passen. Hier gilt es natürlich abzuwägen, ob die Kinder in die Einrichtung passen müssen oder die Einrichtung ein Setting für das jeweilige Kind/den Jugendlichen schaffen kann, damit eine gelingende Hilfe möglich ist. Eine flexible Hilfe (Klatetzki, 1995) würde eher Letzteres bedeuten, aber auch hier ist es notwendig, geeignete Ressourcen (Betreuungsschlüssel, Bewohner_innenstruktur u. Ä.) zu bedenken (Nowacki, 2012). Häufig wird in den Teaminterviews angesprochen, dass die Entscheidung, welcher Jugendliche aufgenommen wird, von der Einrichtungsleitung entschieden werde. Hier sollten Hintergründe und Absprachen der Leitung mit den Auftraggebern (öffentlicher Träger und Familien) unbedingt gegenüber den Mitarbeiter_innen expliziert werden. Deren Schwierigkeiten sollten ernst genommen werden, wenn sie zum Beispiel mit herausfordernden Verhaltensweisen und besonderen Bedürfnissen von Bewohner_innen konfrontiert werden, und sie sollten durch einen partizipativen Prozess an der Entwicklung neuer Standards und spezifischer Hilfeansätze einbezogen werden. Über den Aufnahmeprozess hinaus erscheint es wichtig mit den Teams zu überlegen, welche anderen Handlungsmöglichkeiten für den Umgang mit schwierigen Situationen (z. B. Aggressionen, Drogenkonsum) entwickelt werden könnten. Hier könnten zum einen Fallbesprechungen helfen, in denen die Hintergründe und Motive für aggressives oder anderes deviantes Verhalten herausgearbeitet werden (z. B. Traumata) und pädagogische Ansätze für den individuellen Umgang besprochen werden (Weiß, 2013). Zum anderen könnten, je nach Indikation, auch zum Beispiel Anti-Aggressionstrainings für den Umgang mit aggressiven Jugendlichen organisiert werden (Weidner, Kilb & Kreft, 2009).

Darüber hinaus beklagen verschiedene Mitglieder von Teams, dass die Informationen über die aufzunehmenden Kinder und Jugendlichen, zum Beispiel in Form von Berichten des öffentlichen Trägers oder anderer Institutionen wie der Kinder- und Jugendpsychiatrie oder anderer freier Träger, häufig unzureichend seien. Hierbei ist es wichtig zu beachten, dass einerseits genügend Informationen zur Verfügung stehen, um eine optimale Hilfeplanung auch von Seiten des aufnehmenden Trägers zu gewährleisten, andererseits aber nicht durch stigmatisierende Aussagen („schwieriger Fall") das offene Zugehen auf das Kind/den Jugendlichen von vornherein verhindert wird. Auch sollten gerade ältere Jugendliche und junge Erwachsene unbedingt in den Prozess der Informationsvermittlung einbezogen werden. Mit ihnen sollte besprochen werden, welche Vorberichte und Informationen der Einrichtung vorliegen. Beachtet werden muss natürlich, dass sie durch diese Informationen nicht zu sehr belastet werden und der Eingewöhnungsprozess gefährdet wird. Eine sensible Einschätzung der beteiligten Mitarbeiter_innen bezüglich der Informationen, die an die Jugendlichen und jungen Erwachsenen weitergegeben werden, ist hierbei unabdingbar.

Vorstellung der Einrichtung

Ein wichtiges Element, um das Wunsch- und Wahlrecht der Familien (§ 5 SGB VIII) zu berücksichtigen und sie am Planungsprozess zu beteiligen, sind die **Informationsgespräche** in den Einrichtungen der stationären Jugendhilfe. Diese sind unbedingt mit den Beteiligten einzuplanen, Ausnahmen sind natürlich Inobhutnahmen in einer Krisensituation und bei Gefährdung. In diesen Gesprächen sollten neben den generellen Abläufen, den Räumlichkeiten und Zielen der Einrichtung auch der Aufnahmeprozess und die Unterstützungsmöglichkeiten erläutert werden. Zum Beispiel, ob bestimmte Personen bei der Aufnahme dabei sein sollen, wie zum Beispiel die beste Freundin. Ebenso sollten explizit die Bedürfnisse und Wünsche der Familie und insbesondere des Kindes oder Jugendlichen erfasst werden: von der Frage, wie die familiäre Kontaktgestaltung gewünscht wird, bis zur Abklärung, welche eigenen Möbel bei der Zimmergestaltung eingebracht werden. Die Einbeziehung von anderen Bewohner_innen der Gruppe sollte ebenfalls überlegt werden. Hierzu folgen noch Ausführungen im weiteren Verlauf des Kapitels. Die Vorstellung von Personen aus der Gruppe kann helfen, die Ängste der Kinder und Jugendlichen vor Zurückweisung zu reduzieren, die in den meisten Interviews explizit genannt wurden. Das Verlassen der vertrauten Personen und damit mindestens einer Reduzierung der bisherigen Kontakte weckt den Wunsch nach neuen Beziehungen und möglichen Bindungspersonen. Außerdem ist das Leben in einem Gruppensetting von sozialen Interaktionen bestimmt und wird von den Kindern und Jugendlichen entsprechend wahrgenommen. In der neuen Gruppe akzeptiert zu werden und Anschluss an Gleichaltrige sowie Mitarbeiter_innen zu haben, sind zentrale Aspekte, die in den Interviews fast durchgängig angesprochen wurden und entsprechend berücksichtigt werden müssen.

Je nach Möglichkeit sollten auch verschiedene Einrichtungen vorgestellt werden und gemeinsam mit der Familie überlegt werden, welches Setting am ehesten geeignet erscheint. Einige Kinder und Jugendliche wird das Leben in einer Gruppe aufgrund ihrer Erfahrungen und Persönlichkeitsstruktur überfordern, sodass im Rahmen einer flexiblen Hilfe individuelle Settings geschaffen werden müssen. Zum Beispiel intensiv betreutes sozialpädagogisches Einzelwohnen in eigenen Wohnungen nach § 35 SGB VIII oder Individualmaßnahmen zum Beispiel im Ausland (Bayrisches Landesjugendamt, 2000). Dies gilt es im Vorhinein sorgsam zu klären, um vorzeitige Abbrüche möglichst zu vermeiden.

In einigen Einrichtungen wird auch ein **Probewohnen** über einen unterschiedlich langen Zeitraum angeboten. Hierbei sollte vorher klar definiert werden, wie lang der Zeitraum sein sollte und was die Konsequenzen im Fall einer Negativentscheidung der Familie oder auch der Einrichtung bedeuten. Sollte das Kind oder der Jugendliche beziehungsweise seine Eltern sich nach dem Probewohnen gegen eine Aufnahme in die Einrichtung entscheiden, so sollte dies von Seiten der fallzuständigen Sozialarbeiter_innen des öffentlichen Trägers akzeptiert werden (Respekt für „Individualität und Persönlichkeit"). Reale Schwierigkeiten, zum Beispiel umgehend eine alternative Einrichtung zu finden, müssen klar kommuniziert werden, ohne dass dadurch Schuldzuweisungen entstehen. Ein solches Verfahren ist aus Ressourcen- und Zeitgründen sicher nicht immer möglich, aber eine sorgfältige Auswahl und Planung der Hilfe zur Erziehung sollte ein Faktor bei der Prävention von Abbrüchen sein. Die Festlegung eines Probezeitraums im Hilfeplan kann allen Beteiligten helfen, eine Entscheidung gegen eine letztendliche Aufnahme nicht als Versagen und Abbruch zu empfinden beziehungsweise zu manifestieren.

Perspektivklärung

Ein inhaltlich wichtiger Aspekt ist die Aufklärung der Kinder und Jugendlichen über die Gründe und Perspektiven der Maßnahme und auch darüber, wie lange diese vorläufig geplant ist. Dies ist je nach familiärer Situation und Art der Aufnahme (geplante Maßnahme der Hilfen zur Erziehung nach §§ 27 ff. SGB VIII oder Inobhutnahme nach § 42 SGB VIII) natürlich sehr unterschiedlich. Aber aus den Interviews wurde deutlich, dass sich die Kinder und Jugendlichen nicht gut informiert fühlten beziehungsweise teilweise stark verunsichert waren bezüglich des Verlaufs der Unterbringung (siehe dazu das Kapitel „Aufnahmeprozess aus Sicht von Kindern und Jugendlichen"). Der Appell für einen guten pädagogischen Umgang muss hier in zwei Richtungen gehen. Zum einen sollte die Dauer des Aufenthaltes und die Perspektivklärung möglichst zügig vollzogen werden. Dies betrifft stärker die fallverantwortlichen Mitarbeiter_innen, die zum Beispiel Hilfeplangespräche regelmäßig und zeitnah durchführen und engen Kontakt ggf. zum Gericht und den sorgeberechtigten Personen pflegen. Zum anderen sollten die Kinder und Jugendlichen mit einer unsicheren Perspektive, die sich teilweise aus der familiären Konstellation und weiteren Faktoren wie zum Beispiel Gerichtsverfahren ergibt, nicht allein gelassen werden. Dies betrifft stärker die Bezugsbetreuer_innen in den Einrichtungen, in denen die Kinder fremduntergebracht sind. Hier ist es wichtig, explizite Gesprächsangebote zu machen und Gefühle von Unsicherheit und Angst zu thematisieren sowie tatkräftige Unterstützung anzubieten (Initiierung von Gesprächen mit dem Jugendamt, den Eltern u. Ä.). Auch die Idee von fortgesetzter Betreuung trotz eines Maßnahmenwechsels kann ein Sicherheitsfaktor für die betroffenen Kinder und Jugendlichen sein. So könnte eine ambulante Betreuung eines Kindes oder Jugendlichen und seiner Familie durch die Bezugsbetreuung aus der stationären Hilfe erfolgen. Oder es findet eine begleitete Übergabe in eine andere stationäre Maßnahme der Hilfe zur Erziehung statt. Dies können wichtige stabilisierende Faktoren sein, gerade wenn die Eltern diese Unterstützung nicht dauerhaft geben können und keine sichere Basis für ihre Kinder sein können. Öffentliche Hilfe zur Erziehung ist in erster Linie aufgefordert, Eltern zu helfen, die ihre Kinder nicht entsprechend unterstützen können, und muss ggf. auch Surrogate zur Verfügung stellen und dafür sorgen, dass die Kinder und Jugendlichen Ersatzbezugspersonen haben, auf die sie sich verlassen können.

Gestaltung der Aufnahme

Insgesamt ist es wichtig, sich vom gesamten Ablauf her Zeit zu lassen für die Aufnahme und die Anliegen der Kinder und Jugendlichen wahrzunehmen. Die folgenden Empfehlungen sind unterteilt in das eigentliche Aufnahmegespräch und in die ersten Tage nach der Aufnahme in die stationäre Einrichtung.

Aufnahmegespräch

Zuerst ist es wichtig, das **Setting** des Aufnahmegespräches zu klären. Es sollte an einem möglichst ruhigen Ort in der Gruppe stattfinden, sodass Fragen in Ruhe besprochen werden können und die Bedürfnisse des Kindes beziehungsweise Jugendlichen und ggf. seiner Familie besser erfasst werden können. Der Raum sollte ansprechend ausgestattet sein und Getränke sowie ggf. ein kleiner Imbiss, zum Beispiel in Form von Kuchen, angeboten werden. Das Ausfüllen von **Aufnahmebögen**, die im Rahmen von Qualitätssicherung in den befragten Einrichtungen in standardisierter Form entwickelt wurden, sollte ggf. mit den Jugendlichen gemeinsam erfolgen, am besten im Anschluss an das Aufnahmegespräch, um den Gesprächsfluss nicht zu unterbrechen.

Für das Setting im Aufnahmegespräch ist es außerdem wichtig zu überlegen, welche **Personen von außerhalb der stationären Einrichtung der Jugendhilfe** u.a. aus dem Umfeld des Kindes oder Jugendlichen anwesend sein können beziehungsweise sollen. Dies ist von Seiten des freien Trägers mit dem öffentlichen Träger und dem Kind oder Jugendlichen sowie ggf. seiner Familie abzustimmen. Hierbei sollte vor allem im Interesse des aufzunehmenden Kindes oder Jugendlichen entschieden werden. Es sollte sichergestellt werden, dass alle notwendigen Personen, aber keine zu große Anzahl insbesondere von erwachsenen Fachleuten anwesend sind, um die psychische Belastung des Kindes oder Jugendlichen so gering wie möglich zu halten. Anders als im Hilfeplangespräch (§ 36 SGB VIII) sollte das wichtigste Kriterium im Aufnahmegespräch die Funktion als Vertrauensperson für das Kind oder den Jugendlichen sein. Nachfolgend werden mögliche Personengruppen und die Notwendigkeit ihrer Anwesenheit kurz reflektiert. Die zuständige Person von Seiten des öffentlichen Trägers sollte vor allem dann bei der Aufnahme anwesend sein, wenn sie schon länger eine feste Ansprech- und mögliche Vertrauensperson für die Familie und insbesondere das Kind oder den Jugendlichen darstellt. In einer retrospektiven Befragung ehemaliger Pflege- und Heimkinder gaben mehrere Interviewpartner_innen an, dass der Mitarbeiter/die Mitarbeiterin des Allgemeinen Sozialen Dienstes eine feste Bezugsperson für sie gewesen sei (Nowacki, 2007), da diese sie konstant durch verschiedene Hilfesettings begleitet hätte. Möglicherweise gibt es auch eine gesetzliche Betreuung, die durch Mitarbeiter_innen des Jugendamtes ausgeübt wird. Auch diese Person könnte anwesend sein, wenn sie eine Vertrauensperson darstellt. Ebenfalls könnten dies Hilfeleistende anderer Hilfen zur Erziehung sein, die der stationären Hilfe vorgeschaltet waren (z. B. ambulante oder andere stationäre Hilfe). Die Gestaltung und Unterstützung des Übergangs von einer Hilfe zur nächsten kann auf verschiedenen Ebenen wichtig sein. Zum einen kann eine gewisse, wenn auch zeitlich begrenzte Konstanz Sicherheit geben. Zum anderen sollte durch die Begleitung der/dem Betroffenen auch deutlich gemacht werden, dass sie/er nicht schuld an der stationären Unterbringung ist. Dies ist ein wichtiger Faktor, der in verschiedenen Interviews deutlich wurde.

„Ja, weil man dann immer irgendwie wieder daran denken muss so, dann macht man sich auch Vorwürfe, warum man das alles so gemacht hat, warum man so frech war, warum man so viel Scheiße gebaut hat und so [...]."

Dies gilt noch stärker in Bezug auf die Haltung der leiblichen Eltern, soweit sie am Prozess beteiligt sind. Je nach genauer Situation zu Beginn der Aufnahme benötigen diese auch besondere Unterstützung, um mit der veränderten Lebenssituation umgehen zu können und ihrem Kind, soweit ihnen das möglich ist, zu signalisieren, dass sie die stationäre Hilfe unterstützen und akzeptieren. Dies bedarf besonderer Aufmerksamkeit, da auch davon das Gelingen der Hilfe vermutlich stark abhängt. Hier sind natürlich vornehmlich die fallzuständigen Mitarbeiter_innen des öffentlichen Trägers zuständig, aber auch die aufnehmende Einrichtung oder Anbieter ambulanter Hilfen, soweit sie eingesetzt sind oder bleiben. Die Anwesenheit der Eltern bei der Aufnahme ist, je nach Fallsituation, prinzipiell wichtig, um dem Kind zu signalisieren, dass es nicht allein ist und die Familie weiterhin Kontakt halten möchte. Ausnahmen sind explizite Gefährdungssituationen oder explizite Schuldzuweisungen beziehungsweise erniedrigende Verhaltensweisen. Diese sollten zum Ausschluss der Eltern bei der Aufnahme führen und im weiteren Verlauf der Hilfe auf jeden Fall bearbeitet werden. Auch weitere Personen aus dem Verwandtenkreis, wie zum Beispiel Großeltern oder Geschwister, können je nach Beziehung zum Kind oder Jugendlichen als Vertrauensperson die Aufnahme begleiten.

Eine weitere Gruppe von Personen, die prinzipiell bei der Aufnahme anwesend sein könnten, sind Peers, also zum Beispiel die beste Freundin/der beste Freund (Oerter & Dreher, 2008). In den Interviews wurden gerade Freund_innen als sehr hilfreich geschildert, zum Teil durften diese den ersten Tag vollständig begleiten (siehe dazu das Kapitel „Aufnahmeprozess aus Sicht von Kindern und Jugendlichen").

7 Handlungsempfehlungen für den Aufnahmeprozess

Grundsätzlich sind noch weitere Vertrauenspersonen denkbar, wie zum Beispiel aus der Nachbarschaft oder der Schule, dies wäre in jedem Fall bei der Familie und insbesondere dem Kind oder Jugendlichen abzufragen.

Im Weiteren wird diskutiert, welche **Personen der stationären Einrichtung der Jugendhilfe** beim Aufnahmegespräch anwesend sein sollten. In vielen Einrichtungen gibt es inzwischen ein **Bezugsbetreuungssystem**, bei dem eine Mitarbeiterin/ein Mitarbeiter als feste Ansprechperson für ein Kind beziehungsweise einen Jugendlichen zur Verfügung steht. Je nachdem wird hier vorrangig die Regelung von offiziellen Belangen beziehungsweise administrativen Aufgaben verstanden (Begleitung des Hilfeprozesses, Ansprechperson für Schule etc.), aber möglicherweise auch der Aufbau einer intensiveren Beziehung (Schroll, 2007). Die Anwesenheit einer solchen Bezugsbetreuungsperson im Aufnahmegespräch erscheint essenziell. Hier ist allerdings möglich, dass die vor der Aufnahme vorgesehene Person zum Zeitpunkt der Aufnahme nicht im Dienst ist oder dass sich die Beziehung zwischen dem Kind beziehungsweise dem Jugendlichen und der Bezugsbetreuung nicht positiv gestaltet und ggf. gewechselt werden muss. Einige Kinder und Jugendliche hatten in den Interviews auch angeregt, dass die Bezugsbetreuung erst nach einiger Zeit des Aufenthaltes festgelegt werden sollte und sie mit einbezogen würden.

> *„[...] und zusätzlich auch keine direkte Mentorenzuteilung, sondern dass man erst mal die ganzen Betreuer kennenlernen kann und sich so eventuell einen Betreuer aussuchen könnte."*

Hier wäre die Möglichkeit, wie in einer teilnehmenden Einrichtung teilweise bereits praktiziert, eine sogenannte **Starthelferin/einen Starthelfer** festzulegen, die oder der auf jeden Fall am Aufnahmetag anwesend sein kann, aber nicht zwangsläufig in eine Bezugsbetreuung überführt wird. Die Starthelferin/der Starthelfer sollte an dem Tag möglichst viel Zeit für den Jugendlichen haben, um eine individuelle Begleitung zu ermöglichen und den Jugendlichen an die Tagesstruktur und die neue Umgebung zu gewöhnen. Beachtet werden sollte, dass einigen Jugendlichen aufgrund ihrer Struktur und bestimmter Vorerfahrungen auch genügend Freiraum gegeben und Platz für ihre/seine Ängste und Sorgen gewährt werden sollte. Der Beziehungsaspekt ist eine wichtige Grundlage für eine erfolgreiche Hilfe zur Erziehung und sollte daher von Anfang an gefördert werden (Günder, 2011; siehe auch das Kapitel „Aufnahmeprozess aus Sicht von Kindern und Jugendlichen" in diesem Band).

Inhalte des Aufnahmegespräches sollten zum einen die **Erfassung von Informationen** über den Jugendlichen/die Familie sein sowie Absprachen bezüglich der Besuchskontakte mit Familie und Freunden, erste Absprachen zur Kindergarten- oder Schulsituation und vor allem wichtige Eckdaten über die Einrichtung. Im Vordergrund sollte die Befindlichkeit des Kindes oder Jugendlichen stehen, das/der in eine neue Umgebung kommt und nicht überfordert werden sollte. Die Fortsetzung der Informationserfassung kann im Laufe der ersten Zeit erfolgen. Auch Aspekte aus der systemischen Beratung und Therapie (von Schlippe & Schweitzer, 2007) zu Biografie- und Genogrammarbeit, die, wie in den Interviews deutlich wurde, teilweise bereits zu Beginn der Aufnahme durchgeführt wird, sollten behutsam eingesetzt werden. In einigen befragten Einrichtungen werden direkt zu Beginn Fragen zu sozialen Bezügen und der Bedeutung von Bezugspersonen gestellt. Einige Jugendliche äußerten sich im Interview dazu kritisch, da sie sich zu Beginn der Maßnahme durch diese Fragen belastet fühlten:

> *„Die fragen sofort am ersten Tag noch: Wer sind die drei wichtigsten Personen für dich? Da bin ich fast zusammengebrochen, weil mich das sehr verletzt hat. Also die Frage würde ich gar nicht am Anfang stellen."*

Hier ist zu bedenken, dass familiäre und soziale Hintergründe des Kindes und Jugendlichen zwar wichtig für die pädagogische Arbeit sind, aber hierfür ein Vertrauensverhältnis zwischen Bezugsbetreuerin/Bezugsbetreuer und Jugendlichem hilfreich ist, und dass das individuelle Tempo und die Bereitschaft, über diese möglicherweise schmerz- und schuldauslösenden Themen zu sprechen, beachtet werden muss.

Gestaltung der ersten Zeit nach der Aufnahme

Auch in den ersten Tagen und Wochen nach der Aufnahme in die stationäre Einrichtung sollte die Starthelferin/der Starthelfer häufiger im Dienst sein können, um als Ansprechperson für das Kind/den Jugendlichen fungieren zu können. Darüber hinaus werden sie natürlich auch zu weiteren Betreuer_innen der Gruppe eine vertrauensvolle Beziehung entwickeln und eine andere Bezugsbetreuung kann eingerichtet werden. Hier muss reflektiert werden, inwieweit der Beziehung zwischen dem Kind/Jugendlichen und der Bezugsbetreuung Bedeutung zugemessen wird. Außerdem müssen schwierige Phasen im Aufbau der Beziehung beachtet werden und dürfen nicht ohne Reflexion zu einer veränderten Bezugsbetreuung führen. Wichtig für den Beginn ist es grundsätzlich, das Kind/den Jugendlichen nicht allein zu lassen und mit ihr/ihm einfühlsam und verständnisvoll umzugehen. Kinder und Jugendliche kommen nicht selten mit traumatischen Vorerfahrungen in die Wohngruppen (Schmid, 2010) und haben darüber hinaus einen Abbruch

7 Handlungsempfehlungen für den Aufnahmeprozess

von Beziehungen und einen Umbruch ihrer Lebenssituation erlebt (Bundesministerium für Familie, Senioren, Frauen und Jugend, 2002). Reaktionen wie Trauer, Depression oder Aggressionen sind daraus zu erklären (Hüther, 2002) und sollten im Umgang berücksichtigt werden. Diese Reaktionen können auch verzögert auftreten, wenn es zu Beginn zu einem scheinbar problemlosen Anpassungsverhalten in der Gruppe kommt. Regelmäßige Gesprächsangebote für die Kinder und Jugendlichen sind hier essenziell, aber diese sollten auch in anderen Settings als in einem Büro stattfinden können. Gerade im Umgang mit Kindern und Jugendlichen hat es sich bewährt, Gespräche und Erlebnisaktion zu verbinden und auch über **gemeinsame Erlebnisse** Erfahrungen zu schaffen, die eine gemeinsame Basis schaffen. Dies sind beispielsweise essenzielle Elemente der Erlebnispädagogik (u.a. Schirp, 2012). Wichtig ist es, vergleichbar zur therapeutischen Intervention, eine sichere Basis zu schaffen (Ainsworth, 1963; Slade, 2008), um den Kindern und Jugendlichen zu Beginn Halt und Kraft zu geben und ihnen die Möglichkeit zu geben, Vertrauen aufzubauen. Auf dieser Vertrauensbasis sind dann auch pädagogische Interventionen besser wirksam (Weiß, 2013).

Weitere Faktoren können die Eingewöhnung zu Beginn erleichtern. So ist zum Beispiel die **Gestaltung des Zimmers** ein wichtiger Faktor, wie bereits in verschiedenen Untersuchungen deutlich wurde (Fischer, 1998; Günder, 2011). Es ist wichtig, direkt eine ansprechende Umgebung zu schaffen und möglicherweise ein kleines Geschenk als Willkommensgruß auf das Bett zu legen. Eine solche Geste wurde von einigen Jugendlichen in den Interviews (siehe das Kapitel „Aufnahmeprozess aus Sicht von Kindern und Jugendlichen") als nett empfunden. Darüber hinaus ist die angemessene Ausstattung des Zimmers, in das das Kind beziehungsweise der Jugendliche einzieht, ein wichtiger Faktor, damit dieses/dieser sich schnell wohlfühlen kann. Von vielen Mitarbeiter_innen wurde angeregt, dass höherwertige Möbel gekauft werden sollten, die nicht so schnell kaputtgehen. Hier könnten durch die Leitung Standards und Geldbeträge festgelegt werden. Außerdem wurde von einigen Mitarbeiter_innen in den Interviews erwähnt, dass die Zimmer zur Aufnahme eines Jugendlichen renoviert sein sollten (siehe das Kapitel „Aufnahmeprozess aus Sicht von Mitarbeiter_innen"). Von unserer Seite aus wird besonders empfohlen, die Dekoration nach Möglichkeit gemeinsam mit dem Jugendlichen durchzuführen oder ihm die Dekoration zu überlassen. Dies wurde auch von einigen Jugendlichen in den Interviews positiv erwähnt. Zum einen kann sich der Jugendliche leichter eingewöhnen und zum anderen kann durch diese gemeinsame Aktion der Aufbau einer tragfähigen Basis zwischen Betreuerin/Betreuer und Jugendlichem gefördert werden. Auch das gemeinsame Abholen eigener Möbel des Jugendlichen dient ähnlichen Zielen. Vertrautes mit einzubeziehen und das gemeinsame Tun ermöglichen den Austausch und die Kontaktaufnahme. Die Sicherstellung eines eigenen Rückzugraums zu Beginn der Aufnahme ist ein wichtiger Faktor – je nach Verfassung und Bedarf des Kindes oder Jugendlichen. Dies ist in der Situation der Inobhutnahme natürlich nicht immer einfach. Aber auch hier bleibt zu bedenken, dass das Kind oder der Jugendliche aus einer in der Regel sehr schwierigen und unsicheren Situation in die Einrichtung kommt. Eine improvisierte Schlafgelegenheit (Matratze auf dem Boden) erhöht möglicherweise den empfundenen Stress noch. Natürlich müssen Notwendigkeiten (Schutz und Sicherheit) hier anderen Bedürfnissen vorgeschaltet bleiben.

Die Ausstattung von Einrichtungen mit neuen Medien ist ebenfalls ein zu diskutierender Aspekt. In den Interviews mit vielen Jugendlichen war dies ein wichtiges Kriterien für die Bewertung der Einrichtung. Es wurde teilweise der fehlende regelmäßige Zugang zu Medien wie Computer oder Fernsehen bemängelt.

> *„Ich würde gerne nur ein Laptop oder so auf dem Zimmer haben, weil, ich denk mal, heute gehört das einfach zur Jugend dazu, man so ein Gerät auf dem Zimmer zu haben, auch wenn´s nur ein kleiner Laptop ist oder so. Ja, das auf jeden Fall, weil heutzutage überall braucht man für Internet, ob es Facebook ist oder irgendwas nachgucken kann oder so. [...] Ich weiß gar nicht mehr, was bei Facebook abgeht. Ich, keine Ahnung, ich hab halt kaum noch Kontakt zur Außenwelt."*

Hier sind natürlich pädagogische Aufträge und Jugendschutz wichtige Aspekte, die mitbedacht werden müssen. Aber grundsätzlich bleibt abzuwägen, dass die Kommunikation in sozialen Netzwerken sowie die Recherche für Unterrichtsmaterialien u.v.m. heute zum Alltag von Kindern und Jugendlichen gehört. Ein Nicht-Zurverfügungstellen stigmatisiert die Bewohner_innen in Heimeinrichtungen möglicherweise zusätzlich und verweigert das Erlernen eines angemessenen Umgangs mit neuen Medien (Bundeszentrale für gesundheitliche Aufklärung, 2011).

Auch die Versorgung mit **Essen** ist ein wichtiger Faktor bei der Eingewöhnung der Kinder und Jugendlichen in die neue Lebenssituation und signalisiert die Befriedigung von Basisbedürfnissen (Maslow & Kruntorad, 1981). Darüber hinaus kann damit auch die Wahrnehmung der individuellen Vorlieben deutlich gemacht werden, indem zum Beispiel das Lieblingsessen am ersten Tag der Aufnahme zubereitet wird. Das Kind bekommt ein Signal, dass es ein wichtiger Teil der Gruppe ist und seine Vorlieben berücksichtigt werden. Außerdem können vertraute Signale in einer neuen Umgebung die Ängste vor dem Neuen abmildern. Zu beachten bleibt, dass einige Kinder und Jugendliche in der Stresssituation nicht gut essen können, wie in einigen

7 Handlungsempfehlungen für den Aufnahmeprozess

Interviews deutlich wurde. Das Thema Essen kann in der Anfangszeit und darüber hinaus noch eine größere Bedeutung haben, da vernachlässigte Kinder und Jugendliche häufig das Gefühl haben, nicht ausreichend versorgt zu werden, auch wenn dies aktuell gar nicht mehr der Fall ist (im Heim wird genügend Essen zur Verfügung gestellt). Es kommt dann möglicherweise zu dem Phänomen des „Hortens von Essen" im eigenen Zimmer, unter dem Bett etc., was auf unerledigte Motivbefriedigung hinweist. Dies kann bedeuten, dass ein psychisch nicht gut versorgtes Kind ohne zuverlässige Bezugspersonen das Bindungsmotiv über Essen versucht zu kompensieren, ohne dass dies endgültig gelingen kann (Nienstedt & Westermann, 1998; Sachse, 2003). Hier ist es wichtig, im Einzelfall zu analysieren, wie die bei dem einzelnen Kind zugrunde liegenden Bedürfnisse individuell angemessen beantwortet werden können. Zum Beispiel, indem die Bezugsbetreuerin/der Bezugsbetreuer verstärkt Zeit mit dem Kind verbringt oder die Besuchskontakte zur Herkunftsfamilie neu vorbereitet und begleitet werden. Grundsätzlich ist wichtig, dass nicht erwartet wird, dass das Phänomen des „Hortens von Essen" wie auch andere Verhaltensauffälligkeiten schnell durch eine einzelne Intervention verschwinden. Hier bedarf es unter Umständen vieler Interventionen über längere Zeiträume.

Ein weiterer wichtiger Aspekt bei der Aufnahme eines Kindes oder Jugendlichen in eine stationäre Gruppe der Jugendhilfe ist die **Vermittlung der wichtigsten Regeln**. Die primäre Vermittlung kann durch die Starthelferin/ den Starthelfer erfolgen, wobei gerade die Jugendlichen in den Interviews deutlich gemacht haben, dass ihnen insgesamt eine mündliche Vermittlung lieber war als einen Zettel mit den Regeln in die Hand gedrückt zu bekommen (siehe dazu das Kapitel „Aufnahmeprozess aus Sicht von Kindern und Jugendlichen"). Durch eine mündliche Vermittlung können Rückfragen besser beantwortet werden und die Einsicht über die Notwendigkeit und damit die Akzeptanz kann erhöht werden. Die Verschriftlichung der wichtigsten Regelungen im Zusammenleben kann zusätzlich erfolgen, sollte aber nicht das Erste sein, was das Kind/der Jugendliche in die Hand bekommt. Grundsätzlich ist anzumerken, dass Kinder und Jugendliche auf der Basis von Bezugspersonen und unter Wahrung ihrer Individualität auch Anregungen und Struktur benötigen, um sich angemessen entwickeln zu können (siehe Abb. 2). Es muss aber bedacht werden, aus welcher Lebenssituation viele Kinder und Jugendliche in die Einrichtung kommen. In ihren Familien hat es möglicherweise eher einen vernachlässigenden Erziehungsstil gegeben (Schneewind, 2008) und Regeln waren kaum vorhanden oder wurden willkürlich und unvorhersehbar eingesetzt. Mehrere Jugendliche erwähnen in den Interviews, dass sie sich auf die straffere Struktur in den Einrichtungen erst einmal einstellen mussten.

„Am Tag der Aufnahme hab ich ein Blatt bekommen und das hab ich mir dann durchgelesen. Das war komisch, weil ich hatte zu Hause früher zwar Regeln, aber nicht so krasse [...]."

Auch erscheint in einigen Interviews, vor allem mit Mitarbeiter_innen von Einrichtungen, die Vermittlung von Regeln als eine der wichtigsten Handlungen zu Beginn der Aufnahme. Bereits in einem Beitrag von Hansen (1998) wird darauf hingewiesen.

„[...] wir Pädagoginnen können es nicht lassen, die Pflichten und Regeln unseres Zusammenlebens möglichst rasch ins rechte Licht zu rücken. Dies gehört offensichtlich stark zu den ungeschriebenen Ritualen und läßt vermuten, daß unser Bild eines aufzunehmenden Kindes geprägt wird von seinen vermeintlichen oder tatsächlichen Defiziten" (Hansen, 1998, S. 141).

Für die Vermittlung der Regeln, aber auch für die Unterstützung im Eingewöhnungsprozess insgesamt, können neben den Starthelfer_innen auch sogenannte **Peer-Mentor_innen** eingesetzt werden. Gerade zu Beginn einer Aufnahme in eine Gruppe äußerten viele Jugendliche Ängste, von den anderen nicht anerkannt zu werden.

„Ja, schon irgendwie, weil, keine Ahnung, der Neue halt, man weiß halt nicht, wie man bei den anderen Jugendlichen ankommt, ob man sich mit denen versteht von vornherein oder nicht."

Die Unterstützung durch andere Jugendliche im Eingewöhnungsprozess läuft häufig bereits auf informellem Weg, wie aus dem folgenden Zitat deutlich wird:

„Der erste Tag war, der war richtig gut. Ich hab direkt bei, ich hab mich direkt da mit allen angefreundet und dann hab ich direkt da bei welchen auf dem Zimmer geschlafen. Direkt am ersten Tag."

Er kann aber auch durch die zusätzliche formelle Einsetzung eines Peer-Mentors/einer Peer-Mentorin erfolgen. Hierbei wird ein anderes Kind/ein anderer Jugendlicher der Gruppe ausgewählt, der oder die schon Erfahrung in dem Setting hat, um Wissen aus Peer-Sicht an das neue Gruppenmitglied (Mentee) weiterzugeben. Grant-Vallone und Ensher (2000) konnten in einer Gruppe Studierender zeigen, dass dies bei den Mentees zu einer wahrgenommenen höheren sozialen und instrumentellen Unterstützung führte. Diese Erfahrungen sollen auf den Bereich der Jugendhilfe übertragen werden. Sie sollten zum einen die Eingewöhnung neuer Kinder und Jugendlicher in eine Wohngruppe erleichtern, zum anderen aber auch das Selbstbewusstsein der Peer-Mentor_innen stärken. Ihnen wird eine verantwortungsvolle Aufgabe übertragen und von Seiten der Betreuer_innen zugetraut, diese gut ausfüllen zu können. Hierbei können die Jugendlichen das Gefühl entwickeln, etwas bewirken zu können, was ein wichtiger Faktor in der Behandlung von Depressionen und Traumafolgestörungen ist (Weiß, 2013). Bei der Auswahl der Jugendlichen könnten ggf. Zimmernachbar_innen berücksichtigt werden, wie dies in einem Interview mit einem Jugendlichen auch explizit vorgeschlagen wird. Auch könnten das gleiche Geschlecht, gemeinsame Interessen oder der Besuch derselben Schule Auswahlkriterien sein.

Darüber hinaus sollte die Aufnahme eines Kindes oder Jugendlichen auch mit den anderen Bewohner_innen der Gruppe explizit vorbereitet werden. Ein neues Mitglied der Gruppe verändert die Dynamik und kann Ängste und Ablehnung hervorrufen. Dies sollte bearbeitet und offen angesprochen werden. Beispielsweise kann über eine gemeinsame Aktion der Gruppe zu Beginn einer Neuaufnahme direkt ein Gefühl der Zusammengehörigkeit geschaffen werden, wenn dies für das neu aufzunehmende Kind/den Jugendlichen keine Überforderung darstellt. Dies könnte ein festliches oder besonders beliebtes Essen sein, um so den Annäherungsprozess zu erleichtern.

Elternarbeit

Ein wichtiger Aspekt bei der Aufnahme und auch der weiteren Gestaltung der stationären Hilfe zur Erziehung ist die Arbeit mit den Eltern. Bei einer Hilfe nach § 27 SGB III bekommen die sorgeberechtigten Eltern Unterstützung bei der Erziehung ihrer Kinder. Damit sind sie explizite Adressat_innen im Hilfeprozess. Darüber hinaus ist die Rückführung der Kinder und Jugendlichen in den elterlichen Haushalt ein wesentliches Ziel nach § 34 SGB VIII und somit sind sie unbedingt im Hilfeprozess zu berücksichtigen. Die Einbeziehung der Eltern in den Aufnahmeprozess wird empfohlen, wenn dies nicht die Sicherheit des Kindes oder Jugendlichen gefährdet. Insgesamt sollte also jeweils eine individuelle Planung und Entscheidung über Art und Form der Elternarbeit in jedem Einzelfall erfolgen. Dies kann bedeuten, dass die Eltern oder ein Elternteil bei den Vorgesprächen und am Tag der Aufnahme dabei sind. Sie sollten die Einrichtung kennenlernen und wissen, wohin sie ihr Kind mit gutem Gewissen geben. Denn unabhängig von der Vorgeschichte kann überwiegend davon ausgegangen werden, dass Eltern in der Erziehung nicht absichtlich etwas falsch machen (Schmelzer, 1999, zitiert nach Görlitz, 2007, S. 47). Bei allen Defiziten, die durch eine stationäre Erziehungshilfe ausgeglichen werden sollen, haben sie nicht die Absicht verfolgt, ihr Kind „schlecht" zu erziehen, und haben ein mehr oder weniger ausgeprägtes Interesse an einer adäquaten Versorgung und Unterbringung. Auch ihre Unsicherheiten und möglichen Schuldgefühle sollten aufgegriffen werden und nach Möglichkeit eine feste Ansprechperson in der Einrichtung zur Verfügung gestellt werden. Ob dies auch von der Starthelferin/dem Starthelfer übernommen werden sollte, muss im Einzelfall überlegt werden. Es könnte bedeuten, dass sich das Kind/der Jugendliche möglicherweise aus Angst vor der Weitergabe von Informationen an einen Elternteil nicht so öffnet. Die Ansprechperson kann eine andere Mitarbeiterin/ein anderer Mitarbeiter der Einrichtung sein oder auch die Teamleitung. Je nach Zielperspektive der Maßnahme (Rückführung) muss mit den Eltern an Kommunikationsstrukturen und Erziehungsgrundsätzen gearbeitet werden, um dies zu ermöglichen. Hier können auch Mitarbeiter_innen anderer Einrichtungen beziehungsweise des öffentlichen Trägers geeignet erscheinen. Dies sollte zu Beginn der Aufnahme den Beteiligten mitgeteilt werden und ihre Ängste und Wünsche sollten berücksichtigt werden. Von Seiten des freien Trägers der stationären Jugendhilfe könnten weitere Maßnahmen überlegt werden, wie zum Beispiel in einem Interview vorgeschlagene Elternnachmittage.

Weitere Schritte

Zum Abschluss des Prozesses zur Entwicklung beziehungsweise Optimierung des Aufnahmeprozesses in eine stationäre Einrichtung der Hilfen zur Erziehung sollten die gemeinsam entwickelten Handlungsempfehlungen expliziert und schriftlich einsehbar für alle Beteiligten veröffentlicht werden. Hierfür kann ein Handbuchordner für Mitarbeiter_innen erstellt werden und zentrale Aspekte können als Information auf der Homepage beschrieben werden. Darüber hinaus sollten Eckdaten des Aufnahmeprozesses, wie bereits im Text besprochen, im Informationsgespräch mit Eltern, Jugendlichen und Mitarbeiter_innen vom Jugendamt erwähnt werden und die individuell zutreffenden Maßnahmen gemeinsam abgesprochen werden.

Weiterhin sollte die Zufriedenheit über den Aufnahmeprozess regelmäßig in Form von mündlichen oder/und schriftlichen Befragungen der Jugendlichen, der Mitarbeiter_innen der Einrichtung und des öffentlichen Trägers erfolgen. Hier geht es zum einen um eine hausinterne Erfassung, zum Beispiel in Gruppengesprächen zwischen den Betreuer_innen und Jugendlichen beziehungsweise den Betreuer_innen und Leitungspersonen. Hausinterne regelmäßige Überprüfungen sind wichtig, um schnell auf Wünsche und Mängel reagieren zu können beziehungsweise erfolgreiche Maßnahmen schnell verstärken zu können. Zum anderen geht es um Evaluationsprozesse von außen, bei denen Fachkräfte ohne darüber hinausgehende Aufgaben in der Einrichtung neutral die gefundenen Ergebnisse einschätzen und der Einrichtungsleitung und den Mitarbeiter_innen zurückspiegeln können. Darüber hinaus sollten auch stärker die Erwartungen und die Zufriedenheit der Eltern mit einbezogen werden. Diese sind nicht immer leicht zu erreichen, sind aber auch wichtige Personen im Hilfeprozess.

Insgesamt bleibt festzuhalten, dass dem Prozess der Aufnahme eines Kindes oder Jugendlichen in eine stationäre Einrichtung der Hilfen zur Erziehung hohe Aufmerksamkeit geschenkt werden sollte, da der erste Eindruck oft entscheidend für den weiteren Verlauf ist. Dies gilt auch für Inobhutnahmen, in denen die Kinder oder Jugendlichen unter großem Stress in die Gruppe kommen. Die vorgeschlagenen Maßnahmen können hier natürlich nicht in dem Umfang berücksichtigt werden. Aber hier gilt verstärkt, dass die Kinder oder Jugendlichen eine einfühlsame Unterstützung und einen Ruheraum benötigen, um die mögliche Erfahrung von akuter Bedrohung und unerwarteter Trennung verarbeiten zu können. Die weiteren Punkte wie „Individualität und Persönlichkeit", „Bindung und Beziehung" und „Förderung und Erziehung" gelten natürlich äquivalent und die Maßnahmen müssen der Situation entsprechend angepasst werden.

Literatur/Webliografie

Ainsworth, M.D.S. (1963). Patterns of attachment behavior shown by the infant in interaction with his mother. Merill-Palmer Quarterly, 10, 51–58

Bayrisches Landesjugendamt (2000). Auslandsaufenthalte als Hilfen zur Erziehung. In: BLJA. Mitteilungsblatt, 2. http://www.blja.bayern.de/textoffice/fachbeitraege/TextOffice_Auslandsaufenthalte.html. (Abruf: 09.08.13)

Berufsgenossenschaft für Gesundheitsdienst und Wohlfahrtspflege (BGW) (2012). Kinder- und Jugendhilfe in Deutschland: Daten – Fakten – Entwicklungen. Ein Trendbericht. http://www.bgw-online.de/internet/generator/Inhalt/OnlineInhalt/Medientypen/bgw_20forschung/TP-Tb-13-Trend-bericht-Kinder-und-Jugendhilfe,property=pdfDownload.pdf. (Abruf am 11.08.13)

Bundesministerium für Familie, Senioren, Frauen und Jugend. (2002). Effekte erzieherischer Hilfen und ihre Hintergründe. Band 219. Schriftenreihe des Bundesministeriums für Familie, Senioren, Frauen und Jugend. Stuttgart. http://www.bmfsfj.de/RedaktionBMFSFJ/Broschuerenstelle/Pdf-Anlagen/PRM-23978-SR-Band-219,property=pdf,bereich=,rwb=true.pdf. (Abruf am 09.08.13)

Bundeszentrale für gesundheitliche Aufklärung (2011). Fernsehen, Computer und Co. – Aufwachsen mit modernen Medien. In: Bayrisches Staatsministerium für Arbeit und Sozialordnung, Familie und Frauen: Familienhandbuch https://www.familienhandbuch.de/archiv/fernsehen-computer-co-aufwachsen-mit-modernen-medien. (Abruf am 10.08.13)

Fischer, C. (1998). Der erste Tag im Heim – Erfahrungen von zwei Mädchen. Forum Erziehungshilfen, 4, 3, 135–137

Gintzel, U. (1998). Der erste Tag als pädagogische Herausforderung. Forum Erziehungshilfen, 4, 3, 132–134

Görlitz, G. (2007). Psychotherapie für Kinder und Familien. Übungen und Materialien für die Arbeit mit Eltern und Bezugspersonen. Stuttgart

Grant-Vallone, E. & Ensher, E.A. (2000). Effects of Peer Mentoring on Types of Mentor Support, Program Satisfaction and Graduate Student Stress: A Dyadic Perspective. Journal of College Student Development, 41, 6, 637–642

Günder, R. (2011). Praxis und Methoden der Heimerziehung. Entwicklungen, Veränderungen und Perspektiven der stationären Erziehungshilfe. Freiburg i. Br.

Hansen, H. (1998). Der erste Tag – eine institutionelle Sicht. Forum Erziehungshilfen, 4, 3, 139–142

Hinte, W. & Treeß (2011). Sozialraumorientierung in der Jugendhilfe: Theoretische Grundlagen, Handlungsprinzipien und Praxisbeispiele einer kooperativen-integrativen Pädagogik. Weinheim

Hüther, G. (2002). Die Folgen traumatischer Kindheitserfahrungen für die weitere Hirnentwicklung. http://www.agsp.de/html/a34.html (Abruf am 10.08.13)

Klatetzki, T. (Hg.) (1995). Flexible Erziehungshilfen. Ein Organisationskonzept in der Diskussion. Münster

Krell, G. & Sieben, B. (2007). Diversity Management und Personalforschung. In: G. Krell, B. Riedmüller, B. Sieben & D. Vinz (Hg.). Diversity Studies. Grundlagen und disziplinäre Ansätze. Frankfurt a. M., S. 235–254

Krüger, A. & Reddemann, L. (2009). Psychodynamisch imaginative Traumatherapie für Kinder und Jugendliche. Stuttgart

Maslow, A.H. & Kruntorad, P. (1981). Motivation und Persönlichkeit. Hamburg

Nienstedt, M. & Westermann, A. (1998). Pflegekinder. Psychologische Beiträge zur Sozialisation von Kindern in Ersatzfamilien. Münster

Nowacki, K. (2012). Pflegekinder in Deutschland: Rahmenbedingungen und Wirkfaktoren flexibler Hilfen zur Erziehung. In: K. Nowacki (Hg.). Pflegekinder: Vorerfahrungen, Vermittlungsansätze und Konsequenzen. Freiburg i. Br., S. 9–23

Oerter, R. & Dreher, E. (2008). Jugendalter. In: R. Oerter & L. Montada (Hg.). Entwicklungspsychologie. Weinheim, S. 271–332

Rauschenbach, T., Betz, T., Borrmann, S., Müller, M., Pothmann, J., Prein, G., Skrobanek, J. & Züchner, I. (2009). Prekäre Lebenslagen von Kindern und Jugendlichen – Herausforderungen für die Kinder- und Jugendhilfe. Expertise zum neunten Kinder- und Jugendbericht des Landes Nordrhein-Westfalen. Dortmund & München. https://broschueren. nordrheinwestfalendirekt.de/broschuerenservice/pageflip/mfkjks/prekaere-lebenslagen-von-kindern-und-jugendlichen-herausforderungen-fuer-die-kinder-und-jugendhilfe/520#/auto-pages (Abruf am 03.09.13)

Sachse, R. (2003). Klärungsorientierte Psychotherapie. Göttingen

Schirp, J. (2012). Jenseits von Allmachtsphantasien und Belanglosigkeit. Sozialextra, 36 (5–6), 33–35

Schmid, M. (2010). Umgang mit traumatisierten Kindern und Jugendlichen in der stationären Jugendhilfe: „Traumasensibilität" und „Traumapädagogik". In: J.M. Fegert, Z. Ziegenhain & L. Goldbeck (Hg.). Traumatisierte Kinder und Jugendliche in Deutschland. Analysen und Empfehlungen zu Versorgung und Betreuung. Weinheim, S. 36–60

Schlippe, A. von & Schweitzer, J. (2007). Lehrbuch der systemischen Therapie und Beratung. Göttingen

Schneewind, K. (2008). Sozialisation und Erziehung im Kontext der Familie. In: R. Oerter. & L. Montada (Hg.). Entwicklungspsychologie. Weinheim, S. 117–146

Schroll, B. (2007). Bezugsbetreuung bei Kindern mit Bindungsstörungen. Marburg

Slade, A. (2008). The implications of attachment theory and reseach for adult psychotherapy. In: J. Cassidy & P.R. Shaver. Handbook of Attachment (p. 762–782). New York

SOS Kinderdorf (o.J.). Tiergestützte Therapie mit Hunden und Heilpädagogisches Reiten

http://www.sos-kinderdorf.de/kinder-und-jugendhilfen-goeppingen/ sos-kinder-und-jugendhilfen-goeppingen-de-unser-angebot-unser-a/ unser-angebot-tiergestuetzte-paedagogik. (Abruf am 09.08.2013)

Toprak, A. & Nowacki, K. (2012). Muslimische Jungen. Prinzen, Machos oder Verlierer? Freiburg i. Br.

Toprak, A. (2009). Stolpersteine und Türöffner. Hausbesuche bei Migranten aus der Türkei. Forum Erziehungshilfen, 1, 15, 24–28

Vernooij, M. & Schneider, S. (2008). Handbuch der tiergestützten Intervention. Grundlagen, Konzepte, Praxisfelder. Wiebelsheim

Weidner, J., Kilb, R. & Kreft, D. (Hg.) (2009). Gewalt im Griff. 1. Neue Formen des Anti-Aggressivitäts-Trainings. Weinheim

Weiß, W. (2013). Philipp sucht sein Ich. Zum pädagogischen Umgang mit Traumata in den Erziehungshilfen. Weinheim

Anhang

Danksagung

Wir bedanken uns ganz herzlich für die Mitarbeit an diesem Forschungsprojekt bei Alexander Gesing, Nikol Govedarica, Vanessa Hölkemann, Jennifer Hütter, Mareen Jakobs und Rebecca Weber, die im Rahmen eines Forschungspraktikums beziehungsweise durch die Erstellung ihrer Studienabschlussarbeiten wichtige Beiträge zur Erhebung und Aufbereitung der Daten geleistet haben.

Außerdem gilt unser Dank allen befragten Mitarbeiter_innen der beteiligten Einrichtungen, die durch ihre Anregungen viele Ideen eingebracht haben.

Besonders gilt aber unser Dank den Kindern und Jugendlichen, die sich an der Befragung zu ihren eigenen Erfahrungen im Aufnahmeprozess beteiligt haben und damit wesentlich zu den Ergebnissen beigetragen haben.

Anhang: Interviewleitfragen

Interviewleitfragen für die Kinder und Jugendlichen zum Aufnahmeprozess in eine stationäre Einrichtung der Hilfen zur Erziehung

Interviewleitfaden für die Mitarbeiter_innen der stationären Einrichtungen der Hilfen zur Erziehung

Anhang

Interviewleitfragen für die Kinder und Jugendlichen zum Aufnahmeprozess in eine stationäre Einrichtung der Hilfen zur Erziehung[1]

1. Einleitung

- kurze Vorstellung der Interviewerinnen
- Erklärung der Intention der Befragung
- Erklärung zur anonymisierten Verwendung der Daten sowie der Freiwilligkeit der Teilnahme

2. Leitfragen zum Aufnahmeprozess

Soziodemographische Daten:

Zuerst würde ich gerne ein paar Fragen zu Deiner persönlichen Situation stellen. Auch hier gilt, wenn Du etwas nicht beantworten willst, sagst Du es einfach.

1. Wie heißt Du mit Vornamen und wie alt bist Du?
   Hast Du Geschwister? Wenn Ja: Wo leben die?
   Wer hat zum Zeitpunkt Deiner Aufnahme zu Hause gewohnt?
   Wie war die Situation zu Hause vor Deiner Aufnahme?

2. In welcher Einrichtung lebst Du und wie lange schon?
   Warum lebst Du hier?
   Hast Du vorher in einer anderen Einrichtung der Jugendhilfe gelebt und wenn ja wie lange?
   War der Aufenthalt schon länger geplant oder ging es sehr schnell?

3. Wie ist der aktuelle Kontakt zu Deinen Eltern? Wie oft seht Ihr Euch und wo? Hast Du zum jetzigen Zeitpunkt viel oder wenig Kontakt zu Deinen Eltern?

Strukturelles zur Einrichtung aus subjektiver Sicht:

4. Hattest Du Einfluss darauf in welche Gruppe Du kommst?
   Gab es ein Vorgespräch oder ein Probewohnen?

5. Wie empfandst Du den ersten Tag in der Einrichtung?
   Wer war bei der Aufnahme dabei?

6. Wie empfandst Du die Begrüßung, ist jemand speziell auf Dich zugekommen?
   Wie hast du den Tagesablauf erlebt?
   Gab es Dinge die Du als besonders unterstützend empfandst? Was war hilfreich/nicht hilfreich?

---

[1] Zum Download unter www.lambertus.de

Interviewleitfragen

7. Wie empfandst Du die räumliche Ausstattung Deines Zimmers bzw. der gesamten Einrichtung?

8. Wann und auf welche Weise hast Du die Hausregeln mitgeteilt bekommen?

9. Hattest Du Ängste zu Beginn Deines Heimaufenthaltes?

10. Wusstest Du bei der Aufnahme wie lange Du bleibst? (Hilfeplanverfahren)

11. Hast Du jemals darüber nachgedacht, dass Heim zu verlassen? Wenn ja: Was hat Dich zum Bleiben bewegt?

12. Gibt es etwas, was Du Dir für den Aufnahmeprozess im Nachhinein gewünscht hättest?

13. Hast du zum Abschluss noch eine Botschaft an Deine Einrichtung?

Ganz herzlichen Dank für das Interview!

Anhang

Interviewleitfaden für die Mitarbeiter_innen der stationären Einrichtungen der Hilfen zur Erziehung

1. Einleitung

- kurze Vorstellung der Interviewerinnen
- Erklärung der Intention der Befragung
- Erklärung zur anonymisierten Verwendung der Daten sowie der Freiwilligkeit der Teilnahme

Soziodemographische Daten:

- Wie alt sind Sie?
- Welche beruflichen Qualifikationen haben Sie?
- Wie lange arbeiten Sie bereits in dieser Einrichtung?
- Haben Sie vorher in einer anderen Einrichtung gearbeitet?

2. Leitfragen zum Aufnahmeprozess

1. Welche Absprachen im Team existieren über den Aufnahmeprozess eines Kindes/eines Jugendlichen?
2. Schildern Sie einen prototypischen Aufnahmeprozess eines Kindes/ eines Jugendlichen?
3. Gibt es Unterschiede im Aufnahmeprozess bezüglich des Alters der Kinder/der Jugendlichen?
4. Wo sind diese Abläufe festgehalten und wie werden sie an neue Teammitglieder weitergegeben?
5. Wie werden die Teammitglieder auf die Aufnahme eines Kindes/eines Jugendlichen vorbereitet?
6. Gibt es Besonderheiten innerhalb der Aufnahmesituation (Begrüßung, Rituale, Hausregeln usw.)?
7. Gibt es ein Vorgespräch mit dem Jugendlichen oder ein Probewohnen im Vorfeld?
8. Werden Informationen über die Jugendlichen und deren Herkunftsfamilie eingeholt? Wie geschieht dies?
   (Gibt es einen Elternfragebogen? Wird das familiäre Umfeld besucht?)
9. Wer sollte nach Möglichkeit bei der Aufnahme dabei sein?
10. Wie werden die Herkunftseltern oder andere soziale Kontaktpersonen in den Vorbereitungs- bzw. Aufnahmeprozess einbezogen?
11. Gibt es besondere Unterstützungsangebote im Rahmen der Aufnahme?

Interviewleitfragen

12. Wie erfolgt die Einteilung der Kinder und Jugendlichen in ihre jeweilige Wohngruppe?

13. Wann fängt der Aufnahmeprozess für Sie an?
    Wo sollte dieser anfangen?

14. Wie erfassen Sie die Zufriedenheit der Jugendlichen über den Aufnahmeprozess?

15. Woran merken Sie am Verhalten des Jugendlichen, dass sich der Aufnahmeprozess abschließt?

16. Wird in Ihrer Einrichtung nach dem Bezugerziehungssystem gearbeitet?
    Wenn ja, wie sieht dies konkret in der praktischen Umsetzung aus?

17. Wie zufrieden sind Sie mit dem Aufnahmeprozess der Kinder und Jugendlichen in die Einrichtung?

18. Welche konkreten Veränderungsvorschläge haben Sie für den Aufnahmeprozess in Ihrer Einrichtung?

Ganz herzlichen Dank für Ihre Mitarbeit.

Die Autor_innen

Klaus Daniel, Diplom-Sozialpädagoge, MA Diakonic Management, Leiter der Jugendhilfeeinrichtung im Christlichen Jugenddorfwerk Deutschlands e. V. (CJD) in Dortmund. Davor in verschiedenen Stabs- und Leitungsfunktionen in diakonischen Einrichtungen der Eingliederungs- und Jugendhilfe tätig.

Prof. Dr. Richard Günder, Professor für Erziehungswissenschaft im Fachbereich Angewandte Sozialwissenschaften der Fachhochschule Dortmund mit dem Lehr- und Forschungsschwerpunkt Hilfen zur Erziehung. Er hat zahlreiche Projekte im Stationären Jugendhilfebereich durchgeführt und war früher Leiter der Sozialpädagogischen Heime der Stadt Stuttgart.

Nathalie Kompernaß, Diplom-Sozialarbeiterin, Leiterin und Koordinatorin des Allgemeinen Sozialen Dienstes im Fachdienst Familienhilfe des Jugendamtes der Stadt Lüdenscheid. Davor bereits achtzehn Jahre bei einem örtlichen Träger der öffentlichen Jugendhilfe tätig, davon sieben Jahre im Ambulanten Dienst und elf Jahre im Allgemeinen Sozialen Dienst.

Hermann Muss, Diplom-Sozialpädagoge, Diplom-Pädagoge, Geschäftsführer und Gründer des Kinder- und Jugendhilfehauses Flex gGmbh, Jugendhilfeträger mit 15 Standorten in NRW und 2 in Sachsen. Er hat jahrzehntelange Berufserfahrung in der Jugendförderung und -hilfe mit Arbeitsschwerpunkten in der flexiblen Organisation erzieherischer Hilfen und der Sozialraum- und Lebensweltorientierung.

Prof. Dr. Katja Nowacki, Diplom-Psychologin und Diplom-Sozialpädagogin, lehrt klinische Psychologie und Sozialpsychologie an der Fachhochschule Dortmund. Ihre Forschungsschwerpunkte liegen im Bereich von familiären Bindungen, Entwicklungsprozessen im Kindes- und Jugendalter und Maßnahmen im Rahmen der Hilfen zur Erziehung. Sie war zwölf Jahre in der Kinder- und Jugendhilfe tätig.

Die Autor_innen

Silke Remiorz, Sozialarbeiterin & Sozialpädagogin (B.A.) und Sozialwissen-schaftlerin (M.A.), wissenschaftliche Mitarbeiterin im Forschungsprojekt „Vaterschaft zwischen Jugendhilfeerfahrung und väterlicher Kompetenz" an der Fachhochschule Dortmund. Ihre Forschungsschwerpunkte liegen im Bereich der Genderforschung und der Kinder- und Jugendhilfe.

Björn Rosigkeit, Diplom-Pädagoge, stellv. Leiter der Jugendhilfeeinrichtung im Christlichen Jugenddorfwerk Deutschlands e. V. (CJD) in Dortmund. Er hat mehrere Jahre im stationären Jugendhilfebereich als Teammitglied und später als Teamleitung gearbeitet. Seine Arbeitsschwerpunkte liegen in der Konzeptarbeit und der Fall- und Fachberatung der Mitarbeitenden in der Einrichtung.

Gewaltprävention bei männlichen Jugendlichen mit Migrationshintergrund

Gewaltbereite männliche Jugendliche, vor allem aber Jungen aus den muslimisch geprägten Ländern, stehen immer wieder im Fokus der Öffentlichkeit.
Die Autoren analysieren anhand von 30 Interviews die vielfältigen Gründe der Gewalt. Die unterschiedlichen Methoden, wie mit gewalttätigen Jungen in Jugendhilfe und Schule gearbeitet werden kann, werden beschrieben. Neben der konfrontativen Methode in der Gruppe und mit Einzelnen werden Ansätze der interkulturellen Elternarbeit und flexiblen Jugendhilfe mit zahlreichen konkreten Fallbeispielen vorgestellt.

Ahmet Toprak, Katja Nowacki

Muslimische Jungen Prinzen, Machos oder Verlierer?

Ein Methodenhandbuch

2012, 184 Seiten, kartoniert
€ 22,90
ISBN 978-3-7841-2069-0

www.lambertus.de

Das Standardwerk für die stationäre Erziehungshilfe

Die vielfältigen Veränderungen im sozialpädagogischen Arbeitsfeld der stationären Erziehungshilfe verlangen mehr denn je eine hohe Professionalität der Fachkräfte.

Das Buch stellt die historische Entwicklung der Heimerziehung dar, berücksichtigt alle aktuellen Aspekte und Forschungsschwerpunkte stationärer Erziehungshilfe und skizziert fachliche Herausforderungen, wie etwa das Thema „Sexualität in Heimen und Wohngruppen". In die überarbeitete Neuauflage wurden neue Daten und Forschungsergebnisse eingearbeitet sowie veränderte gesetzliche Grundlagen.

Richard Günder

Praxis und Methoden der Heimerziehung

Entwicklungen, Veränderungen und Perspektiven der stationären Erziehungshilfe

4., völlig neu überarbeitete und ergänzte Auflage
2011, 422 Seiten, kartoniert
€ 23,90
ISBN 978-3-7841-1995-3

www.lambertus.de

LAMBERTUS
SOZIAL | RECHT | CARITAS